＊ 光启文景丛书

陈恒 主编

1517

全球视野下的"奇迹之年"

［德］海因茨·席林—著　王双—译

上海人民出版社

出版说明

梁启超在《清代学术概论》中，把由徐光启（1562—1633）为代表的回溯"汉学"、追求"西学"的学术思潮，看作中国近代思想的开端。正是以徐光启为首的一代人，立足中华文化，承续学术传统，致力中西交流，展开文明互鉴，在江南地区开创出思想文化的新局面，也遥遥开启了上海作为近现代东西交流、学术出版的中心地位。有鉴于此，我们秉持徐光启的精神遗产，继承和发扬其经世致用、开放交流的学术理念，创设"光启文景丛书"，立足中国、借鉴国外，挖掘历史、把握当代，关怀人类、面向未来。努力构筑优秀学术人才集聚的高地，思想自由交流碰撞的平台，展示当代学术研究所取得的成果；同时，大力引介高质量的世界学术精品，既在自身文化中汲取活力，又积极把自身文明带到世界前沿，以高水准的国际性成果丰富中华文化的内涵。

丛书推重"经世致用"，即是注重文化的学术性和实用性，既促进学术价值的彰显，又推动现实关怀的呈现。本丛书以学术为第一要义，所选著作务求思想深刻、视角新颖、学养深厚。同时也注重实用，收录学术性与普及性皆佳、研究性与教学性兼顾、传承性与创新性俱备的优秀著作。以此，关注并回应重要时代议题与思想命题，推动中华文化的创造性转化与创新性发展，在与世界学术的交流对话中，努力打造和呈现具有中国特色的价值观念、思想文化及其话语体系，为夯实文化软实力的根基贡献绵薄之力。

丛书推动"东西交流"，即是注重文化的引入与输出，促进双向的碰撞与沟通，既借鉴西方文化，也传播中国声音，并希冀在交流中催生更绚烂的精神成果。丛书着力收录西方古今智慧经典和学术前沿成果，推动其在国内的译介与出版；同时也致力收录国内优秀专著，促进其影响力的提升，发挥更大的文化效用；此外，还将留意海内外学者具有学术性、思想性的随笔、讲演、访谈等的整理汇编，结集出版，建构思想操练和精神对话的空间。

我们深知，无论是推动文化的经世致用，还是促进思想的东西交流，本丛书所能贡献的仅为涓埃之力。但若能成为一脉细流，汇入中华文化发展与复兴的时代潮流，便正是秉承光启精神，不负历史使命之职。

丛书创建伊始，事务千头万绪，未来也任重道远。本丛书涵盖文学、历史、哲学、艺术、宗教、民俗诸多人文学科，需要不同学科背景的学者通力合作。本丛书综合译、著、编于一体，也需要多方助力协调。总之，丛书的顺利推进绝非仅靠一己之力所能达成，实需相关机构、学者的鼎力襄助。谨此就教于大方之家，并预致诚挚的谢意。

清代学者阮元曾高度评价徐光启的贡献："自利玛窦东来，得其天文数学之传者，光启为最深。……近今言甄明西学者，必称光启。"追慕先贤，知往鉴今，希望通过"光启文景丛书"的工作，搭建起东西文化会通的坚实平台，打造上海乃至当代中国学术高原的瞩目高峰，以学术的方式理解和阐释中国，阅读与走向世界。

"光启文景丛书"编委会

2017 年 8 月 1 日

500 年—50 年

致乌拉·菲舍尔、戈特弗里德·施拉姆

以及弗赖堡岁月的璀璨群星

目 录

序 幕

贝加莫，1517 年 12 月
——天军之战

1517 年 12 月中，据当时欧洲基督教世界流传的书信和小册子记载，在意大利北部贝加莫地区的维代洛（Verdello），人们模糊地看到令人不安的一幕：两路由各自国王率领的大军，突然聚拢在一片树林前的开阔空地。队伍中有步兵、骑士和炮手，他们每天四次列阵，冲着敌方摇旗呐喊。两军统帅时不时踱至阵前，似在进行谈判。经过长达一周的对峙，谈判似乎无果而终。12 月23 日的一份小册子详细地记录下了当时的场面：

> 那位身材魁梧的国王终于失去了耐心，他撸下铁手套，抛向半空中，不耐烦地摇摇头，朝列阵完毕的将士们飞去一个眼色。顷刻间，喊声震天，金鼓齐鸣，像地狱里的金属匠在打铁般震耳欲聋。伴随着怒斥和咆哮，士兵们挥舞着军旗，向敌方阵营猛冲，双方扭打厮杀，其状惨烈。半小时后，一切又突然平静下来，再也看不到任何异样的情景。一些胆大

的人跑到近前一探究竟，却只看见数不清的野猪在原地打转，而后渐渐消失在森林里。[1]

尤卡坦，1517 年春
墨西哥耶稣受难日，1523 年
——众神归来的血光之灾

当尤卡坦半岛的玛雅人 1517 年春第一次发现西班牙征服者们的身影，以及六年后的耶稣受难日，墨西哥特诺奇蒂特兰（Tenochtitlán）的阿兹特克人再度发现西班牙人登岸时，对于这些中美洲文明的原住民们，就像欧洲基督徒解读贝加莫天军之战一般，感受到非比寻常的征兆。但他们并不觉得这些陌生的面孔预示噩运将至，反而视他们的到来为吉兆。这还要追溯到以前曾经发生的自然界异象，当地人相信那是众神因愤怒而弃岛离开的异兆，今天这些陌生人想必是宽恕岛民后"归来的神祇"，他们为此欢欣鼓舞。西班牙人登岛之后，一篇用阿兹特克官方语言纳瓦特尔语写成的报道回顾了他们来前的异象：[2]

噩兆一：西班牙人到来的十年前的夜晚，天作异象，夜幕像朝日初升般殷红，像熊熊烈焰汇成火柱直冲云霄，点亮四野，火光交汇在天际的正中央，而后又像伤口流出的血一般飞溅倾泻。火焰最初出现在东方，午夜时分升至中天，日出时在朝霞的掩映下缓缓消散。整整一年，每晚天空都出现这样的景象。人们因此惊惶不安，手足无措，恐惧地猜测火光意味着什么。

噩兆二：位于圣地特拉卡特坎（Tlacateccan）的权力殿堂——战神维奇洛波奇特利（Huitzilopochtli）神庙突然在无人纵火的情况下自燃。人们看见神庙被烈焰吞没，木柱被大火卷噬，大声惊呼："快来啊墨西哥人，跑起来！我们能浇灭大火，快拿起水壶！"但当大家试图用水扑灭大火时，火焰竟蹿得更高。他们无法遏制火势，神庙最终被烧成灰烬。

　　噩兆三：当天只是飘了一些毛毛雨，也没有雷鸣，却有一道闪电突然直劈向火神修提库特利（Xiuhtecuhtlis）神庙。我们把这道闪电当作不好的征兆，觉得是太阳自己击中了神庙。

　　噩兆四：一束火光自西向东划过天空，之后分作三绺，抛洒开星星点点的艳红炽热的光雨，拖着长长的尾翼横空扫过，众人无不瞠目结舌，惊恐的呼号如沉闷的钟声响彻夜空。

　　噩兆五：狂风掀动水面波涛汹涌，湖海因愤怒而滚烫翻腾，水高万丈，猛烈拍击岸上的院墙，掀翻屋瓦，淹没房宇，这一幕就发生在我们眼前的海域，在墨西哥。

　　噩兆六：夜夜都能听见一位妇人哭泣，午夜时分她到处游荡，哭喊着、埋怨着："我亲爱的孩子，我们不得不逃离这座城，奔向苦难！"有时能听见她哽咽地说："我的孩子，我能带你们去哪儿呢？"

　　噩兆七：一只奇异的鸟儿被网困住，样子像一只鹤。人们把它带到黑屋里的蒙特祖玛（Moctezuma，印加人的皇帝）面前。那只鸟头顶的羽冠中有一面镜子，尽管还是白昼正午，镜子里照出的却是夜空，星星和马莫华兹里 * 在其中闪烁。当

---

*　马莫华兹里（Mamalhuatzli）是阿兹特克文明中用于点燃新火的火钻，也指与其形状相似的星座（现代研究一般认为是猎户座腰带）。新火仪式象征新周期的开始，确保太阳继续升起和世界的持续存在。——星号注为译注，以下不再一一标注

蒙特祖玛看到镜中的星座时，他认为这是极其不祥的征兆，再定睛看时，发现远处映照出一片战场，成排的士兵摆出应战的姿势，骑着鹿缓缓前进。蒙特祖玛召集他的占卜师和智者，问道："你们能解释我所看到的吗？状如人形的生物，他们奔跑、战斗！"当占卜师和智者看向镜子里，想一探究竟时，所有影像都消失了，他们什么也没看到。

　　噩兆八：长着两个脑袋的畸形怪物招摇过市，人们把它们带到蒙特祖玛的黑屋里。当蒙特祖玛抬头端详它们时，它们突然消失得无影无踪。

　　有阿兹特克人的其他文献对上述"西班牙人到来前不久的古怪现象"给出了另一番解释，认为这些迹象"预示神灵将从天而降，人们对此口口相传，很快消息就传遍了从城市到村庄的每一个角落……不久之后，有传言说陌生的族群踏上了这片土地，而帝国首都墨西哥的人们首先证实了这一消息"。[3]

14

珠江三角洲，1517 年 8 月
——不识礼仪的严重后果

　　广东佥事顾应祥在笔记中这样描述他与葡萄牙使团打交道的场景：

　　　　正德丁丑（1517 年），予任广东佥事，署海道事，蓦有大海船二只，直至广城怀远驿，称系佛郎机国进贡，其船主名加必丹。其人皆高鼻深目，以白布缠头，如回回打扮。即

报总督陈西轩公金，临广城。以其人不知礼法，令光孝寺习仪三日，而后引见。查《大明会典》，并无此国入贡，具本参奏，朝廷许之起送赴部。时武庙南巡，留会同馆者将一年。今上登极，以其不恭，将通事明正典刑，其人押回广东，驱之出境去讫。[*4]

施托滕海姆，1505 年

维滕贝格，1517 年

——从威厉到悲悯的上帝

15

法学院学生马丁·路德起誓成为修士：

1505 年 7 月 2 日（作者按：日期为这位宗教改革家后来所加），我在爱尔福特附近的施托滕海姆遇到闪电而受到惊吓，陷入害怕与恐惧，于是默祷"庇佑我，圣安娜，我愿成为一名修士"。

我是受到上天的惊骇，内心被对突然死亡的恐惧和惊慌所笼罩，不是主动或出于个人意愿，更不是出于生计而成为一名修士的，我是出于被迫立下了一个必须实现的誓言。[5]

在 1517 年 10 月 31 日张贴的《九十五条论纲》和 1518 年发表的相关"释解"中，路德写道：

---

* 参见［明］郑若曾编：《筹海图编》。

第 32 条：那些以为持有赎罪券就确信得了救的人，将与其教唆者一同永远被定罪。

……除了寄望于耶稣基督，我们绝无其他得救之望。"因为在天下人间，没有赐下别的名，我们可以靠着得救。"（《使徒行传》4：12，15：11）让信靠死文书和赎罪券与代祷名义的希望统统破灭吧！

第 37 条：真正的基督徒，无论存殁，即便没有赎罪券，也都分享基督和教会的一切恩典，因这是上帝所赐的。

人若不拥有基督，便不能成为基督徒。他若拥有基督，便同时分享了祂的一切恩典。……这就是基督徒拥有的信心，我们良心的喜乐，因着信我们的罪再也不属于我们，而尽归于基督，上帝将我们所有的罪孽统统加于祂的身上。祂担当了我们的罪。基督自己就是"除去世人罪孽的羔羊"。基督的所有公义属于我们。……除非藉着信心，否则最欢快地分享基督的恩惠和欣喜的生命变化便不会发生。再者，也没有人恩赐它或将其带走。事实就是这样，所以我认为，这种分享显而易见既非钥匙职（作者按：即教皇），亦非赎罪券的好处所赐。它只是上帝所赐，先于赎罪券，且不依赖于它。

第 7 条：我们绝非藉行为、补赎或认罪，而是藉信称义，并藉信而得平安的。[6]

上述四个历史事件发生在当时世界的不同角落，内容表面上无甚关联，但在今天看来，皆是时代变革和人心不安的写照。无论是欧洲的君主、学者，还是市民、农民都将贝加莫的天军之战解读为重大事件的先兆，究其根源是欧洲的基督教世界感受到来自土耳其穆斯林的严重威胁。后者所向披靡，1517年征服了开罗，推翻了依然强大的马穆鲁克王朝，当其时，大有从埃及北部的亚历山大进犯意大利南部之势。

同一时间，尤卡坦半岛和墨西哥的印加人也在当时的自然现象中预感到重大变化即将发生，他们认为十年前的天作异象是愤怒的众神弃岛而去的征兆，看到西班牙人登岛，便以为众神已宽恕了岛民，将重新归来。如果说意大利的天军之战是给欧洲人敲响了土耳其来犯的警钟，那么中美洲原住民对自然现象的误读则让他们降低戒备，放松警惕，招致杀身之祸。

同一时期的广东又是另一番景象，"中央之国"那成熟精密的官僚系统从一开始就让葡萄牙人认清自己凡事皆"有求于人"的处境，在方方面面都需谨遵当地高度仪式化的规则，而"不守礼"就是对泱泱礼仪之邦大明帝国的大不敬，必受重责。

施托滕海姆和维滕贝格则见证了宗教改革先行者马丁·路德两次思考上帝的心路历程。第一次，他像时人一样感受到来自上帝的威慑。正如希罗尼穆斯·博斯（Hieronymus Bosch）的宗教画所展现的，人们害怕生杀予夺的上帝，把全部希望寄托于圣人庇佑。而1517年的论纲则反映了他对上帝的全新见解，认为救赎只存在于耶稣基督和上帝的仁慈中，这种质朴的、福音教的观点后来被视为宗教改革的思想基础。

尽管内容各有不同，但这四个历史事件都反映了当时的宗教—宇宙观。人们认为上帝或神明不仅决定了世界的秩序，而且直接干预俗世的具体事务，向世间传达隐秘的信息。印加人从天气闪光和天象中读出神谕，拉丁欧洲的基督徒们将天军之战视作上帝敲响的警钟。正如印加人在震怒的神祇面前战栗一般，年轻的马丁·路德在电闪雷鸣中感到上帝的威严与峻厉，上帝冷酷无

17

情，说一不二，度量着人的灵魂该不该得到救赎。而在中国广东，延续几个世纪的宇宙观思想一直适用，在这种理念中，尘世的组织就像天宫一样。在宇宙的中心——在"中央之国"——坐着中国皇帝，他是各民族必须朝向的中心。[7]所以当葡萄牙国王在信函中胆敢以平等的口吻称呼中国皇帝，当葡萄牙使团拒绝屈从于中国的世界观时，中国宫廷只能将之视作对宇宙的安宁与平衡肆无忌惮、异教徒般的对抗，必须坚决肃清。

前　言
1517——重新审视划时代的一年

　　1517 年在新教历史上被称作"奇迹的一年"，可以说是时代的转折点。即便四个世纪后，直到"一战"结束时，当时最负盛名的神学家和科学策划人阿道夫·冯·哈纳克（Adolf von Harnack）还坚持认为："近代（Neuzeit）肇始于 1517 年 10 月 31 日路德的宗教改革，那敲打在维滕贝格城堡教堂大门上的阵阵锤击正式揭开了宗教改革运动的序幕。"[1]

　　而在 2017 年，宗教改革 500 年后的欧洲和德国，人们开始以不同的眼光审视 1517 年。不仅因为那位叩开近代史大门的宗教改革者已不再神秘，更由于我们历史观的基础已发生了巨大变化：主导 20 世纪初欧洲格局的新教与天主教冲突已退居次要地位，欧洲中心主义的历史和时代视角也渐渐淡化。取而代之的是将世界作为整体的全球史观，个别王朝扮演统治世界的"宇宙帝国"[2]的论调明显不再适用，欧洲垄断世界近现代史演进的观念也变得不合时宜。人们越来越意识到，同一时期在世界的其他角落也发生着一些历史事件，它们同样推动着人类文明向近代水平迈进。

　　因此，说 1517 年以反赎罪券为先导的宗教改革运动触发了全球范围的现代化进程，这一论述越来越遭到质疑，毕竟它与启蒙运动一样只发生在西方历史的范畴中。在本书中，我们将以全球视角重新评判划时代的 1517 年，不仅考察宗教改革的发源地维滕贝格，还将放眼从中世纪向近代过渡的欧洲乃至世界其他国家，考量他们具有世界影响的历史性决策。但我们不会按照此前研究 1688 年全球历史的方法[3]考察 1517 年，因为在 1517 年，世界上的各个文明与民族还太过孤立，彼此交集甚少。尽管 15 世纪中期，欧洲已开始向外探索已知和未知的大陆，由此勾勒出覆盖全球的交流网，但其维度远不能和几个世纪后的信息交换同日而语，1517 年的人们远没有形成在今人看来理所当然的"一个世界"的观念。

　　本书将首先研究 1517 年前后发生的历史事件及事件参与者的思维方式和世界观，考察他们的行为动机和后果，看看这些历史事件是否引发地区局势短期或长期的变化。我们面对的是一个对今天的我们来说非常陌生的世界。即使是我们似乎熟知的欧洲，也被有些现代社会史家正确地称作"我们已失去的世界"（*world we have lost*）[4]。有必要交代的是，当时的纪年法与今天有所不同，比如我们自然认为 1517 年始于 1 月 1 日，终于 12 月 31 日，这也是历史学家普遍采用的纪年法。但在引述历史文献时通常需要对文中的年代以现代的方法加以重新计算。事实上，在过去的几百年里，世界各地所使用的纪年法就像民族、宗教和文化一样多种多样。[5]因此，不同地区对 1517 年起止时间的算法也有较大差异。

　　从中国到欧洲，印度到美洲，基督教、犹太教到伊斯兰教——不同大陆、不同文化圈的纪年方法有差异并不令人感到惊讶。即使是在东方的基督徒之间也有区别，他们的纪年法至今仍有差异，例如科普特人*把9月11日视作一年的开始，东正教国家则沿用了东罗马和拜占庭的纪年法，认为9月1日是新年的开端。就是在以教皇为宗教首领的天主教地区，1517年的起止也有不同。公元前1世纪，罗马人为了适应政治生活的需要，把一年的开始从惯用的3月1日改为1月1日执政官上任的这一天，所以原有的月份名称也不再适用，例如此前代表7月的"September"自此开始代表9月。但在拉丁欧洲旧的罗马历法并没有完全消失，例如在贸易发达的威尼斯，1517年仍以3月1日为开端，显然历法对他们的经济利益无甚影响。佛罗伦萨和比萨的新年始于3月25日天使报喜节，苏格兰和英格兰则依传统习俗在12月25日圣诞节时庆祝新年。

20

同时，10月末的宗教改革也为基督教欧洲纪年方法的分化埋下伏笔：为矫正原本不够精确的儒略历，教皇格里高利十三世于1582年宣布当年10月4日后的一天是10月15日，而不是10月5日，进而改革了原有历法。但新教徒拒绝接受这一"教皇色彩浓厚"的历法改革，时间变得充满宗教意味，新教国家总是比天主教国家晚10天，这一差异在德国一直持续到1700年，在瑞典甚至持续到1753年。

像纪年法一样，当时欧洲和世界其他地区的基本生活条件也与今天迥异，个体与群体的生活都严格取决于自然界的框架乃至受到它的严厉束缚：天气决定了农作物收成和粮食价格，从而决定一定时期人们的营养和健康状况、人口死亡数量、人口规模的

---

* "科普特人"（Kopten）原为7世纪时阿拉伯征服者对埃及人的称呼，系由希腊语对埃及的称呼转化而来。这里指北非本土保持基督教信仰的民族宗教群体，持一性论立场。

变动，进而影响几代人的生存条件。与自然周期相关联的还有由大大小小难以人为掌控的时疫产生的威胁，其中最严重的当数 14 世纪席卷整个欧洲的黑死病，其严重程度使之后的好几代人对此仍谈虎色变。由于当时缺乏今人的自然科学手段，很大一批人试图以超自然的理论解释世界，以期找到灾难的根源和人生的意义，而这些人绝不仅仅是所谓的"文盲"。

现在让我们考虑 1517 年的自然条件因素。人类很早就开始密切观察天气状况，最早的天气记录可以追溯到文字刚出现的时候。中世纪晚期，欧洲关于天气的记录和报道明显增加，仅在 1517 年一年就有诸多气象观察见诸笔端：修道院定期发行天气刊物，日历或度量表也有记载，城市和乡村也会流传一些私人的观察记录。据记载，这一时期欧洲中部偏南地区的天气情况基本上与欧洲整体的气候环境相符。经历了 1515 年和 1516 年两个暖冬之后，1517 年的冬天变得寒冷，再次出现了 1514 年曾有过的"冻湖"现象，上德意志地区（Oberdeutschland）*和瑞士境内类似博登湖这样的大湖几乎全部出现较长时间的封冻期。对此人们不仅密切关注和详细记录，还当作新闻口口相传。下一次的"冻湖"现象直到 1551 年才出现。冷冬导致降雪频繁，地表湿度较大，欧洲中部的许多地区 3 月下旬就迎来春天，4 月初就反常地如同夏天般温热，为作物种子生根发芽创造了很好的条件。

开年的气候条件如此有利，人们理所当然憧憬着可观的收成和稳定的粮价，但事实并不完全符合预期。4 月中旬，天气突然变得恶劣，大旱使 1517 年的春天成为整个 16 世纪中最干燥的一个，

---

* 历史上通常指德意志地区中使用上德语方言的区域，主要包括现代德国的南部（如巴伐利亚州和巴登-符腾堡州）、奥地利的大部分地区、瑞士的德语区以及列支敦士登。

土壤水分缺乏严重威胁原本长势旺盛的作物幼苗。月末突至的降霜又大面积摧毁了葡萄枝和果树花芽，丰收显然没有指望。初夏的空气仍然干燥异常，树木停止生长，牧草歉收导致农民没有足够的饲料，不得不将一部分牲畜卖去屠宰场，可以预见冬天到来时他们饲养的牲畜规模将大为缩小。余下的牲畜也因草木干枯营养不足，奶制品大幅减产。7月的后两周，雨势如注，淅沥不绝，水涨河溢，盛夏又倏忽变得异常湿润。9月至11月天气整体温暖干燥，部分地区春夏时节农作物的损失得以部分弥补，因此当年并未发生特别严重的饥荒。[6]

22

　　欧洲其他地区1517年的天气条件和粮食供给基本与此类似。根据树木气候学研究，树木年轮显示英国和法国这一年的春天和夏天同样炎热干燥，而下半年又变得尤为湿润。据记载，欧洲西南部的一些城市自1517年开始陆续出现了一些动乱，西班牙的卡斯蒂利亚1520年就爆发了危险的城市公社起义。动乱的很大一部分原因就是当年收成不佳导致贸易往来与粮食供应出现瓶颈。在欧洲中部和东部的西里西亚、波希米亚和波兰，严冬中冻死的人不计其数，干燥的春季造成小麦歉收，当年的葡萄酒产量低且质量差。幸而入秋以后黑麦、燕麦和大麦的收成情况尚可，才使得波希米亚和波兰的谷物价格得以降回正常水平。[7]

　　即便在今天，天气反复无常也不禁让人担心会不会是气候灾害的先兆，可想而知16世纪的人们对此该有多么惊惶不安。再加上当时的农业生产并没有应对灾年歉收的方法，因此所有人都直接受到气候波动的影响。农民收入剧减，农业经营利润缩水，城市和乡村各阶层都明显感到粮食和牛奶价格上涨。[8]

23

　　在规模稍大、组织较好的大城市，政府懂得通过储备粮食、平抑面粉及面包价格应对天气造成的危机。而且1517年的天气状况还不算十分恶劣，当时的人们尚且能够应对仅仅持续一年的困境，更何况像尼德兰和德国西部的一些城市还能通过水道从波罗的海沿岸地区运进粮食。这些地区的大部分人都能获得稳定的粮食供应。例如在当时欧洲中部最大且管理最好的帝国城市科隆，1517 年月均粮价就没有出现特别大的波动。与 1516 年的 5.21 马克和 1520 年底真正饥荒时期的 10 马克相比，当年 3.58 马克的月均粮价简直算是很亲民了。[9]但对一些中小城市居民和部分乡村地区的众多贫农而言，一年的灾荒也足以构成严重的威胁。

与饥荒和营养不良导致的疾病相比，疫病更加致命且给人带来的心理创伤更加持久，这在今天是无法想象的。1517 年总体算是不那么惨烈的一年，起码不像 14 世纪中期，黑死病如丢勒《启示录》中的末日骑士般席卷肆虐，在人们心头打上永久的烙印。当然 1517 年也有骇人的时疫暴发，此次不是鼠疫，而是"汗热病"。该病首次确诊于 1486 年的英国，主要症状为晕厥、心悸、胃痉挛、剧烈头痛、盗汗，伴随心慌和乏力。对此，英国人仍心有余悸。而这次首先遭殃的还是英国，在盛夏典型的湿热时节，当最初几起病例见诸报道时，无论是统治阶层还是底层百姓都不约而同地意识到他们将要面对的是什么。

由于交际圈广，欧洲大陆的人文主义者首先听到了英国汗热病暴发的消息。是年 8 月 19 日，鹿特丹的伊拉斯谟（Erasmus von Rotterdam）在给友人托马斯·莫尔（Thomas Morus）的信中写道：

> 如果世上真有什么事情能让人感到如坐针毡，那么就是在这里，危险带给我们的恐惧史无前例，死亡无处不在。在牛津、剑桥或者伦敦，病床上在极短时间内轮换了一批又一

批濒死的人们。我也痛失很多挚友，包括最亲爱的安德烈亚·阿莫尼奥（Andrea Ammonio），我想这一定也使你痛苦难挨。他的死是学界和所有正派人的巨大损失。他生活节制，本以为绝不可能被传染，周围也没有直接感染的人，虽然这些人家中几乎都有感染者。他为此还常常向我们炫耀。然而就在几个小时之后他也被疫病夺去了生命。这汗热病在头几天里尤为致命。[10]

在这场疫病中死去的人大多是年轻的贵族、富庶和受过良好教育的人，老人和儿童反倒较少被感染，因此它给欧洲造成的人口结构影响是长期且深远的。

夏末到来时，英国汗热病的消息从学术圈散布到了整个欧洲大陆，惶恐的情绪也随之蔓延，而欧陆真正受疫情波及大约是在16世纪的20年代末30年代初。当时的人们感到的不安并不直接来自疫病危及性命这一事实，他们害怕死亡猝不及防，甚至来不及向上帝请求宽恕，就被不容分说地打入永恒地狱。这也是那个时代深重的宗教危机的缩影，1517年这个危机达到了顶峰。

自然条件的基本框架交代完毕，再让我们从外向内继续观察，从拉丁基督教欧洲、与欧洲东部和东南相邻的东正教地区以及近东的阿拉伯地区发生的政治事件讲起。这一时期的政治世界一方面是王朝、政权和早期现代国家割据对立，另一方面是两大宗教、两大帝国争霸对峙初露端倪（第一章）。接下来，我们将回答这一时期两个最突出的问题：一是如何在欧洲和国际力量斗争日益加剧的背景下维持和平，二是如何在欧洲大陆贸易方兴未艾而各地区铸币大相径庭的情况下保证币值稳定（第二章）。之后，我们将考察同时代的亚洲和美洲文明与欧洲的交集（第三章）。然后把目

25

光重新投向欧洲，1517 年前后，随着关于欧洲以外世界的新知识涌入欧洲，人文主义和文艺复兴触发了本土文明觉醒（第四章）。在此过程中，我们将探究欧洲人心里深层次的恐惧和对世界乃至宇宙的神秘主义解读，这也包括排斥异端和异族，例如 16 世纪早期妖魔化欧洲犹太人和穆斯林，具体表现在仇视入侵的土耳其人和西班牙的阿拉伯裔莫里斯科人上（第五章）。在最后几章中，我们将剖析拉丁基督教文明的宗教内核，以及使 1517 年得以成为"奇迹之年"的精神、政治和社会剧变。首先考察天主教中心罗马在文艺复兴时期极尽繁华奢靡之能事与基督教世界极度渴求精神制度之变革的矛盾（第六章）。之后，视线再转向远离文明的犄角旮旯，看看一个奥古斯丁会修士平淡无奇的想法和行为如何从维滕贝格开始引燃一场反罗马的烈焰（第七章）。

第一章　两个世界性帝国和第三罗马呼之欲出，
　　　　反压迫反独裁的风暴正在形成

设若将中世纪晚期和近代初期视为宗教主导的时代，那么还应补充说明，同时代的政坛风云也同样占据时势的主流，在有些方面甚至超过了宗教。在理论层面，这一时期产生的秩序及构想将在接下来的几个世纪决定关于人类共处基本原则的讨论。对此我们会在下一章进行更加详细的分析。在实践层面，欧洲各君主之间及各国内部对权力和威望的角逐也缓缓拉开序幕。在君主国内部，两项制度上的变革尤为突出：一是国家权力，尤其是君主特权得到强化，贵族分级参与统治的架构被相应削弱；二是税制改革，即强制城市市民、农民等向统治阶级定期缴纳税赋。应说明的是，在奥斯曼帝国统治的希腊和巴尔干半岛部分地区，国家财政体系又有不同，此则另当别论。

在欧洲君主和君主国之间，经过权力和地位格局的重新洗牌，国家间秩序逐渐形成，权力斗争的主要手段是军事、外交及联姻。因为此时的政坛玩家尚不是19世纪组织结构成熟的国家政权，更不是民族国家，而是封建领主和王朝统治者，例如欧洲大大小小的国王、神圣罗马帝国的选帝侯、大公、公爵或伯爵。在日趋激烈的权力角逐中，军事技术尤其是武器技术突飞猛进。14世纪晚期出现以轻武器为首的弹射武器，随后诞生了最初用于攻打城市要塞的火炮。15世纪法国国王查理七世征伐意大利时将可移动的火炮用于地面战争，一系列新技术的发明彻底改变了欧洲战争形态。作为贵族的骑士阶层日渐被拿军饷的雇佣兵（多为步兵）所取代。不断壮大的士兵规模和日益复杂的枪炮技术耗资巨大。"钱是一切事物的神经"成了所有君主尊崇的无上教条。国家税收和财政必然也要跟上战争手段和军事技术发展的步伐。昂贵的瑞士雇佣兵尤其受到各国君主的青睐，甚至在今天保护教皇的仍旧是瑞士近卫队。在意大利，雇佣兵队长就像发战争横财的企业家，与君主国或城市邦国签订合同，为其提供兵力支持。德国的骑兵队长也是如此，其中最著名的当数马克西米利安一世和查理五世的步兵统帅格奥尔格·冯·弗伦茨贝格（Georg von Frundsberg，1473—1528）。[1]

随着火炮的攻击力越来越强，精通数学的弹道专家、堡垒工程师和文艺复兴建筑师纷纷开始研究、计算炮弹发射轨道和发射角度，以尽可能减轻本国防御工事遭受敌方炮弹袭击的损毁。因此文艺复兴时期，各种各样复杂的防御工事取代了中世纪城市和城堡原本简单、单层的城墙。当然这一切都需要金钱作为后盾。这一系列防御体系包含多种墙体、沟壕、V形棱堡、碉堡、掩体等结构，技术复杂且造价高昂，其设计和建造需要精确规划、大量劳动力和充足的物质保障。

28 　　近代欧洲堡垒建筑兴起于15世纪的意大利——佛罗伦萨共和国、威尼斯共和国、米兰公国、教皇国和那不勒斯王国割据争霸时期。1452年，意大利人文主义者莱昂·巴蒂斯塔·阿尔贝蒂发表《论建筑》（De Re Aedificatoria），首度提出了"意式要塞"的堡垒技术，提倡用星形城墙取代环形带，以加强城堡的防御能力。

1517：全球视野下的"奇迹之年"

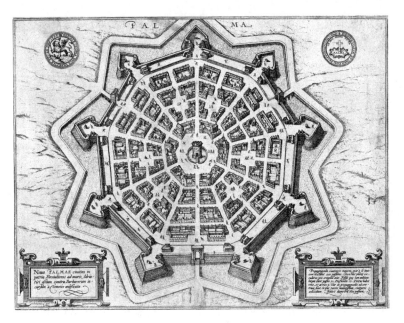

意大利北部要塞城市帕尔马诺瓦（Palmanova），建造于威尼斯共和国时期。布劳恩与霍根伯格所著《寰宇城市》（*Civitates orbis terrarum*）中称之为"文艺复兴时期堡垒与城市建造艺术的桂冠"

这样一来火炮无法正面击中城堡，破坏力大大减弱。一个世纪之后，朱利亚诺·达圣加洛在设计托斯卡纳波乔皇帝山（Poggio Imperiale）城堡时采用了棱堡链，即相互间隔一定距离从内部伸展出去装有炮台的高墙，借此可以对进攻的敌人进行夹击。第一座成熟的文艺复兴防御工事由米凯莱·圣米凯利于 1520 年建于威尼斯维罗纳。而在 16 世纪末，用于抵御奥斯曼土耳其人进攻的帕尔马诺瓦城标志着意大利防御工事的建筑设计水平达到顶峰。

　　早在 15 世纪末，意大利各领主之间的权力角逐就有蔓延到整个欧洲之势。1517 年内发生的一系列事件加速了这种态势的发展。

博弈范围尤其朝着两个方向扩大：东南方向，奥斯曼帝国的穆斯林进犯欧洲，基督教世界的统治者们不得不选择要么联合起来共抗外敌，要么分别与土耳其谈判或结盟以求自保；东北方向，笃信东正教的莫斯科大公伊凡三世宣布自己为拜占庭帝国的政治和宗教继承人，称莫斯科为第三罗马，自封沙皇。此举毫无疑问宣告莫斯科也参与到欧洲权力争夺战中，直接挑战教皇和神圣罗马帝国皇帝的权威。

1517 年正是欧洲新秩序酝酿形成，权力斗争蔓延扩大的开始。这一年为以后欧洲力量格局的形成奠定了基础，信仰伊斯兰教的奥斯曼帝国和信仰基督教的神圣罗马帝国逐渐在军事、宗教和意识形态领域形成冲突对峙局面，他们将在世界不同地区的陆域和海域争夺利益，谋求霸权，并将使整个欧洲的好几代人毫无喘息之力。我们在今天的希腊和巴尔干半岛还能看到这场争夺战的后续影响。

30　　　需要注意的一点是，1517 年，我们所说的两大世界帝国中还只有奥斯曼土耳其拥有属于一个帝国的风貌和能力。土耳其人已彻底巩固了自己雄踞一方的地位，其势力范围已东扩至波斯及至印度洋，西扩至巴尔干和地中海东部，直逼贸易帝国威尼斯。而哈布斯堡王朝此时还霸业未成。如果一定要推举一个基督教世界的霸主，那么只有葡萄牙勉强称得上。但葡萄牙并不追求领土扩张，而是意图维护海外现有的分散领地，从而构建覆盖全球的贸易帝国。[2] 对于欧洲的势力和霸权角逐，葡萄牙是不甚上心的。

此时的欧洲主要有两大力量分庭抗礼：一方是 15 世纪末崭露头角的法国王室，另一方是为遏制法国崛起而联姻结盟的西班牙王国和哈布斯堡王朝。在这场联姻中降生的王朝继承人——勃艮第公爵查理彼时才刚满 17 岁。他的祖父母们——西班牙国王伊莎贝拉与斐迪南和神圣罗马帝国皇帝马克西米利安一世已为其开辟出将哈布斯堡家族打造为世界帝国掌权者的政治基础和疆域条件。查理继承了先辈国王和皇帝的王权意识，渴慕同时代的大人物所具有的声望与力量。同时，他的血液里也渗透着勃艮第家乡强烈的宗教情怀，让他具备成为基督教热忱捍卫者的基本素养，这一素养意味着对内维护天主教的正统地位，对外抗击异教的土耳其穆斯林。

一、卡斯蒂利亚之秋：西班牙王位更迭，哈布斯堡家族觊觎基督教世界霸权

1517 年深秋，随着卡斯蒂利亚、阿拉贡和哈布斯堡家族有关王朝世袭与国家政治的决断落定，未来的哈布斯堡世界性帝国在卡斯蒂利亚诞生了。具体而言，这个决断使得阿拉贡国王斐迪南和卡斯蒂利亚女王伊莎贝拉的继承问题尘埃落定，双方于 1469 年结婚，合并后的阿拉贡-卡斯蒂利亚已具有近代西班牙的雏形。伊莎贝拉于 1504 年去世，斐迪南则死于 1516 年 1 月。此后，国家和教会的大小事务暂时交由年迈的托莱多大主教弗朗西斯科·希门尼斯·德·西斯内罗斯（Francisco Jiménez de Cisneros）代理。此外，西斯内罗斯主教在摄政期间大力推行基督教神学革新，当时的他恐怕不会想到，这一项举措竟意外地让西班牙免于宗教改革的冲击。

根据继承权的顺位，阿拉贡与卡斯蒂利亚的统治权属于长孙查理大公，他于 1500 年 2 月出生于根特（Gent）。他的母亲是卡斯蒂利亚女王胡安娜，父亲是勃艮第公爵美男腓力。1506 年，腓力于布尔戈斯（Burgos）去世，查理承袭了勃艮第公爵之位并

于 1515 年成年时开始统治尼德兰和勃艮第。当阿拉贡国王斐迪南 1516 年去世时，查理居于继承阿拉贡和卡斯蒂利亚统治权的第一顺位。但要获得对西班牙的统治权，他还须克服不少困难。这是对他及身边幕僚政治手腕的考验，也是他本人权力意志是否坚定的试金石。我们将看到，两者幸运地结合在了一起。尽管祖父去世时他还不足 16 周岁，但此时的查理已显露出获得西班牙王位的强烈意愿。他继承了勃艮第公爵的伟大传统，自幼在梅赫伦（Mecheln）——欧洲最负盛名的王子宫殿接受教育，并在姑母奥地利的玛格丽特（Margarette von Österreich）的严格监督下长大。玛格丽特在查理未成年时长期担任尼德兰摄政官，她也是文艺复兴时期欧洲政坛和文艺界的风云人物之一。[3] 受到勃艮第公爵君权意识的影响，这位年轻的奥地利大公深信，上帝注定要让哈布斯堡-勃艮第家族统治基督教世界。作为此时西班牙王国最年长的继承人，他将在一切必要的时刻捍卫这一统治权。[4] 勃艮第的幕僚更让他对自己的使命坚信不疑。阿拉贡国王斐迪南去世的消息一传到尼德兰，布鲁塞尔旋即昭告，勃艮第公爵是卡斯蒂利亚和阿拉贡的新王。

即便如此，查理能否顺利登上王位还取决于西班牙本土是否支持，他显然有必要亲自到西班牙走一趟。尽管西斯内罗斯大主教将卡斯蒂利亚治理得井井有条，他本人也愿倾全力巩固查理的权力并帮他铺平登上王位的道路，但还有两名不可忽视的潜在竞争者，西班牙王室的反对势力有可能以这两人为中心，对这个来自异乡的王位继承人构成威胁，此二人便是查理的母亲胡安娜和小查理三岁的弟弟斐迪南。美男腓力 1506 年英年早逝后，胡安娜精神崩溃，一直在托德西利亚斯（Tordesillas）隐居避世。可能也正因如此，她更容易被卡斯蒂利亚反对查理继位的权贵控制。弟

32

弟斐迪南威胁更大，他是潜在的王储，想要集结党羽轻而易举。他平易近人，性格开朗，1503 年生于马德里附近的埃纳雷斯堡（Alcalá de Henares），在卡斯蒂利亚长大，"他的"追随者不遗余力地宣传他才是最近去世的西班牙祖父斐迪南的理想继承人。而查理则被认为性格孤僻。当年跟随美男腓力进入尼德兰的卡斯蒂利亚人阿隆索·曼里克·德拉腊曾描述查理"深居王宫，远离世事，对西班牙一无所知，更糟的是他还要以这样一副态度前往西班牙。虽然他听得懂一点点西班牙语，却一句也不会讲，这是莫大的缺陷"。[5]

境况愈是如此，查理及其幕僚的西班牙之行便愈显紧迫，确保西班牙王位归勃艮第所有不容耽搁。此行需要精密的筹划和充分的政治铺垫。毕竟当时的欧洲政坛诸侯鼎立，关系盘根错节，勃艮第和西班牙合并将是很大的动作，极易引起欧洲其他领主，尤其是法国的猜忌和骚动。法国在 15 世纪末入侵意大利后成为可与勃艮第和西班牙抗衡的劲敌，如果后两国合并，将对法国形成包围之势。而南下西班牙绕不开法国西海岸，与法国王室难免有一番缠斗。经过一系列谈判，勃艮第的外交官与法王弗朗索瓦一世在 1516 年 8 月达成了《努瓦永和约》。然而法国人的善意代价高昂——除了承诺每年支付贡金，放弃由阿拉贡的斐迪南最近才将之并入西班牙的比利牛斯山以南的纳瓦拉，查理还需承诺迎娶当时年仅 1 岁的法国公主路易丝，这项婚约对于哈布斯堡家族的王朝利益来说并不是很有吸引力。和约的达成不仅让正在意大利北部与法国交战的神圣罗马帝国皇帝马克西米利安一世勃然大怒，也再度激化了尼德兰内部亲法与反法势力的冲突。

诚然，这是一个马基雅维利主义盛行的现实政治（Realpolitik）时代，与其指望幸运女神的庇护，坐等看不见摸不着的未来，还不如放手追逐利益，抛却传统的忠诚，哪管他刚刚订立的盟誓。

弗朗索瓦一世也不清楚哈布斯堡人一旦在西班牙稳坐江山，是否还会信守旧日的承诺。在英国，力推反法外交政策的红衣主教托马斯·沃尔西（Thomas Wolsey）此刻不仅没有因为查理与法王缔约而光火，反倒心情愉悦地坐看查理加冕西班牙国王后倒向反法的阵营。在这一年夏天，他甚至批准借款给勃艮第 10 万金弗罗林，以资助他们昂贵的西班牙之行。[6]

7 月初，这支规模可观、派头十足的南下队伍终于在泽兰的米德尔堡（Middelburg）港集结，但还需长时间等待适合出海的天气。直到 9 月 8 日，这支由 40 艘舰船组成的队伍终于能从弗利辛恩（Vlissingen）起航，虽然只是公爵级别的规制，但从数量和气派看，已颇具帝王风范了。[7]

同时登船的还有查理刚满 19 岁的姐姐埃莱奥诺尔（Eleonore），对她来说这是一个辛酸的夏天，但她的经历是欧洲皇室女子逃脱不掉的个人命运。扬帆起航的那一刻，她魂牵梦萦的少女情思也石沉大海，事实上幻梦从一开始就注定无法实现。在勃艮第宫廷的王公贵胄们忙于谋划雄图伟略的时候，这个年轻的哈布斯堡少女和普法尔茨伯爵弗里德里希彼此芳心暗许，后者在哈布斯堡家族任军事和外交要职。两个相爱的人天真地以为他们最终会走向婚姻的殿堂。而在 1517 年的盛夏，现实终于照进幻想，舰队起航前不久，埃莱奥诺尔在阅读弗里德里希写给她的一封情书时被打断，并被告知婚姻无望。[8]公主期待的姻缘不符合家族的政治利益。尽管此前将她嫁入法国王室的计划没有成功，但在里斯本，葡萄牙国王曼努埃尔一世新近丧偶，给哈布斯堡家族打开了另一扇颇有吸引力的联姻窗口。他去世的第二任妻子玛丽亚来自阿拉贡和卡斯蒂利亚，正是胡安娜的姐姐，也就是查理和埃莱奥诺尔的姨母。葡萄牙不仅与西班牙直接接壤，而且与世界各地贸易往来频密，国库充盈。通过联姻与里斯本保持良好的关系对查理及勃艮第而言再好不过，因此必须倾全力阻止联姻环节中最核心的女性人物被无端浪费在一个微不足道的伯爵身上。

出于根深蒂固的家族使命感，再加上近臣百般劝服，查理以一家之长的身份下令禁止埃莱奥诺尔和弗里德里希进行包括书信在内的一切往来，将弗里德里希逐出勃艮第宫廷，二人还必须公证从未有过任何使埃莱奥诺尔丧失以勃艮第公主身份出嫁之资格的不检行为。

所有这一切都符合欧洲王室联姻结盟的惯例，哈布斯堡家族深谙此道。而查理终其执政生涯在这件事情上做得尤其决绝且成功，以至于不久之后就流传着"别人家战沙场，奥地利嫁姑娘"的说法。他的一位姨母此后曾为一名尚未成年的哈布斯堡公主求情，求查理不要出于政治考虑将她嫁给大几十岁的异国君主，查理则冷冷地表示家族利益至上，换作他自己绝不会考虑个人情绪，哈布斯堡的女性成员也应当如此。王朝的荣耀和权力的扩张必然带来牺牲品，统治阶级的全部成员，无论男女都要通过主动奉献或放弃小我来成全家族利益。

1519 年 3 月 7 日，出海一年半后，埃莱奥诺尔与曼努埃尔一世的婚礼在里斯本举行。查理则于 1525 年迎娶了曼努埃尔一世与首任妻子所生的长女伊莎贝拉，也就是埃莱奥诺尔的继女。1521 年 12 月，埃莱奥诺尔已 23 岁，长其 30 岁的曼努埃尔一世去世，二人彼时育有两子。此后埃莱奥诺尔守寡多年，仍无法与青梅竹马的普法尔茨伯爵再续前缘。那时已是神圣罗马帝国皇帝的查理拒绝了弗里德里希迎娶埃莱奥诺尔的请求，可以看出作为寡妇的埃莱奥诺尔此时并没有失去与别国皇室联姻的价值。1530

年，她嫁给法国的弗朗索瓦一世，然而这次结合也没有让她过得幸福。并且尽管埃莱奥诺尔孜孜不倦进行调解，联姻也没能像预期的那样化解哈布斯堡家族与法国瓦卢瓦王朝的矛盾。1547年3月，弗朗索瓦一世去世，她回到了查理的宫廷。不久之后，她与此前嫁到匈牙利、同样守寡的姐姐玛丽在西班牙埃斯特雷马杜拉（Extremadura）相伴度过余生。

身在西班牙的埃莱奥诺尔仍尝试追忆早年的葡萄牙时光。在与曼努埃尔国王的短暂婚姻中，她所诞下的第一个男婴过早夭折，1522年离开葡萄牙时不得不留下唯一的女儿玛丽亚在葡萄牙长大。当埃莱奥诺尔已年近六旬之时，她不顾葡萄牙政治势力的反对和民众的怨恨，坚持要与这位经年未见的葡萄牙公主见面。她满怀期待，1557年12月抵达西葡边境的巴达霍斯（Badajoz），但因天气恶劣，直到次年1月底才等到这位久违的葡萄牙公主。二人共处了14天，却无法消弭彼此间的陌生与隔阂。年迈的母亲不仅没能在暮年与亲生女儿和解，反倒被她高冷的态度深深伤害。埃莱奥诺尔在寒冷的冬日穿越埃斯特雷马杜拉，希望通过向瓜达卢佩圣母朝觐，获得上天的慰藉，却在1558年2月便溘然离世。时代的联姻铁律是她跌宕起伏命运的罪魁祸首。埃莱奥诺尔死后，她的侄子西班牙国王腓力二世在修建位于埃斯科里亚尔（Escorial）的王室陵墓时，将她的牌位也一并放入哈布斯堡家族先贤祠，使她永为世人铭记。直到今天，先贤祠仍是热门的旅游胜地，这也算是命运给予埃莱奥诺尔身后的荣耀了。

现在让我们回到1517年秋天，勃艮第船队驶向西班牙的时候。众人的期待固然高，却不曾想旅途一波三折。西班牙近海波涛汹涌，对这些勃艮第的客人丝毫不留情面，船队未能按计划停

37

靠桑坦德（Santander）港口，而是被吹到阿斯图里亚斯的小镇比利亚维西奥萨（Villaviciosa）一个村庄附近的陡峭海岸。船员被迫冒险登上人迹罕至的西班牙北部高地，在接下来的两个月里跋涉异常艰辛。除此之外，大风大浪将船只吹散到不同地方，队伍必须重新集结。但另一方面，查理以如此缓慢的速度靠近卡斯蒂利亚首府巴利亚多利德（Valladolid）背后也有勃艮第幕僚的政治和策略考量。在摸清双方的政治态度和力量对比前，他们断不敢贸然让查理和卡斯蒂利亚的王公贵族正式会面。彼时已 81 岁高龄、年老体衰的西斯内罗斯正在巴利亚多利德东北部的罗阿（Roa）不耐烦地等待南下的查理，想要与他交接卡斯蒂利亚的朝中事务。这正是勃艮第大臣们担心的，他们不希望二人私相授受、达成有损他们利益的密约。西斯内罗斯最终没能亲自将执政权交予查理，他卒于当年的 11 月 8 日，幸而也因此没有亲眼见到查理的勃艮第顾问、谢夫尔男爵纪尧姆二世·德·克罗伊（Chièvres de Croy）为他起草好的解职信。

　　勃艮第大臣们当前的首要目标就是防止西班牙王权移交的进程受到王朝内部未决事宜的干扰。因此，11 月初，舰队没有直接驶抵巴利亚多利德，而是在 11 月 4 日先到了首府西南的托德西利亚斯，即查理的生母胡安娜的居所，并在那里逗留了一周。胡安娜住在当地的圣卡拉拉修道院，查理和埃莱奥诺尔在这里也有两间装饰着华美宗教画的房间。经过查理的老师兼第一资政谢夫尔男爵前期的精心准备和沟通，查理与母亲胡安娜的会面终于得以实现。在西班牙国王伊莎贝拉与斐迪南去世后，胡安娜正式成为阿拉贡和卡斯蒂利亚王位的合法继承人。此次会面无论对查理本人还是对哈布斯堡家族都意义重大。会面期间，查理和埃莱奥诺尔还见到了 1507 年出生的妹妹卡特琳娜，但会面具体细节不得而

38

知。而查理在其简短的回忆录中也只提及有过这次会面，他写道：
"船队继续开往托德西利亚斯，为了在那里向我的生母，向女王陛
下致吻手礼。"[9] 宫廷史官劳伦特·比塔尔向来都是王朝较早历史
的翔实记录者，此次却发现自己被粗暴地排斥在外，他曾以递送
照明的火把为借口狡猾地企图溜进会面的屋子，然而被查理看穿
并勒令离开。[10]

此时，埃莱奥诺尔或许还对母亲有些模糊印象。胡安娜跟随
丈夫美男腓力前往西班牙的时候，查理尚在襁褓之中，之后二人
再未返回奥地利，所以查理对母亲几乎毫无记忆。在去巴利亚多
利德会见卡斯蒂利亚王公贵族之前，查理选择先去拜访生母可能
并非出于母子间的天然感情纽带。此举的核心作用更大程度上是
公开宣示两人的血缘关系，表明查理已与因病无法独立行使统治
权的女王达成一致。这是王朝历史上极具象征意义的一个时刻，
对于此后卡斯蒂利亚王公贵族向查理俯首称臣具有举足轻重的作
用。尽管有政治和执政合法性的种种算计，但查理始终对胡安娜
表现出应有的恭敬，这样的处事方式才是他所认同的王室体统，
也正是先人赋予他神圣职责的应有之义。

11 月 11 日，查理一行朝发夕至，在托德西利亚斯东部的小
城莫哈多斯（Mojados）见到了素未谋面的弟弟斐迪南。在勃艮第
人的算盘里，斐迪南是一个巨大的未知数，所以在面对卡斯蒂利
亚王公贵族前，无论如何得先确定他的权重。这次会面[11]起到了
一锤定音的作用，斐迪南对兄长的一切权力声索均表示支持，并
与任何反对其继位的势力划清界限。在之后的一场宫廷宴会中，
勃艮第幕僚略施小计便让卡斯蒂利亚贵族看清形势：为查理掌酒的
正是弟弟斐迪南，他还在查理洗手之后递上手帕——这一象征性的
举动既表明了在二人的关系中，查理居于优先地位，又说明了弟弟

1517：全球视野下的"奇迹之年"

斐迪南一人之下万人之上的尊贵地位。这种兄友弟恭的局面对当时的哈布斯堡家族和其后几代人在欧洲的统治都具有重要意义。

起初纳入考虑的还有几年前提出的王位交换安排，即斐迪南离开西班牙，北上尼德兰执掌大权，但此计划后来不了了之。11月23日，在庄严的仪式中，兄弟二人一同骑马，如众星捧月般游行进入巴利亚多利德，向夹道欢迎的王公贵族和普通百姓致意。游行仪式严格遵循地位规制和权力安排，排场阔气，丝毫不亚于他父亲美男腓力几年前给人深刻印象的登基游行。弟弟斐迪南王子紧随查理身旁，尽管地位居于哥哥之下，但他也置身于后者的光环笼罩下，他将成为哈布斯堡权力中心的第二支柱。

1516 年，哈布斯堡家族年轻的查理继承其西班牙祖父——阿拉贡的斐迪南国王王位的前一年，布鲁塞尔宫廷画师贝尔纳德·范奥利（Bernard van Orley）为其创作了这幅戴着金羊毛骑士团徽章的肖像。温和的轮廓中已透着查理不容挑战的帝王风度。不久之后，他将作为西班牙国王和神圣罗马帝国皇帝统治一个世界性的帝国，并将作为一名"基督教战士"，为基督教世界的外部安全和内部统一而战

1517 年 11 月中旬，一切尘埃落定，查理成为哈布斯堡家族毋庸置疑的统治者和掌权者。次年 3 月 21 日，获得了对卡斯蒂利亚的统治权后，他召开任内第一次西班牙三级会议，宣告西班牙的海外领土统治权亦归自己所有。西属海外殖民地的范围也随着地理大发现而不断扩张。由于继承了阿拉贡公国，那不勒斯王国也自然成了查理统治疆域的一部分，这让他可以名正言顺地在意大利捍卫哈布斯堡家族的利益。此外，通往德意志国王和神圣罗马帝国皇帝的道路也已扫清障碍。1519 年春天，就在查理陶醉在阿拉贡权贵的瞻仰和欢呼中时，传来了祖父马克西米利安皇帝去世的消息。当此之时，他保持了继承西班牙王位时一贯的坚定果决，当仁不让地提出将角逐神圣罗马帝国皇帝头衔。尼德兰摄政、查理的奥地利姨母玛格丽特曾建议他从策略上考量，将帝位的优先权让给弟弟斐迪南。但他在巴塞罗那写的一封信中以教导的口吻给予了明确的拒绝：

> 考虑到当前的处境和时机，我们应当不为斐迪南王子争取选举，而是为我们自己争取。一旦掌握了神圣罗马帝国皇帝之位，我们将能完成符合我们自己、斐迪南王子和各个王国及属地利益的宏图大业。如果是除我之外的别人赢得这次皇帝选举，即便那个人是斐迪南，也无法实现上述目的。[12]

此话所要传递的信息再明白不过：哈布斯堡家族及其每一位成员的命运只有在查理手中才能得到最好的安排。他必须尽其所能当选德意志的国王和神圣罗马帝国皇帝。1519 年 6 月 28 日，他果然击败了劲敌法兰西国王弗朗索瓦，这位勃艮第公爵和西班牙国王顺利成为新任神圣罗马帝国皇帝。

如此一来，哈布斯堡家族便积聚了主导欧洲的势力。既然承继了皇帝的荣誉，查理自然也须肩负起领导欧洲基督教世界抵御不断西进的土耳其人和伊斯兰教的使命——眼下这也正符合西班牙轰轰烈烈的收复失地运动的内在精神。哈布斯堡家族之所以能在实质和形式上都发展成为欧洲的权力中心，一方面得益于祖辈苦心经营，即马克西米利安皇帝和西班牙君主们灵活运用的外交联姻，前者的子女腓力和玛格丽特1496年分别与卡斯蒂利亚的胡安娜和阿拉贡的胡安喜结连理。但哈布斯堡家族掌控的领土得以拓展到查理治下的勃艮第-西班牙-德意志的广阔范围，也是前辈们没有预见到的。此前的诸番联姻皆为对抗法兰西的一时计谋，因为活跃在意大利的法国势力对勃艮第和西班牙的利益构成了威胁，大有称霸之势。勃艮第、西班牙和德意志这几个在政治和文化上都差异巨大的王国能够实现合并，实则因为多位王室重量级人物意外去世，例如卒于1497年的西班牙王位继承人胡安。合并后的西班牙-德意志王国将在接下来的一个半世纪深刻地影响欧洲和西班牙主宰的世界半球——这一宏图伟略的轮廓成形于1517年秋的卡斯蒂利亚，而版图的勾勒者正是当时年仅17岁的查理和他的勃艮第幕僚。哈布斯堡和法国的地缘政治对立由此形成，而哈布斯堡家族也与瓦卢瓦和波旁两大王朝相继交锋。这一格局产生了远超欧洲的世界意义，其后续影响一直延续到19世纪。

二、早期现代君主国的形成和民众对新约束的不满

1517年里，就在卡斯蒂利亚和阿拉贡的统治阶层动作不断之时，在远离权力中心的社会底层，民众的不满情绪悄然滋长。短短几年间，在西班牙、德意志以及欧洲其他许多地区，底层民

众正酝酿着揭竿而起，之后的事态发展大有摧毁君主和贵族阶层之势。起义的导火索多种多样，不同地区各有差异，但从根本上说都源自这一时期社会结构的转型，该进程从中世纪末起就在欧洲不断推进，史学家称之为"统治者集权"和"早期现代（frühmoderne）国家形成"。

我们今天熟悉的国家形态是一个漫长演变过程的结果。它最早始自欧洲中世纪，其结果是一个完全不同的新政治和社会秩序。近代时期，新的疆域和民族国家逐渐成形，领土有明确划定的边界，国家有统一的权力机关或当局，通常掌握在君主及群臣手中。从今天的角度看，国家的形成无疑带来了一系列显而易见的好处：首先，国家或当局成为唯一能够合法使用武力的机构，在当时的情况下这一权力行使起来颇费一番功夫。因为从 1500 年前后开始，一些特定的社会团体就一直把持着所谓"武力自卫权"，即可以使用"防御性的手段"捍卫自己的权益，例如贵族阶层，特别是帝国骑士，也包括一些其他的公民团体甚至非贵族阶层的个人，例如路德晚年时期的萨克森马贩子科尔哈斯（Kohlhase），他因克莱斯特的小说而闻名。[13] 而集权后的近代国家在新颁布的法令中将此种行径定性为"私自或任意使用武力"的非法活动。其次，国家拥有征税权，这一项新的权力也招致普遍的反对，唯有通过高压和暴力方能执行。或许只有现代人才能理解，糟糕的税制会给社会带来怎样的危机。除使用武力权和征税权收归中央外，同样具有积极意义的还有新建的官僚系统和统一的法律体系，尤其是最高审判机关的设立。此外，国家对社会生活负有责任的范围扩大，对后世也产生了长久的积极影响。宗教改革使国家活动获得了新的合法性，其职能还包括公共设施的扩建，例如改善学校、大学、医院、养老院的设施等，国家还有保持公共场所清洁和安全的义务。

尽管上述新的举措从长远角度看是有益的，但对当时的人来说无异于一场根本性的变革。从乡村到城镇，人人都觉得颁布的新举措损害了他们多种多样的权利与自由，严重干扰了他们的日常生活，一时间难以接受。15、16世纪之交的十年间，人们对新秩序、新规定的强烈不满与日俱增，以至于达到危险的程度，在有些地方矛盾甚至已经公开激化。按照旧法享有特权的贵族阶层、部分市民，尤其是农民认为新法彻底颠覆了原有的社会秩序。对当时的人而言，这无异于黑尔特·马柯（Geert Mak）小说中荷兰村庄约沃尔德（Jorwerd）所代表的20世纪下半叶"欧洲乡村的衰落"。只是15、16世纪的人们没有立即得到另一种生活的补偿，从许多方面来讲是更好的生活，有汽车、邻近小城镇的超市、电视和娱乐、闲暇时间和固定假期。[14]

　　除了统治阶层治下的城市和农村百姓，那些习惯了参政议政的城市贵族和村庄乡绅也感觉到，由于大权集中到君主手中，他们失去了原有的影响力和地位。再加上当年卡斯蒂利亚和德国部分地区作物收成欠佳，贸易陷入停滞，饥荒时有发生，百姓只好通过抗议乃至暴动来发泄对新变化的不满。

　　在卡斯蒂利亚，王公贵族的反抗情绪最先爆发。起因是西斯内罗斯死后，托莱多大主教职位空缺，而以查理为首的勃艮第执政者在没有事先与卡斯蒂利亚贵族协商的情况下，以迅雷不及掩耳之势将这一在政治上、在教会中意义重大的职位交予了"自己人"——尚不满20岁的威廉三世·德·克罗伊（Wihelm Ⅲ. de Croy）。此人当时已是康布雷（Cambrai）主教，1517年4月起任红衣主教。将这位野心家任命为新的托莱多大主教严重违反了当时许多欧洲国家不成文的规定，即最重要的职位应当优先由本地人担任。更何况新任大主教是与查理关系密切、大权在握的纪尧

44

第一章　两个世界性帝国和第三罗马呼之欲出，反压迫反独裁的风暴正在形成　　33

姆二世·德·克罗伊——西班牙人对他抱有一种格外的敌意——的侄子，这是格外令人难以忍受的。他代表着一批居高临下的勃艮第王室贵族，一早就被西班牙人看作是外来的占领者。1517 年 11 月 9 日，也就是备受当地人敬仰爱戴的西斯内罗斯死后第二天，其继任者人选被迅速公之于众。当卡斯蒂利亚的萨莫拉（Zamora）主教作为本地候选人站出来援引伊莎贝拉制定的反对任命外国人的法律条款时，勃艮第人早有准备，当即授予威廉三世以西班牙国籍，使其成为卡斯蒂利亚人。即便没有这一条向着本地人的规定，教皇利奥十世也已在 10 月 12 日颁布特许令，允许威廉三世可以不受大主教身份和卡斯蒂利亚教会的义务约束。

让一个弗兰德斯青年取代德高望重的大主教和政治家西斯内罗斯的举动深深触怒了卡斯蒂利亚的贵族和百姓。在巴利亚多利德，查理主持的首次卡斯蒂利亚议会会议上，大臣们纷纷抗议新大主教的任命，要求查理承诺绝不允许更多勃艮第人入籍，新的大主教也必须住在托莱多。查理对这两项要求表示同意，然而之后却没有信守承诺。这也导致 1520 年，卡斯蒂利亚贵族公开支持西班牙城市公社起义（1519—1522 年），支持派为首的就是萨莫拉主教安东尼奥·德·阿库尼亚（Antonio de Acuña）。而当威廉三世 1521 年 1 月初在沃尔姆斯狩猎意外身亡时，卡斯蒂利亚人都将它当作上帝的审判来庆祝，阿库尼亚主教也在起义群众的拥护下，顺理成章地继任了一段时间的托莱多大主教。

对于新秩序的不满情绪早在 1517 年就已不仅局限于贵族阶层。在一些城市，如卡斯蒂利亚西北部的萨莫拉，人们开始议论如何对抗外族统治。[15] 在许多西班牙西北部的城市，尤其是港口城市，人们逐渐对市政府的人员结构及其通过新的选举方式巩固王权的举措感到不满，这在乌尔迪亚莱斯堡（Castro Urdiales）表现

1517：全球视野下的"奇迹之年"

得尤为明显。[16]再加上庄稼歉收导致粮食供应短缺，不满情绪逐渐积聚，新的统治者为了筹集资金支持其在西班牙之外的政治军事行动，又提高了当地税赋。1517年之后的几年间，抱怨新政府失职已成为城市政治纲领的一部分，为后来反抗与传统背道而驰的新举措提供了基础。[17]当查理和他的幕僚为加冕神圣罗马帝国皇帝赶赴亚琛时，西班牙人趁机掀起了轰轰烈烈的城市公社起义，势头很快席卷整个卡斯蒂利亚。起义以托莱多、巴利亚多利德、托德西利亚斯、萨拉曼卡和萨莫拉等城市为中心，一开始甚至得到卡斯蒂利亚贵族的支持，反叛者反对有利于勃艮第王室的新政，将刚刚站稳脚跟的哈布斯堡家族的统治推向深渊的边缘。

正如16世纪初的社会和政治变革遍及欧洲几乎所有地区，粮食短缺也广泛存在，1517年欧洲各地都出现了由类似原因导致的骚乱[18]：在茨维考、邦兹劳和布雷斯劳等市镇，在波希米亚的宁布尔克／宁堡，以及在但泽（今格但斯克）因议会财政管理不善而引发骚乱；在维也纳，1517年11月20日一项有关城市权利的新规引发不满；在匈牙利的矿区，矿工除了其他要求外，还主张对教会捐款的使用有发言权，这预示了后来新教徒所要求的改革。

46

最广为知晓的一场骚乱发生在伦敦的五朔节。今天英国政坛还会使用"Evil May Day"（罪恶五朔节）的表述。1517年4月底，伦敦的手工业者已有骚动的迹象。当时一位圣保罗街区的牧师甚至在布道中煽动不满的民众公开抗议伦敦过分的"外国化"，尤其是有太多的富有外国商人和银行家。与欧洲大陆不同的是，伦敦人民诟病的并非执政者施压，而是经济生活的"国际化"。由于英国地处欧洲边缘，因而欧陆的起义之风只是不久前才刮到这里，其影响也只限于英国唯一一个有国际影响力的经济中心——伦敦。

伦敦的手工业者本就认为社会经济的发展威胁到了手工业者群体的生存，而欧陆人民的愤懑情绪进一步加剧了他们对现状的不满。

骚乱从 4 月 30 日持续到 5 月 1 日，几百名手工业学徒从外国人聚居的市中心到圣保罗修道院以北的大圣马丁教区，一路打砸抢烧，破坏外来移民的住家。在那里生活的意大利人进行了积极抵御，都铎王朝早期明显强化的国家机器也运转得尤为高效：在人文主义者、国王资政托马斯·莫尔爵士劝阻调停无效后，伦敦塔桥的驻守部队不得不进行武力干预，大法官红衣主教沃尔西在 24 小时内组织 5 000 名武装士兵进入伦敦镇压骚乱。[19] 上述举措恢复了治安，几百名闹事者被关进监狱，骚乱头目被处死。英国当局的武装镇压并没有德国官厅八年后应对农民起义那般凶狠。据一部半官方的编年史记载，5 月 19 日，在王后阿拉贡的凯瑟琳和王公贵族的求情下，同时也考虑到被关押犯人的妻儿，亨利八世公开赦免了犯人。这或许也说明英国王室并不像欧洲大陆掌权者那样担心人民的暴动。相比之下，1525 年，欧洲中部一些国家面对起义时采取了彻底剿灭的态度。

在英国，1517 年的骚乱也是当时暴风骤雨般的变革和深度社会矛盾显现的前兆。只是在那里，矛盾和危机还要酝酿半个世纪方才彻底激化。那时人们的敌意不再指向外国银行家，而是来自荷兰和意大利反宗教改革地区的流亡者。他们自 16 世纪中期开始陆续涌入伦敦及英国其他贸易和工业中心。他们带去的新式而先进的生产和贸易方式再次让英国本地人感到实实在在的威胁。[20]

变革给欧洲带来的冲击不仅波及城市，更蔓延到广大农村地区。乡绅贵族和普通佃农都感受到同样的不安。此种情势在德国尤甚，那里的贵族和农民感到双重的压力——一方面来自帝国宪法的改革，另一方面可归因于近代民族国家的领土边界形成。对他们而言，日常生活的法律、阶级和经济基础正急剧改变。骑士和农民愤怒的原因大抵皆如此。他们宣泄情绪的方式便是集体反抗，矛头指向的均是一国领土的主宰者及其日益加强的领土控制。暴民中最具政治头脑的领导者当属乌尔里希·冯·胡腾（Ulrich von Hutten），他甚至希望城市能加入农村的起义浪潮，但是城市和农村的具体利益诉求毕竟差异太大。[21] 比如一些骑士参与起义的主要目的是趁火打劫，抢掠和压榨富户，好大发横财。

　　自 15 世纪起，骑士们就开始不断通过抢劫和袭击来滋扰世俗和教会领主，尤其是主教和修道院长。他们不满领主们塑造近代国家的举措和市民阶级从事贸易活动，认为这样一来自己原有的

当一位至今默默无闻的上德意志大师被委托为 1519/1520 年出版的弗朗切斯科·彼特拉克的《承受好运、厄运的方法》（*Von der Artzney bayder Glück*）德文版制作插图时，他选择了将向商人勒索钱财的强盗骑士作为厄运的代表。这么做，既说明了时局剧变的动荡，也表明了动荡已经影响了帝国骑士的生活基础，并迫使一些人干起了非法的营生

利益空间就被挤占了。使用武力则被他们视作古老而天赐的自卫权。为了压制骑士的盗劫风尚，各国君主们在1495年决定进行宪法改革，旨在保证国家的"持久和平"，宣布自卫权不再适用。出台一项国家法律是一回事，执行起来却是另一回事。德国西部势力强大的骑士阶层尤其不好对付。更何况当时的神圣罗马帝国皇帝并没有自己的警察或军队。在此项法令颁布后的20年，德意志的骑士阶层一点也没有被驯服。

对于这一点，马克西米利安皇帝有着亲身体会。当他1517年春自尼德兰沿着莱茵河前往美因茨时，人们提醒他从上拉恩施泰因（Oberlahnstein）开始最好乘船顺莱茵河走水路继续前进。因为附近奥登瓦尔德（Odenwald）的骑士贵族很不安分，可能会对君主不利。此外，皇帝还有必要接受美因茨和普法尔茨选帝侯的武装庇护。马克西米利安皇帝起初计划先发制人，向骑士贵族发动武力进攻，后来还是接受了幕僚的建议，采取谈判的策略与当地的骑士秘密接触，以维持和平局面。在骑士方面，主导谈判的是弗朗茨·冯·济金根（Franz von Sickingen），他骁勇善战，在德意志西部以及毗邻的洛特林根和法国边境得到了许多骑士的拥护，势力不可小觑。[22]

为保证传统的贵族权利不被君主不断扩大的领土统治权削弱，济金根照旧行使骑士自卫权，袭击帝国城市沃尔姆斯，抢劫往法兰克福展会运送物资的车辆，对新法规视若无睹。他本人及家人却并没有因此获罪。正好相反，他父亲早就开始大规模买田置地，尽管土地散布在不同地方，没有形成封闭的私人领地。此外，通过投资新兴的矿业，他抓住了早期资本主义壮大带来的商业机会。济金根自己也效法意大利雇佣军的模式，通过为有意向的君主们效力而收取高昂的报酬。他首先效命于符腾堡公爵乌尔里希，之后又受雇为法兰西国王弗朗索瓦一世出力，再之后是哈布斯堡家族。

其实，早在好几年前，马克西米利安皇帝就曾以济金根破坏国家安全为由，宣判他及其同党不再受帝国法律的保护。当他1517年7月17日在奥格斯堡宣布撤回此项判决时，公众先是感到不解和讶异，然后立即意识到济金根原来已通过此前的秘密谈判被哈布斯堡阵营招安。其实济金根此刻并未停止与官方作对，他又偷袭了斯特拉斯堡。考虑到当地农民本已骚动不安，当局不由得担心滋事贵族和暴动农民势力联合。[23]

贵族阶层毕竟与国王和大领主仍在一条战线，尽管权力受到束缚，但在近代国家崛起的过程中至少尚能分一杯羹。而农民的处境则每况愈下，他们既要面对地主为提高利润而采取的盘剥压榨措施，还要被迫向诸侯缴纳激增的税赋，同时，他们还反复受到庄稼歉收的直接影响。对现状的不满迫使他们揭竿而起，尤其是在欧洲中部，1514年就有三地爆发了农民起义：瑞士的城市公国伯尔尼、卢塞恩和索洛图恩起义，符腾堡的"穷康拉德"（Armen Konrad）起义和匈牙利的多饶（Dózsa）起义。1515年，哈布斯堡世袭的领地内奥地利和温迪施马克（Windische Mark）也相继发生农民暴动事件。[24]中世纪的法国在1358年就发生过震动很大的扎克雷农民起义（以"呆扎克"[Jacques Bonhomme]命名，该称呼也是当时对农民的蔑称），但在近代早期的农民起义浪潮中，法国则较晚受到波及，起义也只存在于部分地区。其中威胁较大的一场是1548年从普瓦图开始蔓延至整个西南部的反盐税暴动。

1517年，上莱茵河河谷也发生了情势危急的农民暴动，其状类似1513年的弗赖堡"鞋会"（Bundschuh）密谋和次年符腾堡的"穷康拉德"起义，当局对此不得不提高警惕。起义的根源都是农

做好准备揭竿而起的农民向"鞋会"的旗帜宣誓。耶稣受难的十字架被安置在一只农民的破绑带鞋上，象征着起义农民的希望和良知，他们将为重新夺回上帝赐予的美好权利而奋斗

民不满新增的税赋，尤其愤恨领主们通过改变度量衡变相增税以蒙骗农民。[25] 同时，暴动的农民扭结成统一的力量，城市中的底层市民也加入他们的队伍。反对增税的暴动不久就扩展为范围更广的起义，针对的目标变为统治阶层的专制、限制农民使用森林的法令以及贵族狩猎或设立猎区挤占农业用地空间。农民的主张和对社会秩序的设想日益走向极端，当局对此越发失去控制。如果说农民在以前的暴动中只是在挑战若干领主的统治地位，那么现在局势已演变为对君主统治和国家制度本身的质疑。此外，农村和城市的起义势力初步联合，逐渐发酵以至于酿成了 1525 年更大规模的骚乱。[26]

1517 年的一系列农民暴动事件集中发生在布赖斯高（Breisgan）和阿尔萨斯（Elsass）。有关事件的前后经过一直存在着两种版本：

最经典的一种是一个世纪以来在事件发生地广为流传的说法[27]，其核心人物是农民暴动领袖约斯·弗里茨（Joß Fritz），他出身于布鲁赫萨尔附近小镇的农奴之家，曾当过雇佣兵。弗里茨在1512年和1513年间就已组建了以农民绑带鞋为标志的"鞋会"。他以农田警卫的职位之便在弗赖堡附近的村庄莱恩（Lehen）一片空旷的草地上聚集起周围的农民，教导他们当局都是不合法的，要联合起来反抗。为了增加密谋暴动活动的仪式感和象征性，大家选择了农民每天穿的绑带鞋。尽管弗里茨在暴动尚未开始时就被人出卖，但"鞋会"的名字已足够让弗赖堡和巴登的官僚闻之色变，不得不出动强力加以应对。数名密谋策划者被处死，弗里茨逃亡到邻近的瑞士。尽管暴动最终失败，但按照当地普遍流传的看法，莱恩的这场起事还是成功的，因为它使起初小型秘密团体的想法变成了"普遍民众的事务"[28]。

当时的雇佣兵在政治上虽有一定远见但易走极端，弗里茨也是如此。在瑞士流亡期间，他依然暗中盘算如何实现原先的计划，等待有利时机，再次发动反击。1517年春，他认为时机成熟了，维滕贝格"穷康拉德"起义的许多策划者穿越黑森林逃到了莱茵河上游河谷，在那里建立了一个流动的临时政权。他们躁动不安，随时准备向当局发动进攻。此外，本地的农民特别是葡萄农们似乎很容易动员，因为受到恶劣天气的影响，庄稼和葡萄反复歉收，他们正遭遇严重的危机。

春天的霜冻摧毁了布赖斯高和阿尔萨斯获得良好收成的一切希望。就在霜冻过后几天，弗里茨于4月22日在布雷滕（Bretten）附近的一家酒馆里召集组建了新的"鞋会"。7月，他公开出现在阿尔萨斯。不久后，整个莱茵河上游的低地区域都被农民起义的浪潮席卷。从巴塞尔到魏森堡到北边的布雷滕，弗里茨的追随者无处不在，斯特拉斯堡周围尤其密集。他们是来自不同领地的下层民众。[29]事实上他们的政治纲领非常简单，就是弗里茨在莱恩就确定的反当局的目标：废除贵族、天主教会和城市政权的一切统治。除了上缴帝国皇帝和自己所在地区教会的费用，其他一切税赋都应被废除。

再次起事原定在 9 月初。按计划，约 2 000 名谋反者将在察贝恩（Zabern）教堂落成典礼这一天，趁着大部分群众上街庆贺的有利时机，在包括阿尔萨斯的帝国直辖城市罗斯海姆等多个地方发动起义。在那里，起义的焰火将烧遍莱茵河两岸。但像上次一样，起义的计划提前走漏，当局早在 8 月初就知晓起义计划的全部细节和策划者名单。好在策划者也提前听到了风声，包括弗里茨在内的大部分人没有被捕。

但通过现代历史资料考证得出的又是另一种结论[30]：主导人物不是弗里茨，而是当局本身。在详细考证分析各种历史资料后我们发现，关于 1517 年莱茵河上游"鞋会"农民起义的描述都是支离破碎的，直到 19 世纪连贯的事件经过才见诸史料。目前也尚未发现当时亲历事件的农民或者弗里茨本人的真实描述。所有关于当时集会、组织、起义经过的信息都来源于当局审问的记录，这些记录当然也只能按照当局的想法和期待来行文，不一定是受审者的动机和事件经过的真实写照。从这一角度看，1517 年"鞋会"农民起义只是当局的一个"建构"，他们认为自己受到农民尤为严重的威胁，因为周边农村地区的确积蓄着紧张情绪。"鞋会"及其领袖弗里茨变成了一个谜，1517 年布莱斯高和阿尔萨斯地区农民起义的前后经过主要存在于王国的办公厅和城市的市政厅里。

尽管如此，谜团还是继续影响着现实事件的发展，尤其是当局听到"鞋会"传闻的时候仍如芒刺在背。1521年，王国骑士在沃尔姆斯帝国会议期间，就抓住当局的软肋，在一本匿名小册子上大书"鞋会、鞋会"的战斗口号，宣告维滕贝格的修士将给予骑士武装支持，使当局受到不小的震动。1525年农民大起义前夕，"鞋会"谜团的威慑力愈加明显，密谋起事的人中有传闻称在一场关键性的集会上见到了弗里茨，声称"他蓄着灰色长胡须，向各方宣称，鞋会一日不胜，他便一日不死"。[31]

　　民间传闻和官方记载都显示，在16世纪20年代，帝国西南部的农民和不同统治阶层的关系都陷入了严重的危机。1517年，当局由于担心出现类似"鞋会"的农民暴动事件，不得不先发制人，动用一切手段压制农民反抗。在近代前期的欧洲，大大小小城市和农村的起义，真实或臆想的"鞋会"暴动造成了长达20年之久的动荡，起义往往间隔时间短，空间距离近，形式和诉求较为极端。导火索都是贸易资本主义蓬勃发展所引发的社会和经济变革，以及与之相适应的法律制度改革（尤其是削弱村镇和城市的地方权力），更为重要的还有统治者越发频繁的财政干预。

　　倘若进行历史的纵向对比，会发现1517年的农民骚乱事实上并没有被特别浓墨重彩地书写，它好比是电闪雷鸣，仅仅预示着大风暴的来临。果不其然，几年之后，农民起义的狂风骤雨席卷了欧洲，1520年到1522年间，西班牙爆发了浩浩荡荡的城市公社起义，1525年欧洲中部甚至爆发了规模庞大的农民战争。所有这些都是君主强化专制统治所引发的政治和社会不满的集中发泄，自上而下的改革不仅明显改变了以往阶层社会的结构，也让普通老百姓的日常生活承压尤甚。

1525 年，欧洲中部的底层民众暴动更有来自刚刚兴起的宗教改革运动的助力，后者在宗教和社会层面掀起了更大幅度的变革。传统的起义致力于捍卫旧有的权利，即地区与地区间不同的单项具体权利，因而不易获得跨区域的普遍合法性。但受宗教改革思潮的影响，农民阶层开始援引"上帝赐予的权利"，这具有普适性和统一性，几乎可以算作现代人权的前身。君主及政府当局面临农民起义带来的极端暴力挑战时，感受到前所未有的威胁，由此认为只能以更残酷的暴力予以回应。[32]压制叛民的举措大获全胜，君主们便得以彻底巩固其专制权力，早期现代国家的形式得以进一步推广。对利奥波德·冯·兰克（Leopold von Ranke）来说，这一欧洲近代历史的最初事件同时也是"德意志国家的最大自然事件"。鉴于参与起义的市民和矿工规模巨大，起义纲领在反当局的诉求上往往偏向极端，今天我们在给前后一系列农民起义定性的时候，更倾向于采用彼得·布利克勒（Peter Blickle）的中性说法，即"劳苦大众的革命"。

广泛的社会基础和极端的起义纲领是否带来了实实在在的成果，则要另当别论。如果看到君主强化专制统治这一趋势从中世纪起就已展露苗头，到 16 世纪初期已发展得如火如荼，并且这一进程的受益者是领主和城市的统治者，那么我们不难得出结论，起义获得成功的希望是很微小的。即便起义结果正如农民期待的那样，只留下一个德意志王国或帝国政权，参与起义的底层民众仍不会获得任何回报和补偿。即使是在一个统一的德意志王国，传统的权利分配体系也会瓦解，它会像当时的其他欧洲王国一样推行君主专制。最近一段时间的历史研究显示，尽管农民的军事武装起义失败，但它们仍然是具有政治意义的历史事件，然而这与起义的初衷无关。

早在 1517 年初，奥斯曼土耳其人就获得了一场在其帝国历史上极具转折意义的重大胜利，标志着奥斯曼帝国与欧洲基督教国家间的关系进入新的历史时期。1 月，在土耳其士兵的围攻下，横贯近东及大叙利亚、埃及等北非地区的马穆鲁克王朝覆灭。自此，由北非海岸进入西地中海的通道，尤其是通向阿拉伯的大门被打开，奥斯曼帝国对圣城麦加的统治及在整个伊斯兰世界中的领导地位变得触手可及。马穆鲁克军事精英们维系长达两个半世纪的稳定统治顷刻坍塌。[34]

1516 年夏天，在塞利姆苏丹的亲自率领下，奥斯曼帝国的士兵发动进攻，经阿勒颇和大马士革一路所向披靡，于 1517 年春直捣马穆鲁克首都开罗。这场对圣地而言也是命运攸关的征战，是伊斯兰统治者之间的最大规模的战斗之一。波斯、奥斯曼和马穆鲁克三巨头之间的竞争将决定伊斯兰世界的主导权。此外，得胜的一方还将拥有欧洲和远东香料国家之间贸易通道的控制权，这一点格外诱人。此前，这条贸易通道一直掌控在马穆鲁克人手中，奥斯曼土耳其人已虎视眈眈了许久。

在 1499 年至 1503 年奥斯曼土耳其与威尼斯的战争中，土耳其舰队通过大规模海战打破了后者在东地中海的统治。1514 年 8 月，土耳其人又在东安纳托利亚的查尔迪兰让萨法维王朝的伊斯玛仪一世吃了败仗，把波斯人从延宕数十年的宗教和地缘霸主争夺战中淘汰。"奥斯曼雄狮"之所以得以大获全胜，主要归功于他们迅速地学会了西欧先进的军事技术。出征叙利亚和希腊的塞利姆大军既能在包围战中驾驭重型火炮，也能熟练运用轻武器和轻

16 世纪下半叶，奥斯曼苏丹的肖像画突然风靡欧洲，威尼斯也不例外，韦罗内塞（Veronese）的工作室出产了一大批以此为主题的肖像画。画中人物长相可能缺乏真实性，甚至统治者的肖像也经常混淆。图中的塞利姆一世看起来颇具王者风范，但该图也许并没有很好表现塞利姆 1517 年给欧洲带来的恐惧。我们得承认，这位叙利亚、阿拉伯、北非的占领者究竟长什么样，我们无从得知

型火炮，而马穆鲁克人只懂得包围战术，在开阔场地作战中使用上述军事技术不符合马穆鲁克人单兵作战的传统。[35]

1453 年君士坦丁堡被土耳其人占领后，基督教欧洲为之一震。塞利姆苏丹此番进犯欧洲西南角更是增加了欧洲人对这个亚洲骑士民族的恐惧。意大利人尤其担心土耳其人会从非洲北部海岸出兵意大利进入欧洲。因为土耳其人早已熟悉海战，海军力量不可小觑。1480 年，土耳其人以迅雷不及掩耳之势攻占了亚得里亚海以南的港口城市奥特朗托（Otranto），数百名基督徒命丧黄泉，欧洲人对此还记忆犹新。

塞利姆讨伐马穆鲁克人的手段和方式证实了关于这个"苍白、腹黑、长着突出双眼和络腮胡子"的土耳其苏丹的传闻。他酷爱军营生活，木盘子上的一道菜即可令其满足，他时而沉湎于狩猎的欢愉中，时而出现在东征军队的队首，时而又在鸦片的麻醉下找寻超自然的兴奋和休闲。早在 1512 年春，他就已作为肆无忌惮

的东方独裁者而声名远播，那时他在土耳其军队的支持下推翻了自己的父亲巴耶济德二世，将他与其他可能威胁其王位继承的王子们一并处死。更有甚者，传说塞利姆为了避免自己的子嗣互相争夺王位而引发流血冲突，在他的儿子苏莱曼1494年出生之后，决定不再与妻妾来往，以确保王室不再诞生其他任何继承人。[36]

对于征伐马穆鲁克这件事，塞利姆策划良久，坚定不移。早在1516年8月，他就在先进的炮兵团的支持下，在阿勒颇以北给了进犯的马穆鲁克人致命一击。马穆鲁克年老体衰的苏丹甘萨伍赫·高里（Qansawh al Gawri）在战场上中风而死，成千上万的马穆鲁克人投降并叛逃至土耳其阵营。在开罗被宣布为新苏丹的图曼贝伊徒劳地尝试聚拢残余部队，希望在最后一刻抵御土耳其人的侵略。但

约翰·路德维希·戈特弗里德的《编年史》（1674年版，插画由马特乌斯·梅里安创作）将奥斯曼人的胜利，以及他们取得对伊斯兰圣城的保护权，视为具有世界意义的事件。值得一提的是，这部《编年史》正是德国文豪歌德的历史知识来源

塞利姆还是在开罗近郊的里达尼亚（Raydaniyya）大败图曼贝伊，于次年 2 月 3 日包围国王官邸，强迫马穆鲁克人投降。接下来三天，塞利姆的军队在开罗像此前在阿勒颇和大马士革一样血洗城市，故意以屠城的方式宣示胜利。在欧洲人看来，此举在干戈频仍的时代背景下也着实野蛮罕见，对他们的震慑力之大也可想而知。

图曼贝伊当然不指望土耳其人慈悲为怀，只能尽力逃跑。本已七零八落的马穆鲁克士兵在开罗以南几公里处再次失利，图曼贝伊也被人发现躲在吉萨附近的尼罗河桥下。随后，土耳其人对其百般羞辱，强迫他骑驴在开罗大街上游行示众，而后 4 月在城门处对其公开执行了绞刑。当然，这也是奥斯曼帝国精心设计且有意为之，他们正是要借此向世界昭示执掌近东、阿拉伯和北非命运近两个半世纪的马穆鲁克王朝自此不复存在，世界应当知道谁是这片地盘的新主人。

奥斯曼土耳其得以一举成为世界性帝国，主要手段就是用恐吓与威慑巩固统治，最重要的工具自然是军事力量。土耳其军队，尤其是炮兵在战略上和军技上异常先进，仅通过短短几天的炮轰就能迫使防御工事牢固的开罗投降。在接下来的几年间，奥斯曼帝国以大马士革和开罗为据点，用征服开罗的手段相继拿下叙利亚、埃及和阿拉伯，并在这些地区建立了相对宽松的统治。不久后，奥斯曼帝国的舰队又活跃在红海、波斯湾以及毗邻的印度洋海域，以守卫通往圣城麦加的海上朝圣之路，同时控制该地区的国际贸易海道，肆意挑战这片海域原本的主人——老牌欧洲海上霸主葡萄牙。

接连的军事胜利不仅让奥斯曼土耳其开拓疆土，强化权力，而且带来了更大的宗教文化影响力。1517 年夏初，麦加的谢里夫巴拉卡特·埃芬迪（Barakat Efendi）亲赴开罗，向土耳其苏丹塞利姆移交过去马穆鲁克苏丹对麦加及其他圣城的保护权。移交仪式之所以引人注目，是因为塞利姆将克尔白天房的吉斯瓦（Kiswa，罩在天房外每年都要换新的黑色锦缎帐幔）交给了谢里夫，这一象征性的赠予行为向来是伊斯兰世界最强大的统治者才能享有的特权。

　　对整个伊斯兰世界而言，奥斯曼帝国崛起更重要的影响是终结了阿拉伯阿拔斯哈里发在开罗长达两个半世纪的存在。1258 年，蒙古人占领阿拔斯王国首都巴格达，王室不得不迁往开罗，虽自此丧失了权力的大本营，但阿拔斯哈里发仍被视为伊斯兰世界的宗教领袖。最后一任阿拔斯哈里发穆塔瓦基勒三世被塞利姆强行迁至伊斯坦布尔。他于 16 世纪 40 年代去世，没有留下后人。有人因此宣称土耳其苏丹顺势建立了机制化的奥斯曼土耳其哈里发，这实际上是 19 世纪土耳其为推崇国家意识形态而捏造的历史传奇。因为在 16 世纪，伊斯兰学者圈还存在一个普遍的共识，即哈里发一职仅能由先知穆罕默德在麦加的阿拉伯族人——古莱什部落的成员担任。土耳其人的苏丹显然不符合要求。

　　既然奥斯曼土耳其人在 1517 年就已取得了穆斯林世界的政治和军事霸权，那么他们的苏丹对于宗教领袖的位置自然是当仁不让的。在一些特殊的宗教节日或祭典，个别奥斯曼苏丹会作为形式上的哈里发出席，其中就有塞利姆的继任者苏莱曼一世，一个学识广博、人情练达的君主。后世因其治下累积的巨大的财富和权力称其为苏莱曼大帝。他曾在法律文书中使用"大地上的大可汗"和"真主使者的哈里发"的称号。[37] 直到"一战"结束，凯末尔帕夏建立土耳其共和国，才结束了奥斯曼帝国的哈里发传统。尽管后来这一头衔又落在流亡意大利的奥斯曼苏丹的一个年轻后裔身上，但那只是没有政治意义的宗教荣誉。在土耳其社会世俗化过程中，这个形式上的哈里发终于在 1924 年 3 月 3 日被撤销。

在征服了埃及和阿拉伯后，从 1517 年开始，奥斯曼帝国在北非和地中海西部站稳了脚跟。[38] 但他们要先适应非洲北岸的特殊环境。活跃在附近海域的穆斯林海盗团伙趁着北非当地统治势力动荡的时机，在有利的海岸位置建立了据点。奥斯曼帝国依托这些海盗团伙，重创欧洲国家的海上贸易，还不时向对岸发动闪电式的袭击，搅得人心惶惶。最受困扰的莫过于西班牙，他们既要眼睁睁看着东方贸易大为缩水，还要抵御土耳其的不时偷袭，更要应付在收复失地运动*中被从格拉纳达赶到非洲的摩尔人和莫里斯科人。1516 年秋天，穆斯林海盗团伙借着阿尔及尔附近汹涌的海势和陡峭岸礁的自然条件洗劫了西班牙的一支舰队。海盗士气大受鼓舞，在头领奥鲁奇·巴尔巴罗萨（Oruc Barbarossa）的带领下向阿尔及利亚西部发动进攻，为奥斯曼人拿下了马格里布中间地带的繁荣贸易城市特莱姆森，也为他们进入该地区扫除了障碍。奥斯曼土耳其人之所以受欢迎，一是因为那里的商贩从此不再需要向西班牙缴纳他们痛恨已久的苛捐杂税，二是他们希望土耳其人向展开收复失地运动的西班牙军队发起圣战。

恰恰在哈布斯堡的查理忙于在卡斯蒂利亚和阿拉贡处理王位继承事宜时，西班牙所辖的地中海水陆边境军情告急。这次的对手不单是海盗团伙、阿拉伯人或其他非洲当地的小头目，更有觊觎近东、阿拉伯、北非及地中海统治权的奥斯曼帝国。宗教信仰冲突因此变得更为尖锐。从这一刻起，战争不再意味着西班牙乘胜追击被驱逐出境的穆斯林阿拉伯人，而是整个基督教世界要抵

---

* "收复失地运动"又称"再征服运动"（Reconquista）。8 世纪初阿拉伯帝国的穆斯林从北非西端入侵并统治了伊比利亚半岛大部。从 718 年半岛北部的天主教徒起事并建立阿斯图里亚斯王国开始，到 1492 年卡斯蒂利亚和阿拉贡联合攻占格拉纳达结束，伊比利亚半岛的基督教王国历经近 800 年逐步战胜了南部的穆斯林政权。

御一个穆斯林世界帝国的强劲攻势，尤其是这个帝国新近取得了伊斯兰教两圣地的监护权，其信仰的狂热才刚刚萌芽。

年轻的国王意识到形势的严峻，1517 年批准了西班牙奥兰治的执政官迭戈·埃尔南德斯·德·科尔多瓦发动反击，但反击并未取得成功。1535 年，查理动用大规模军力，做了大量动员工作，出兵突尼斯，还标榜自己是"基督教战士"和基督教信仰的皇家捍卫者，然而这场战斗也没有彻底消除该地区的忧患。尽管拿下了突尼斯，但海盗头子海雷丁·巴尔巴罗萨继承了其死去兄长奥鲁奇的衣钵，将势力转移到其他地方另立据点并继续为奥斯曼土耳其人效力。1541 年，西班牙人再次出动大型舰队攻打阿尔及尔，此战仍以灾难性的失败告终。直到 1571 年，西班牙、威尼斯和教皇国组成的神圣同盟才在勒班陀（Lepanto）海战中给予奥斯曼舰队毁灭性打击，最终让地中海西部海域重新回到基督教国家的掌控中。北非则依旧由奥斯曼土耳其主宰。

1517 年，当奥斯曼土耳其人在东边攻占开罗，在西边联合海盗拿下马格里布中间地带时，一个地缘战略的新格局正缓缓成形。这一格局将在接下来的两个多世纪主导欧洲与奥斯曼帝国的政治、文化和宗教关系。这一点，我们只有在回顾历史时方能洞悉。当然，奥斯曼土耳其人接连取胜的消息传到除西班牙之外的其他欧洲强国时，也引起了他们的高度警觉。

人们当时猜测，夺取开罗后，塞利姆一定会趁势向罗得岛和意大利南部地区开火，并以此为跳板向对面的欧洲海岸线发起攻势。但塞利姆在接下来的几年一直没有动静。1520 年，他意外的死亡让旁人揣度他的北伐计划可能会不了了之。但欧洲远不能就此掉以轻心。塞利姆强化了面向波斯的东部防线，完成了奥斯曼军队的近代化，锻造了一支实力更强的海军舰队，将帝国的领土从原先的 230 多万平方公里扩张到 650 万平方公里。[39] 这样一来，奥斯曼帝国在非洲北部沿岸和巴尔干半岛彻底站稳脚跟，继任者得以依托上述势力范围通过陆路和海陆向西方及西北方向的欧洲发动总攻。

此外，由于塞利姆生前仅留下一名子嗣，因而权力更替超乎寻常地迅速和平稳。在继任者苏莱曼大帝治下，奥斯曼帝国内政稳固，文化科技蓬勃发展，对外不断拓殖，让欧洲基督教国家几十年间须臾不能放松警惕。

64

苏莱曼曾在父亲塞利姆苏丹的宫廷掌管对欧事务，因而十分了解基督教世界。1522 年春，尚不及而立之年的苏莱曼决定出兵攻打罗得岛和圣约翰骑士团。这给基督教世界敲响了警钟，因为罗得岛对于确保黎凡特（Levante）贸易和朝圣者前往圣地至关重要，但他们未能组织有效的军事防御。苏莱曼在当年圣诞节的时候顺利占领圣约翰骑士团在罗得岛上号称坚不可摧的防御工事。骑士团的大团长为土耳其人铁的纪律所折服，按照他的说法，"苏莱曼率领 3 万名士兵进城，3 万人无一人喧哗，就好像他们不是战士，而是戒律森严的方济各会修士"。[40]

1526 年，苏莱曼又率军攻打巴尔干半岛，在摩哈赤（Mohács）战役中击败匈牙利雅盖隆王朝的军队。三年后，他们首次对帝国城市维也纳形成包围之势，虽未能最终攻城，但入侵匈牙利的奥斯曼土耳其人已势不可挡，之后的几百年他们都将与哈布斯堡的神圣罗马帝国比邻而居。就像在地中海和北非那样，穆斯林世界的奥斯曼帝国和基督教世界的哈布斯堡家族也在巴尔干半岛上二分天下。在所辖区域的交界处，尽管两大帝国偶尔会协议停火，但流血冲突仍时有发生，奥斯曼的军队这时完全失掉了传闻他们进入罗得岛时的严谨做派，他们故意采取威慑战术，散布恐慌情绪，但也因此授人以柄，被好事者大做文章，故意抹黑。土耳其人留在欧洲人心中的负面印象在接下来的几个世纪中都无法扭转，甚至在今天，欧洲人对土耳其人的成见虽不如以前那样强烈，但也依然存在。再加上 1517 年末开始的宗教改革让欧洲大陆的宗教神经变得极其敏感，在动荡不安的宗教时代，土耳其人在欧洲基督徒心中便渐渐罩上末世的恐怖面纱。对路德来说，土耳其人是反基督的代理人。在天主教国家，人们向圣母玛利亚祈求庇护（例如在勒班陀海战中），或者刻制左手抱着圣子耶稣、右手拎着土耳其人头颅的圣母玛利亚雕像——人们曾在 18 世纪法国阿尔河畔一个小教堂里发现这样的雕像，而这里的位置偏僻得土耳其人就算不迷路也不会找到。尽管在最初的意识形态、军事和经济冲突中，基督教世界的土耳其形象充满主观色彩，但双方对彼此的感知并非一成不变。基督教和伊斯兰教的正面宗教冲突很早就被外交、经济、文化甚至军事领域的合作冲淡了。"双方的关系绝不仅仅围绕着基督徒和穆斯林、西方和东方的针锋相对，经济利益共享和经济空间共塑也是互动的重要内容。"[41] 此外，也不乏一些跨越宗教和意识形态分界的人，例如奥鲁奇和海雷丁两兄弟。虽然他们的母亲是一位莱斯沃斯岛上希腊东正教神父的遗孀，但也正是在他们的带领下，穆斯林的海盗团伙与奥斯曼帝国联手对抗基督教欧洲，使得土耳其人最终在非洲北部海岸扎根。

四、通向另一个欧洲的勇敢旅途——经波兰、立陶宛到莫斯科

　　1517 年，除了奥斯曼帝国，另一支进入天主教欧洲视域的强

悍势力是莫斯科公国。欧洲天主教国家开始关注宗教和文化边界的彼端，一方面由于土耳其人除向西扩张外，也朝着黑海北岸克里米亚和鲁塞尼亚（Luthenien）即今乌克兰的方向推进，在这样的局势下，很有必要把莫斯科拉进教皇组织的反土同盟。另一方面，欧洲国家开始竞相争夺中东欧边缘地区的势力范围，各国君主纷纷在中东欧拉帮结派。能助长本国羽翼或者钳制竞争对手的国家都是理想的结盟伙伴。这适用于已占领波兰、波希米亚和匈牙利的雅盖隆王朝，[42] 对于日益东扩的哈布斯堡王朝亦然。因此，1517 年，哈布斯堡向莫斯科公国派遣了一支皇家使团，进行了较长时间的访问。团长西格蒙德·冯·赫伯斯坦男爵（Siegmund Freiherr von Herberstein）专门撰写了一部出使报告，首次为西方人提供了关于这个神秘东方大国政治生活、权力结构、宗教信仰、文化社会等各方面的翔实信息，也记载了旅途中一些颇为惊险的轶事。[43]

　　莫斯科公国自 15 世纪开始迅速发展壮大。大公伊凡三世在其漫长的执政生涯中攘外安内，实现了国家的革新和发展。1480 年，他运用机智的战术，不费一兵一卒使屯驻公国西界乌格拉河的金帐汗国军队撤兵，彻底结束了蒙古人对罗斯诸公国的统治。与此同时，他通过外交手腕，吞并莫斯科周围的一些小政权，用他的话说是以合法的手段"整合俄罗斯的分散土地"。在他执政末期，莫斯科公国的疆域拓展到先前的四倍。对内，他强化中央集权，将波雅尔贵族置于大公的专制统治之下。对外，他提高了莫斯科大公在诸欧洲国家中的地位，1478 年首度使用"沙皇"的称号，并以此来宣告与神圣罗马帝国皇帝平起平坐。1453 年，奥斯曼帝国占领君士坦丁堡，东罗马帝国的政治遗产随之归入莫斯科公国治下，这让伊凡三世可以名正言顺地自封东正教世界监护人和领导者，其地位自然不输天主教世界的罗马皇帝。此外，伊凡三世通过联姻巩固了自己封号的合法性，1472年迎娶了拜占庭帝国末代皇帝的侄女佐伊（索菲娅）·帕列奥罗格（Zoe/Sophia Palaiologa）。她在罗马教皇的庇护下长大，将意大利的科学家和建筑师带去了莫斯科，因而莫斯科的教堂，乃至克里姆林宫的围墙和塔楼装饰都带有浓郁的文艺复兴风格。但这并不代表莫斯科公国从此便向西开放了。当时东正教教会仍然采取"拒绝西方文化"的态度（引述自费尔南·布罗代尔）。因此，意大利的文化观念和表现形式还暂时无法跨过边界，走进这个"信仰东正教，使用西里尔字母文字，用斯拉夫语做礼拜的世界"。[44]

伊凡三世的儿子瓦西里三世因其母亲的血统而成为东罗马帝国皇室的后裔，从1505年起，他继承并发扬了其父留下的基业和政策，尤其是与东正教教会的结盟。普斯科夫叶利扎罗夫修道院的长老菲洛费于1510年宣布莫斯科为"第三罗马"，给予了新任沙皇同时期最高、最神圣的荣誉："所有的天主教国家都已成为过去，其遗产汇入到我们统治者的国家，两个罗马陷落了，但第三个仍然屹立不倒，并且不会再有第四个。"[45]

凡此种种在很短时间内让莫斯科公国及其大公在西方欧洲声名大噪，也勾起了人们进一步了解俄罗斯的好奇心——社会和文化风貌、宫廷面貌、执政情况、莫斯科大公的权力，以及宗教政策的意向。大部分欧洲国家对莫斯科公国鲜有了解，除了威尼斯。由于贸易通道受土耳其钳制，威尼斯希望经由莫斯科打通与东方市场的贸易通道。正因为知之甚少，对于莫斯科的种种揣测甚嚣尘上，有人说那里生存条件极端恶劣，是化外之地，路途凶险，土地贫瘠，领土北境风刀霜剑，冰天雪地，伸手不见五指，那里居住的野蛮人残忍暴虐。

欧洲天主教国家对于莫斯科公国的不了解主要是由于当时的通信和信息网络集中分布在欧洲中部和西部。16世纪初，信息传递速度和密度开始有明显的提高。欧洲的空间距离明显缩小，得益于意大利贝加莫人弗朗切斯科·德·塔西斯（Francesco de Tassis）发明的邮政系统。移居北方后他以弗朗茨·冯·塔西斯的名字为人所知，并于1517年11月或12月在布鲁塞尔去世。他发明的邮政体系与今天的不同，邮政业务完全靠人力组织，大批驿站的设立使得远距离的通信成为可能。驿站不仅是旅行者途中的落脚点，也是传递消息乃至汇通钱币的重要场所。[46]塔西斯与神圣罗马帝国及尼德兰和西班牙的哈布斯堡家族密切合作，加速了邮政业的发展，在当时的欧洲引起了一场出行和通信革命，其意义堪比印刷业带来的媒体革命。尽管如此，很长一段时间里这一邮政系统都仅仅覆盖了南欧、中欧和西欧，其中以拉丁语区最为先进。斯堪的纳维亚和东欧部分国家在16世纪中期通过设立自己的驿站也加入了这一通信网络，例如波兰在1558年专门开设了从克拉科夫（Krakau）通往维也纳和威尼斯的驿站，定期发送信使。直到很久以后，这一系统才逐渐往欧洲更东部的地区延伸。[47]

远途出行的情况也是如此。中世纪以来，欧洲西部国家已建立了相对密集的道路网络，越往东越稀疏，最远到达波兰王国和黑海地区国家。道路互联互通使远距离贸易和人员流动成为可能。随着邮政系统的建立，特权阶层远途出行的便捷性大大提升，哈

布斯堡宫廷的官员通常不再选择最短的线路，而是选择设有驿站的固定线路，这样一来就能在必要的时候更换马匹，节省了长途跋涉的时间。[48]此外，河流和海洋构成的水道交通相比陆上交通优点更多。在这一时期，海洋起到的不是分隔，而是联结人与空间的作用，典型的例子有英国和法国北部海岸，阿拉贡和意大利南

部的地中海，以及查理当初跨越海峡和比斯开湾从尼德兰前往卡斯蒂利亚的旅途。

然而邮政系统仅使一小部分特权阶层获益，欧洲大部分地区仍是陆路，道阻且长，旅人舟车劳顿，并且周围常常危机四伏。当马丁·路德 1510 年到 1511 年冬天带着教会任务从萨克森前往罗马时，他是徒步完成旅程的，往返均耗费了两个月，不仅要在风雪交加中翻越阿尔卑斯山，间或还须露宿野外。[49]普通老百姓亦是如此。只有家境殷实或皇家委派的人才能选择骑马或乘马车等相对更快、更舒适的出行方式。

即便有马匹或马车，远途出行也往往不是什么愉快的体验。途径的地区或者盗乱猖獗，或者无法穿行，艰难险阻无日不有。据记载，即使到了 19 世纪初，在道路基础设施相对完善的地区如意大利北部，如果遇到客人要从费拉拉到博洛尼亚，"车夫们还是会骂骂咧咧，嘟囔抱怨这段路是鬼才要走的"。倘若终于有车夫开出大价钱愿意接这样的魔鬼之旅时，旅人仍得徒步完成最难走的路。有时人仰马翻，陷入泥沼中，人马挣扎着爬都爬不起来。有时还要"站在车后，肩膀靠着车后轴，使尽全身的力气"，把陷在泥潭里的马车推到平地上。[50]

如果有幸穿过波兰、立陶宛到达更东边那个"陌生的午夜之地"（örttern der welt so gen Mitternacht gelegen）[51]，整个行程就会变成充满危机与未知的冒险。没有路标，没有地图，也没有前人留下的记录可循，道路状况糟得一塌糊涂，常常还得与劫匪路霸周旋。当地的战事、疫情、天气、政局的不确定性都增加了旅途的风险。与今天不同的是，当时适宜前往欧洲东部的季节是冬天而不是夏天，因为冬天河湖冰封，乘雪橇可以更快更顺畅地前行。

身着莫斯科传统服饰的西格蒙德·
冯·赫伯斯坦——一个"陌生的午
夜之地"的见证者，他的出使行记
影响了几代拉丁欧洲人对俄罗斯的
印象

　　1516 年冬，神圣罗马帝国皇帝马克西米利安在哈根瑙（Hagenau）
任命赫伯斯坦为帝国的莫斯科特使。当时莫斯科的瓦西里大公
已放弃了父亲推行的西向闭关政策。神圣罗马帝国希望他在波
兰和土耳其问题上与欧洲人保持一致。[52] 赫伯斯坦随后经乌尔
姆、奥格斯堡和萨尔茨堡向东进发。出使的队伍里还有一些神圣
罗马帝国的秘书和官员，以及意大利贵族克里斯托莫·科隆纳
（Cristomo Colonna），他是那不勒斯的伊莎贝拉（流亡在外的米
兰女公爵）的特使。1517 年，在安全形势相对还算不错的摩拉维
亚（Mähren），一名随行秘书意外死亡，队伍不得不暂时中断行
程。由于找不到愿意替补的人，行程耽搁了很长时间，路途凶险
可见一斑。更糟糕的是，这一耽搁带来了后续的一系列困难。比

如再度启程的时候已时值严冬结束，俄罗斯西部一些河冰开始消融变薄，在冰上行走变得非常危险。

队伍于 2 月到达克拉科夫，3 月到达维尔纽斯，它们分别是波兰和立陶宛举行国王加冕礼的城市。赫伯斯坦将要在维尔纽斯同立陶宛大公西吉斯蒙德一世谈判，其内容和结果关系到哈布斯堡的东方政策。过去几年，他们在西班牙推进的南方政策刚刚收获胜利的果实。因此哈布斯堡家族希望在东欧国家就像在西班牙一样，也通过联姻和王位继承拓展新的利益。他们此次的目标是雅盖隆家族，其中瓦迪斯瓦夫是波希米亚和匈牙利国王，弟弟西吉斯蒙德则是波兰国王和立陶宛大公，二人掌控着中东欧大片区域。[53]

1515 年 7 月，神圣罗马帝国皇帝马克西米利安与雅盖隆王朝结成了双重亲家，这是一个好的开始。联姻的主人公一方是马克西米利安的孙子孙女，哈布斯堡家族的斐迪南大公和玛丽公主（即前述查理五世的弟弟和妹妹），另一方是波希米亚与匈牙利的瓦迪斯瓦夫国王的女儿安娜和儿子卢德维格·雅盖沃（即拉约什二世）。他们在维也纳的圣斯蒂芬大教堂举办了盛大的婚礼。下一步计划就是让执掌波兰和立陶宛的西吉斯蒙德也成为联姻计划的一部分。由于西吉斯蒙德的母亲是哈布斯堡的伊莎贝拉，他凭借与哈布斯堡家族的这层亲缘关系也有权声索奥地利东部的一些疆域。在这一背景下，波兰和神圣罗马帝国的关系其实是有些微妙和紧张的。联姻的这一步计划也因此更加重要。在 1515 年的维也纳帝国会议上，马克西米利安第一次与西吉斯蒙德接触，可能也是在当时就联姻问题达成了初步一致的意见。

西吉斯蒙德在维尔纽斯的时候，赫伯斯坦和意大利贵特使科隆纳同他就迎娶米兰的博纳·斯福尔扎（Bona Sforza）展开了谈判。博纳来自被法国逐出米兰的斯福尔扎家族，父亲是已故的吉

72

安·加莱亚佐·斯福尔扎，母亲就是那不勒斯的伊莎贝拉，也就是指派这位意大利贵族特使前来说媒的人。博纳的第二重身份是马克西米利安的第二任妻子比安卡·斯福尔扎的侄女。经过成功的谈判，1518年4月，西吉斯蒙德迎娶博纳·斯福尔扎，其中起到关键作用的不是她的意大利望族背景，而是哈布斯堡家族远亲的身份。对波兰国王和立陶宛大公西吉斯蒙德而言，与神圣罗马帝国结盟有助于波兰和立陶宛抵御步步逼近的劲敌，即东方的莫斯科公国和南方的奥斯曼帝国及其藩属国克里木汗国。西吉斯蒙德对于这位来自哈布斯堡的特使寄予厚望，期待他劝告沙皇放弃进攻立陶宛的计划。

1517年时，没有人能预见两次雅盖隆—哈布斯堡联姻只会让哈布斯堡单独获益，并决定性地将其控制范围扩大到东中欧。施泰凡大教堂盛大婚礼之后十年，当时的新郎之一，匈牙利和波希米亚国王拉约什在1526年与土耳其人的第一次摩哈赤战役中身亡，匈牙利和波希米亚的统治权于是落在哈布斯堡的斐迪南大公手中。跨越波罗的海到巴尔干的雅盖隆帝国之梦终究没能实现。波兰-立陶宛王国还是疆域面积仅次于神圣罗马帝国的第二大欧洲国家。在哈布斯堡家族接掌波希米亚和匈牙利的统治权之后，中东欧政治文化也日渐式微。传统的阶级国家形态得以在波兰延续，而波希米亚和匈牙利的国家结构则开始朝着有利于哈布斯堡王国的方向转型。[54]

3月14日，赫伯斯坦一行在维尔纽斯停留了八日后继续进发，交通工具变为雪橇。斯摩棱斯克的胶着战事使队伍不得不辗转绕道北部，在薄薄的冰面上或冰块中穿行。能够穿越德维纳河（拉脱维亚语亦称道加瓦河［Daugava］）全凭运气，据称此前曾有300个俄罗斯士兵在尝试过河时淹死。科隆纳经不住寒冷和漫长的黑夜，中途离开队伍返回了气候条件更怡人的家乡。到达立陶宛和俄罗斯边境的时候，赫伯斯坦一行难以判断当地人在政治上倾向于哪一方。由于领土频繁易主，俄罗斯一方宣称这片疆域隶属沙皇，而立陶宛则说属于立陶宛大公，即波兰国王的辖地。赫伯斯坦惊讶地发现，当地人也不知道自己归哪一方管辖。在很多地方人们似乎共事立陶宛大公和沙皇二主。就像越往东去交通和通信网络变得越稀疏一样，疆域的界限也没有天主教欧洲那样明确，更多情况是保留着大片过渡区域，那里的人政治归属感摇摆不定。[55]

4月4日，队伍抵达诺夫哥罗德——此时显然处于沙皇统治下，在那里庆祝了棕枝主日（复活节前的星期日）。为了加快速度，赫伯斯坦在侄子汉斯·冯·图尔恩的陪同下先行骑马前进。他对沿途邮政驿站的情况甚是不满：各个驿站虽然有充足的马匹，但都明显处于被过度使用的状态，他本人曾一天内六次更换马匹。当时有钱有权的人会优先挑走经过充分休整、状态最好的马，有时他们甚至在路途中强迫普通百姓换给他们好马。而在驿站的院子里，马匹基本处于无人料理、自生自灭的状态，有时甚至浑身湿透在泥泊或雪地里打滚儿，直到有人来喂食粮草，把它们打理好以备下一位旅人使用。[56] 从特维尔开始，赫伯斯坦改乘船行进，在漂满碎冰的河面上艰难行驶的时候，他的船只发生了事故，幸好他还能挣扎着上岸，但之后只能步行寻找最近的农庄整顿行装，向贫苦的农民借用他们羸弱的矮马继续行程。在圣伊利亚修道院里他终于见到沙皇派来的使臣，并在他的安排下完成余下的旅途。他还惊愕地发现，沙皇的使臣们趾高气扬，如果修道院的修士们不听话，他们甚至会用鞭子抽打。

4月17日或18日，在离开哈根瑙逾三月后，赫伯斯坦终于抵达沙皇的宫廷。面见沙皇的过程也不乏仪式上的刁难：陪同他

74

一道进宫的内廷大臣要求他先下马时，他觉察到了一丝礼宾安排上的诡计，内廷大臣是想通过这样的举动使神圣罗马帝国皇帝在地位上屈于沙皇之下。在一番短暂的争辩后，双方决定同时下马。即便是这样的礼宾顺序也不能使赫伯斯坦满意。他动作细致谨慎，并在之后的出使行纪中翔实写下了抵达莫斯科宫廷的细节，例如不是他，而是莫斯科内廷大臣的脚先着地。[57] 尽管有一开始的这个小插曲，莫斯科宫廷总体还是给予了这位神圣罗马帝国特使足够的尊敬。他被配以 15 位贵族和 30 名士兵作为护卫，下榻莫斯科数一数二的贵族宫殿，并得到丰富的食物供应——根据他细致的清单记录，每天都有大块的牛肉和培根，另有一只活羊、两只兔子、六只活鸡、鱼、一瓶烈酒、若干瓶啤酒和蜂蜜酒等。

4 月 21 日，沙皇以宫廷礼接见了赫伯斯坦，仪式阵仗完全能够满足西欧人的期望。授予国书符合西欧的外交惯例。赫伯斯坦其间也丝毫不忽视地位尊卑的问题。瓦西里三世称马克西米利安皇帝为兄长，意指二人地位平等。但赫伯斯坦强调了等级上的差异，仅称瓦西里为"大公"，虽然他知道这位大公已经采用沙皇／凯撒的称号了。

在此之后与沙皇贵族委员会的谈判远没有接见仪式那般友好。委员会在讨论俄波冲突前就提出条件，即波兰国王必须亲赴莫斯科就对俄发动战争一事赔罪。赫伯斯坦的侄子图尔恩不得不两次前往维尔纽斯的波兰王宫，直到西吉斯蒙德终于愿意派出一个波兰使团。但这仍没有推动双方和解，战事还在继续，当波兰 1514 年坚持要求莫斯科立即交回被占的斯摩棱斯克公国时，谈判陷入了死胡同，波兰使团愤怒地离开莫斯科。赫伯斯坦亦于四天之后的 11 月 22 日离开。维也纳交给他的第二项更为重要的任务他也没有成功完成：他请求赦免斯摩棱斯克大公无果，后者不得不在莫斯科继续忍受牢狱之苦。

MOSCOVIA, QVATENVS MOENIBVS
INCLVDITVR, ARX VOCATVR: EXTRA MOENIA INGENS
lignearum ædium numerus, ciuitas dicitur.

HOC FLVVIO EIVSDEM NOMINIS NAVIGATVR IN
OCCAM, RHA, ET CASPIVM MARE.

莫斯科公国号称是继罗马和拜占庭之后的"第三罗马"，其统治者沙皇自信地宣称自己与神圣罗马帝国皇帝和教皇平起平坐

　　尽管如此，告别仪式还是庄严肃穆的。像来时那样，队伍乘雪橇离开，这次负责护卫的是几十名罗斯骑士。[58]赫伯斯坦途经斯摩棱斯克、维尔纽斯和克拉科夫，向波兰国王汇报了谈判的情况，之后于1518年的2月20日返抵维也纳，此时距他启程那日已时隔一年。在回来的路上，他的随行人员在奥尔米茨（Olmütz）与波希米亚一些醉酒的乡绅陷入械斗，差点儿在最后一刻丢掉性命。东行就是这样充满危险和未知。

维也纳皇家使团的莫斯科之行完全没有获得预期的政治效果，波兰人对此尤为失望。更让人不满的是，他们后来才知道原来莫斯科公国早在 1517 年 3 月，也就是赫伯斯坦抵达莫斯科王宫之前，就已制定了联合条顿骑士团反对波兰的战略。马克西米利安皇帝去世的消息恰好给了条顿骑士团大团长、普鲁士的公爵阿尔布雷希特一个有利的契机，利用与莫斯科的联盟发起了波兰和普鲁士的骑兵战争。[59]

外交谈判只是赫伯斯坦出使莫斯科的任务之一。萨尔茨堡的大主教、马克西米利安皇帝极具影响力的顾问和外交官马托伊斯·朗（Matthäus Lang）还私下交予了他一项特别的任务。前者是主教，也是政治上的野心家和充满求知欲的人文主义者，总是设法获取各方面的详细信息。听闻赫伯斯坦将远赴俄罗斯，他立刻指示后者要仔细调研当地的风土人情，回国之后尽可能详细地汇报。赫伯斯坦在行记中写道，即便大主教没有表达这样的愿望，"我自己也会勤奋地进行考察"。[60]确实，他对当地国情表现出的强烈好奇心差点儿破坏他原本的政治使命。在诺夫哥罗德的时候，当地人就已对他的过分好奇心产生了怀疑。而在莫斯科，他对当地城市和国家的兴趣已明显引起王室的警惕，以至于他们不得不以保护人身安全的名义在他下榻的官邸派驻大量守卫，真实目的是阻止他与外界来往。[61]

即便如此，赫伯斯坦还是获得了关于这个神秘"午夜国度"的大量一手资料。在与马克西米利安皇帝的多次夜间长谈中，他详细汇报了自己的所见所闻，萨尔茨堡大主教通常也都在场。最后，他将这些见闻付梓面世，以飨更广泛的欧洲公众。1549 年，首先出版的是拉丁文的《莫斯科公国志》（*Rerum Moscoviticarum Commentarii*），不久之后该书重新编辑再版，发行了德文及其他语种的译本。16 世纪末，该书已至少以五种语言发行了 20 多个版本。[62] 如此一来，当时乃至后世的欧洲人就能对莫斯科公国的状况有更全面的了解，不仅认识到那里的陌生环境和种种危险，同时也发现了与其进一步往来的潜在机遇。

1517 年，赫伯斯坦踏入的是一片全新的世界。他在题为《莫斯科神奇历史》的序言中写道，作为哈布斯堡的使节，他的足迹曾遍布德国、意大利、西班牙，甚至远到"强盛而快活的土耳其苏莱曼苏丹的王宫"。但他之前并没有想过撰写游记，因为"在此之前，已有无数名家学者每天都在重复撰写相同的内容"。而莫斯科公国之行则让他接触到"无法想象的国度，也没有人会尝试记录它"。因为他是"第一个有机会亲眼考察这个国家的人"，所以他希望能够忠实地向公众讲述他在这里的一切所见所闻。

家族、性格和教育都使得这个出生于维帕瓦（Vipava）的男爵成为这次探秘之旅和国情观察的理想带队人。维帕瓦这个今斯洛文尼亚西部的小城位于当时多语种的边境地区，赫伯斯坦故精通七门语言，其中包括几门斯拉夫语。这样的成长环境使他可以不带偏见地考察不同国家的文化。作为经验丰富的外交家和政治家，他能对一国的政治、社会、礼仪和法制给予精准的评判。他也能够不循教条和不带偏见地观察和记录一国的宗教和政治生活。对陌生事物的极大好奇心使他既能细致入微地观察人物和社会，也注意留心风景名胜和自然风光。种种禀赋特质让他能够充分满足哈布斯堡家族采集莫斯科公国风土人情、文化传统以及宗教的信息的要求。他在几十年后把莫斯科行记增补成为一部国情历史年代记，这本教科书般的著作建立在细致的观察基础上，首次对欧洲东部的情况做了权威性的介绍，塑造了西欧几代人心目中的俄罗斯图景。图片、卡片、地图使人们得以一窥莫斯科公国的日常生活、地理和交通状况。因为有赫伯斯坦的记录，单是西欧人了解的东欧河流和村庄数目就翻了四番。在描述当地社会和国家情况的时候，我们还是不难看出他的"西欧"视角，例如他说莫斯科的法律完全是统治者的执政工具，与西方追求的独立法律体系大相径庭。但他描述的神职人员的粗鲁、贵族对农民的残暴、老百姓对上层阶级的屈从，以及统治者的暴政和专制基本符合实情。

《莫斯科公国志》以语文和词汇介绍开篇，翔实罗列和分析了当地的语言、文字的发音以及河流、地点和景观的名称。这符合他所处时代的人文主义精神，也符合他们把世界按照部落或民族（nationes）分类的意愿，以便更好地分析地域差异、文化和政治归属。因此他虽从语言层面开始，但又从超越语言的角度给作为一个氏族的俄罗斯下了定义。无独有偶，几乎在同一时间，巴塞尔地理和宇宙学家塞巴斯蒂安·明斯特出版了另一部书，给出了关于德国的著名定义，即"我们称这个时代里所有讲德语的人为德国人"。[63]

此外，先介绍一下俄罗斯的语言在一定限度上减少了这个国家的陌生和神秘感。因为在赫伯斯坦看来，俄罗斯不是同一时期葡萄牙舰队发现的遥远中国，而是欧洲的一个近邻，它核心的语言文化还是可以理解的。这一点他在书中多次做了强调。赫伯斯坦从小习惯了家乡的斯洛文尼亚语，所以对同为斯拉夫语族的俄语并不陌生。在16世纪，虽然策尔蒂斯（Celtis）和胡腾等人文主义者极力追捧源自塔西陀、盛行于15世纪的"日耳曼"民族定义，但斯拉夫语在当时德国人中的流行让我们认识到，尽管"民族国家"的概念对人文主义有重要意义，但在旧欧洲，至少在欧洲中部，单一民族国家仍未占据主流，不同种族和语族的杂居仍是社会结构的主要特点。

《莫斯科公国志》的其他段落主要介绍国家事务，例如地理、政治、社会情况等。例如关于婚嫁，他说离婚在当地稀松平常，甚至每天都在发生。此外，他还记录了俄罗斯人的热情好客（"主人如何待客"），不同地方的景观和分封邦国的情况，以及内河航运（"当地人称河流为冰冻的海"）、货币、外交习惯和接待别国来使和说客的礼仪等。

关于社会状况，书中除了记录大贵族阶级如何逐渐屈服于大公的管束外，还对广大"骑士阶层及其附庸"进行了特写。赫伯斯坦认为他们构成了莫斯科公国社会秩序的支柱，"平民自然是大地主或奴隶主的财产，没有任何人身自由"。[64] 这句话的背景是欧洲天主教地区正掀起一场关于自由的大讨论，最典型的表现就是1520年路德发表关于自由的公开论述，此外农民和市民也纷纷起义表达对自由的诉求。后来的欧洲历史学家和社会学家根据赫伯斯坦的描述，得出结论：西欧的传统政治文化以自由为核心，而东欧的政治文化则更崇尚服从。在赫伯斯坦看来，莫斯科公国是由大公进行威权统治的国家，具体体现在王位由谁继承主要看统治者的愿望，统治者可以指定自己的儿子为继承人，让他在都主教主持的教会仪式中加冕。如此看来，莫斯科公国在那时就已基本建立了在西欧国家还没机制化的长子继承制。相比之下这是一种制度优势，赫伯斯坦却并未强调这一点。

正如马托伊斯·朗大主教所期待的那样，赫伯斯坦特别留意了"当地的信仰、礼仪和风俗习惯"。但正如他在书的副标题中着重指出的那样，驱动作者写作此书的主要原因并不是神学上的兴趣或想要"分析与我们宗教的不同之处"的愿望，首要动因是想要与莫斯科公国加强政治关系，因而需要进一步了解该国的宗教和教会。

希腊正教对西欧国家而言当然不陌生。赫伯斯坦尤其有兴趣探察东正教信仰由东罗马传入罗斯后的转变（Translatio），及其对莫斯科国家形态和社会状况的影响。例如，他详细描述了东正教的加冕仪式，该仪式为适应沙皇的专制需求而有所调整。总之，相关记录刻画了一幅有关宗教与教会的细致图景，包括莫斯科都主教的权力与无力，以及他与基辅都主教的竞争；东正教的主教、掌院、司铎和助祭如何各司其职；宗教法庭的无情判罚；教会如何从村庄、农场获得额外收入；宗教法律、圣事和其他仪式如何安排和进行。[65]

当然，莫斯科大公和东正教领袖对罗马天主教廷和世俗统治者的态度也受到特别关注。赫伯斯坦在描述沙皇宫廷的章节中提到他们对教皇的敌意根深蒂固，完全无法像马克西米利安皇帝设想的那样改善莫斯科和罗马教廷的关系。莫斯科的都主教写给罗马教皇的一封信尤为明显地反映了上述态度，[66]信中"罗马大主教"的称谓即对罗马教皇统领基督教世界的公然否认。信中还认为罗马教廷"受到了邪恶丑陋的魔鬼的教唆，是偏离了神圣和救赎正道的异教徒"，因而从教会法上根本站不住脚。这一斥责像极了同一时间维滕贝格的宗教改革人士对教皇"反基督"的指责。此外，在尽数罗马教廷的六宗罪时，这位都主教尤其批判了天主教的禁欲和不婚："有妻室的神父被禁止享用圣餐是最大的错误和罪恶。"

想必赫伯斯坦不难发现东正教教义与宗教改革思想的相似性。他本人多次提到，在莫斯科公国，司铎都是用本国语言做弥撒。[67]他首次出使莫斯科时，恰逢宗教改革运动震惊欧洲朝野，令人不

解的是，对此他在16世纪中期才出版的《莫斯科公国志》中只字未提。唯一与此相关的是他在赴丹麦的行记中，提到曾在维滕贝格过夜，选帝侯亲自向他展示了圣物。[68]

赫伯斯坦于 1517 年和 1525 年两次远赴莫斯科公国，带回了大量的新见闻，但从西欧的视角来看，莫斯科仍然只是一个边缘国家，位于难以到达的东方。然而外交往来还在继续，1518 年，赫伯斯坦返回维也纳的时候，瓦西里三世专门派遣了一支队伍随他一道返回，一是为了从莫斯科公国的视角向马克西米利安皇帝通报此次访问，另外也是借机从德国采购先进的军火装备。尽管有初番的两次接触，接下来的几代人仍难以推动莫斯科和天主教欧洲相知相交。莫斯科想必对这样的局面也是很失望的，尤其因为其统治者始终无法获得与神圣罗马帝国皇帝同等的地位。赫伯斯坦本人也反对莫斯科大公获得皇帝封号，他在《莫斯科公国志》中讲道："瓦西里三世故意强调自己的皇帝头衔，好像他并不需要西罗马皇帝甚至是教皇的承认，反正他对教皇也是恨之入骨。"赫伯斯坦强调莫斯科公国的统治者只配拥有大公的封号，对此他还从历史和语文学的角度做了阐释。而对波兰，他本人尝试打消马克西米利安皇帝的一切猜忌，他说"看起来似乎波兰统治者认为是我给他们带来了加封大公或国王的消息"。[69]

　　赫伯斯坦的莫斯科之行之所以值得后世再三审视，不是因为其政治外交成果，而是因为它象征着一个转折。赫伯斯坦首次基于亲眼观察真实记录了欧洲的另一部分——俄罗斯及东正教的情况，为西欧的好学之士呈现了《莫斯科公国志》这样一本内容丰富的异国志。它为西欧人打开了通向俄罗斯的知识窗口，这与同一时期地理大发现打开通向世界的知识之窗相辅相成。西欧人不断接触到关于世界其他地区的越来越密集的知识，不断咀嚼、吸收、扩充。莫斯科公国作为新世界进入了西欧人的视野，从此开拓了一片新的知识领域，这一切都要归功于赫伯斯坦 1516 年至 1517 年的莫斯科之行。

宗教改革运动是打入西欧天主教世界的楔子，而赫伯斯坦同一年的莫斯科之行则恰好打开了通向东正教的大门。虽然这丝毫没有弱化莫斯科对罗马教皇的仇视，但对于天主教的统治者，尤其是对自家后院着火的罗马教廷来说，东正教为其不久之后与新教抗衡提供了回旋余地。[70]

第二章　以和平与货币稳定之名

一、近代和平日益承压——在政权与王朝博弈中发出和平的控诉

　　1517 年是和平之年，是近代首个哲学意义上的和平理论问世之年。这一影响至今的理论的提出者正是著名人文主义者、鹿特丹的伊拉斯谟。但那时的天主教欧洲，和平局面每况愈下。根源并不是奥斯曼帝国的崛起或莫斯科的扩张，而是欧洲领主和王国间的激烈竞争，其形态已非常接近早期国家间的战争。此外，统治者们好大喜功，不放过一切争权夺势机会，以使本国凌驾于他国之上。15 世纪，欧洲处于一个从中世纪前基督教共同体向由国家构成的近代欧洲转变的过程。[1]

　　单看对于主教叙任权（Investiturstreit）的争夺就知道，完整统一的基督教欧洲从来只存在于人们的浪漫想象中。但在 1500 年前后，君主和王国及其人民和领地的专属利益已成为国家建设的基本要求。欧洲开始逐渐形成单个权力集团和民族国家相互竞争的体系。对疆域、臣民、资源和势力范围的角逐成为家常便饭，领主的地位和尊荣自然也成了争夺的一部分。炮兵、步兵，特别

是连达芬奇和米开朗琪罗都为之倾注心血的堡垒营造等领域的军事技术创新层出不穷，使冲突变得更加惨烈，代价更为高昂，尤其是耗资更为巨大。连皇帝和教皇都被卷入日益激烈的军备竞赛。作为天主教世界的世俗和宗教领袖，他们所拥有的传统地位在近代经济实力、领土面积和军事力量面前变得不值一提。

统治者的个性加剧了欧洲内部的结构性不和。这些世俗领主们要么以各自的独特方式将传统全盘推翻，要么按照自己的意志赋予传统新的诠释。例如1494年，为了争夺意大利南部的那不勒斯王国，法兰西国王查理八世宣称自己有那不勒斯的继承权，并为此不惜与哈布斯堡家族大动干戈，而他是否真的有继承权疑点重重。阿拉贡的斐迪南和他的妻子卡斯蒂利亚的伊莎贝拉也不遑多让，为了扩充西班牙的势力和荣耀，断不会将这片膏腴之地拱手让给法国人。马克西米利安皇帝显然也不乐意，毕竟他也要巩固神圣罗马帝国的影响力，顺带提升哈布斯堡家族的地位。而"文艺复兴教皇"们也加入了这场大混战，希望借着教皇国的权势为自己的家族牟取私利。教皇亚历山大六世尤其臭名昭著，他甚至为自己的儿子切萨雷·博尔贾在罗马开辟了一片自己的领地。

权力大小和地位尊卑的外在表现形式也是欧洲君主们竞相攀比的一部分内容。炫耀权力的手段五花八门，包括宫廷建筑、王室画像、文学、音乐等。为此，君主们从世界各地征召画家、绘图师、雕塑家、石刻和挂毯匠人、建筑师、诗人和历史学家。皇帝和教皇[2]对此尤其热衷，国王和大公次之，其中最为著名的有匈牙利的马提亚·科菲努斯（Matthias Corvinus）、法兰西1515年继位的弗朗索瓦一世以及德意志的大领主们。

近代君主国争霸格局的雏形诞生在意大利。15世纪中期以降，佛罗伦萨共和国、威尼斯共和国、米兰公国、教皇国和那不勒斯王国形成了"均势制衡"[3]的五国鼎立格局，一定程度上消弭了战火，并给了文艺复兴时期意大利文化和经济蓬勃发展的空间。15世纪90年代，意大利的割据对立向全欧洲蔓延，冲突一发不可收拾。上文提及法王查理八世1494年在那不勒斯发动战事，企图赶走控制当地的西班牙阿拉贡势力，此举引燃了阿尔卑斯山以北三大力量——西班牙、法兰西和哈布斯堡在意大利乃至全欧洲的争霸。征战未果，查理八世的继承人路易十二进而将战场转移至意大利北部，欧洲列强便又在经济、文化要塞米兰公国打得不可开交。法国人宣称瓦卢瓦王朝历史上曾与米兰维斯孔蒂家族联姻，而马克西米利安皇帝则亮出现任妻子是斯福尔扎家族的碧安卡·玛利亚公主的王牌。

　　参与争霸的几股意大利势力中，只有威尼斯和教皇国能与群雄一较高下。威尼斯是崛起的贸易大国，正致力于拓展其陆路疆域，并且拥有所需的雄厚财力。教皇国则在尤里乌斯二世教皇统治下得到了内部整顿和领土合并，疆土已拓展至博洛尼亚。尤里乌斯二世是当时欧洲最具政治、外交和军事才干的大人物之一，很能在与其他世俗统治者的周旋中找准自己的定位。在欧洲争霸已进入白热化的背景下，教皇国还能筑牢根基且称霸一方，着实令人叹服。[4]教皇作为灵魂关怀者，本应定分止争，维护和平，尤里乌斯二世的政治和军事作为却与其本职相悖。欧洲文人界的笔杆子——鹿特丹的伊拉斯谟利用教皇的理亏对他口诛笔伐，批判他玩弄权术，在对话集《尤里乌斯被拒于天堂门前》（*Julius exclusus e coelis*）中极尽讽刺，书中让圣彼得亲自拒绝向尤里乌斯打开天堂的大门。更多内容将在之后的罗马章节中详细讨论。

　　教皇国的扩张政策直接侵犯了威尼斯在意大利北部的利益，双方陷入尖锐的矛盾冲突。为了打压威尼斯在欧洲大陆的经济和军事优势，除了中东欧的国家外，几乎所有的欧洲列强都加入了 1509 年组成的康布雷同盟，以求在意大利北部战场上分一杯羹。接下来的战事延宕近十年，其间的同盟关系也不断发生变化。1510 年，结盟的国家试图快速攻下防御完备的威尼斯，但没有成功，战争胜利的前景变得充满不确定性，同盟因此几经重组。持久的和平仍然遥不可及，尤其是当时处于军事领先地位的瑞士仍在意大利北部积极投身战事以争取自己的利益。教皇尤里乌斯曾尝试建立一个泛意大利联盟来对抗所有外部势力，但这个已与现代意大利很接近的政权联盟只是昙花一现。

在这场拉锯战中，法国最终于 1515 年在马里尼亚诺（Marignano）大败瑞士，确保了对米兰公国的控制权，进而取得了在意大利北部的主导地位。和平的曙光在 1516/1517 年出现：教皇之位已从好战的尤里乌斯二世交至利奥十世，后者虽然为保美第奇家族的利益毫不犹豫地占领了小公国乌尔比诺，但他从自身性格和政治利益角度出发都更倾向于维持和平。1517 年，利奥十世着手推动一项具体的工程，即联合所有的欧洲君主结成和平联盟，一致对抗奥斯曼帝国的扩张。他的倡议在欧洲各国引发的反响让人们有理由期待欧洲将迎来较长时间的内部和平。因此伊拉斯谟也不禁高兴地称，战争教皇已成为过去，和平教皇的时代从此到来。[5]

与此同时，哈布斯堡和西班牙的关系也朝着趋于和平的方向发展。上文提到过，1496 年他们结成双重亲家，自此西班牙和哈布斯堡家族的政治关系和王国事务结合得日益紧密。1516 年夏末，马克西米利安皇帝的孙子，也就是上文提到的查理五世，为了确保西班牙之行万无一失，在努瓦永与法国签订了和平条约。同年 12 月，马克西米利安皇帝也在布鲁塞尔宣布加入《努瓦永和约》，承诺格奥尔格·冯·弗伦茨贝格和马尔坎托尼奥·科隆纳率领的神圣罗马帝国军队将撤出维罗纳，事实上他们在维罗纳已被困数月。如此一来，实现全面和平看起来指日可待，1517年帝国军队撤出维罗纳宣告自1509年康布雷同盟成立以来的意大利北部战事告一段落。维罗纳交予法军统帅洛特雷克（Lautrec）接管，之后又交还给威尼斯公国。这种颇具象征意义的"转手"方式其实是委婉掩盖马克西米利安皇帝不得不从他痛恨的威尼斯撤退的事实。

君主专制和乌托邦作为解决模式

正因为有了文艺复兴时期的意大利战争和市民起义，欧洲才形成关于政治和国家的现代思潮。早在14世纪，像佛罗伦萨这样的大城市，公民精神主导的共和思想（公民共和国理论）就已蓬勃兴起，在接下来的几个世纪，这一思潮不乏许多热切的推崇者，他们认为有公民参与的社会和国家模式才是治国理政的最优方案。[6]但就在欧洲国家战争的首个高潮期，同样来自佛罗伦萨的尼科洛·马基雅维利撰写了一部著作，倡导完全相反的一套治国方法，其攘外安内的手段完全与传统的基督教政治思维背道而驰。[7]他认为，要治理内政，开拓疆土，一国的君主不应使用道德、虔诚和和平手段，而是要变得诡计多端、冷酷残暴、穷兵黩武甚至在必要的时候违法乱纪。他认为自己的观点从古代传统看完全站得住脚，修昔底德的战争和权术哲学就是最好的佐证。当然，现世的经验是更重要的论据。在文艺复兴的叔季之世，诸侯对内争权夺利，对外互相攻伐，在渐渐成形的近代国家体系中，大家不再关心基督教世界的集体准则和治世理想，与中世纪的政治哲学渐行渐远。在即将到来的新时期，治国方略应当立足于当下的政治现实，遵循的法则应当是捍卫单个主权国家——在意大利和欧洲普遍存在的君主国——的专属利益，提升本国力量和地位。马基雅维利《君主论》的出发点是，当时每个国家及君主都处在一种"危局"之中，"因此，各国君主如果想要捍卫自身利益，就不能光以道德准则为行动标尺，而要根据实际需要决定用或者不用道德准则"。[8]宗教也是如此。与中世纪的哲学家和神学家不同，这位佛罗伦萨的现实主义者不认为宗教是上帝为维护基督教世界和平统一而创造的纽带，而是一个完全世俗的工具，君主为巩固统治可以乃至必须对其加以利用。毕竟罗马教皇此前已用自己的实际行动证明了这一点。不久之后的宗教改革者路德也做出了这样的判断，虽然他是从神学和宗教历史学角度论证的，主要诉求是彻底取消教皇这一职位。马基雅维利说，"罗马教廷的负面表率"导致意大利"失去了对上帝的一切敬畏之心和一切宗教实质，这是造成无数弊病和无尽混乱的祸端"。[9]

马基雅维利"写实"地分析了过去和现在人们的行为方式，并以此为基础提出了其政治理论的核心概念"国家至上"。这一概念一经提出，便成为欧洲各国捍卫早期现代国家属性和对内对外采取行动的斗争口号。"国家至上"理论不再以伦理准则为导向，而是以肆无忌惮追逐权力的"狼性"为出发点，标志着欧洲政治理论的嬗变，日后也成为强权政治家的秘密武器。所有人都如此实践，但没有人公开承认这一论调的合理性。例如普鲁士国王弗里德里希二世虽然本质上是"国家至上"论最优秀的践行者，却公开对马基雅维利这一湮没伦理的治国策略表示愤怒。在欧洲，"国家至上"早已成为政治常态。

1513年至1516年，马基雅维利厌恶的美第奇家族重新执掌佛罗伦萨大权，所以他不得不隐居乡间，并在那里撰写了《君主论》，其思想成为后来毁誉参半的"马基雅维利主义"。1517年，《君主论》的手抄版已在多个欧洲宫廷里流传。但直到他死去五年后，即1532年，这本书才由教皇特批首次在罗马印刷成册并大获畅销。

1516年，英国人文主义者、政治家托马斯·莫尔在比利时的鲁汶出版了《关于最完美的国家制度和乌托邦新岛的既有益又有趣的金书》（*De optima republicae statu, deque nova insula Utopia, libellus vere aureus*），即《乌托邦》。这本书后来在巴黎和巴塞尔迅速再版。该书的诞生地远离战火纷争的意大利，核心目的不在于教导君主如何巩固国家和社会现状，而是从人文主义的理想出发，论述如何按照公认的准则，而不是君主或国家的意志，改善崩坏的社会风尚，建造理性的、以人为本的社会秩序。莫尔是伊拉斯谟式的学者，他所处和所事的国家当时正暴露出种种弊端和矛盾，他对此大为触动，在书中描画了他幻想的新世界，拿一个迥异于现实的异域秩序为江河日下的现实做参照。

在书中，漂泊异乡多年的航海家拉斐尔·希斯拉德向另一个对话者（不难看出就是莫尔本人）讲述他搁浅乌托邦岛后，与阿梅里戈·韦斯普奇在岛上一道探险的经历。这个世外桃源远离欧洲，岛上没有君主，大家像在共和国般享有平等地位，元首和执政官员都由岛民选举产生。在欧洲屡见不鲜的统治阶级腐败在这里毫无踪影，所有人都在努力为集体福祉工作，也相应获得给养。每个人都追求教育，也都能接受教育，因此国家没有教育特权阶层。特别是岛上还没有私人财产的概念，故而没有欧洲严重的贫富分化现象。所有物品和资源都是集体所有，每个人都可以根据自然和需要理性地使用。上述核心理念对欧洲的影响延续了几个世纪。

其对近代欧洲的政治思潮的影响，绝不亚于马基雅维利的《君主论》。后者成为无所顾忌的强权政治（Machtpolitik）的代名词，前者则是脱离现实、致力于改变现状的美好愿景。有政治家评论称《君主论》和《乌托邦》在同一时期问世绝非偶然。在文艺复兴时期的欧洲，随着科学观察日益摆脱形而上学的枷锁，中世纪事实与准则的扭结逐渐松动。体现在政治理论中就是现实主义和乌托邦空想的区分。[10] "现实主义者"马基雅维利认为无条件的"强权理性"是唯一有成功希望的秩序规则，莫尔的《乌托邦》则尝试用空想出的美好公平的政治秩序来理清欧洲现实政治的混沌。在该书中，新发现的乌托邦岛国居民为莫尔所倡导的秩序提供了范例。

和平发出的控诉与基督教构筑的大厦

既不同于现实政治，也不是单纯的空想政治，1517 年，人文主义者伊拉斯谟在《和平的控诉》（Querela pacis）中为当下的政治危机开出了自己的药方。他所倡导的方案在今天看来仍有现实意义。这篇文章的写作缘于一项再具体不过的政治委任。当时欧洲的冲突各方为了重建和平秩序决定 1517 年在勃艮第的康布雷召集帝国议会。让·勒·绍瓦热（Jean le Saurage）和谢夫尔男爵纪尧姆二世·德·克罗伊等勃艮第政治领袖[11]认为这是一个绝佳的外宣机会，既要体现哈布斯堡家族主和的核心理念，又要为其执政提供哲学和道义上的合法性。除了鹿特丹的伊拉斯谟，这位国际人文主义的代言人，[12]谁还能更胜任这次和平议会演说词的撰写工作呢？更何况他本也兼有为勃艮第宫廷提供政策咨询的职责。1516 年下半年，演说词撰写完成，1517 年春，巴塞尔的弗罗本丢勒所绘的伊拉斯谟——一个沉静、内敛的精神和道德权威。在当时的欧洲，一个内部战争动摇根本、外部受到奥斯曼威胁的时代，伊拉斯谟作为欧洲学界的巨擘坚决站出来捍卫和平

（伊拉斯谟的固定出版商）刊印了这篇演说词。此次议会虽然最终未能召开，但他为此撰写的和平演说稿不久就广为传颂并流传至今。

伊拉斯谟借着撰写讲稿的机会，抨击了当时有悖于和平的时代潮流，提醒欧洲的政治家们作为基督徒应负起维护和平的责任。演说词也有鲜明的时代印记，十分契合帝国会议拟定的主题，例如他尖锐批判了当时所有支持与法国开战的声音。当然，伊拉斯谟对时弊的针砭远不局限于勃艮第的政治圈，而是触及基督教世界更深层次的伦理和哲学准则。从文章的题目"控诉——来自被各国践踏和毁坏的和平"（*Querela pacis undique gentium eiactae profligataeque*，简称《和平的控诉》）就不难看出这一点。[13] 就像他不久前为勃艮第公爵、后来的西班牙国王和罗马帝国皇帝查理

五世撰写的《论基督教君主的教育》(*Institutio Principis Christiani*) 不独限于哈布斯堡－勃艮第家族王室成员，而是呼吁整个基督教世界君主都采取他的教育方式，他的《和平的控诉》也不旨在批判某个特定的君主或国家，而是探讨和平这个问题本身。既有历史时间的维度，也有国家和社会结构的分析。此外，他对委托其撰写讲稿的勃艮第决策层也毫不留情，指出各国之间的不和是欧洲经久不愈的疮口。他对问题剖析明确，措辞激进，今天的读者读来也会感到它有十足的说服力。

伊拉斯谟冷眼诊断欧洲天主教世界的颓丧源于君主及臣民日益以自我为中心的权力意识，它消磨了原本应有的和平秩序，"一族与另一族对抗，城市对城市，派系对派系，君主对君主"。[14]

事实确实如此。1500 年前后，欧洲的权力争夺战达到前所未有的激烈程度，在此期间，早期民族国家的结构和观念逐渐成形，伊拉斯谟对此也看得真切："英国人之所以敌视法国人，不为别的，只因为对方是法国人。苏格兰人仇视英国人也不为别的，只因为他们是英国人。德国人憎恨法国人，西班牙人既恨德国人也恨法国人。"[15]

最后，他描绘了欧洲近代形成期的第三个基本进程，即政治认同和宗教认同的结合。尽管在伊拉斯谟所处的时代，宗教改革还未造成基督教内部的彻底分裂，但政治和宗教认同感的形成以及二者的结合加剧了国与国之间的冲突和敌意。这一进程一直持续到 17 世纪，引发了无数战争。欧洲的君主打着宗教的旗号彼此攻伐，伊拉斯谟写道，"他们的旗帜带有十字架的图样，十字架与十字架抗争，基督徒与基督徒血战"。[16]

1517 年，像伊拉斯谟这样能认清形势的仁人志士已能看到，如果对和平的热爱无法牵制崛起的民族国家继续互相征伐，欧洲的未来将是一片暗淡。早在宗教改革之前，当基督教还未内部分裂时，伊拉斯谟就已看到政治和宗教叠加的恶果。宗教符号已成为君主国争权夺利的工具，用于挫伤敌对方士气，波希米亚胡斯派教徒甚至像民族国家一样进行战争动员。而伊拉斯谟无法预见的是，政治与宗教的叠加还将在这一年里愈演愈烈，信仰之战和国家之战随之一触即发。

人文主义者对和平的大声疾呼，宗教改革派对赎罪券大加挞伐，这让我们得以想见 1517 年前后欧洲政治生态的波诡云谲。而宗教改革既是新教自由的起始，也是教派对立的开端。回顾历史，我们不禁发问，倘若伊拉斯谟的泛基督教和平倡议得以践行，早期近代欧洲是否不至于陷入教派敌对的局面，从而免遭信仰之战的炮火？高举圣母玛利亚旗帜的天主教徒是否无须与扛着基督十字架的新教徒对抗？如果这一和平倡议能够成为现实，那么代价又会是什么？为了回答这个问题，我们需要更进一步考察伊拉斯谟和平愿景的精神内核。

伊拉斯谟明确指出了欧洲现实存在的民族和宗教分歧，呼吁基督教世界团结统一。针对物质利益的对立，伊拉斯谟号召人们更多关注精神世界的联系："为什么人与人之间、基督徒与基督徒之间不能和睦相处？为什么这些不值一提的事情会冲淡自然的纽带、基督教的联结？空间只会分隔肉体，不会分隔精神。"

莱茵河分隔了法兰西人与德意志人，却无法将基督徒和基督徒分开。比利牛斯山脉分隔西班牙人和法兰西人，北海分隔了法兰西人和英格兰人，"但无法割裂教会或宗教的共融"。[17] 通过回归超越一切部族（*gentes*）的基督教民族（*populus christianus*），回归共同的教会（*ecclesia*），"一个容纳所有人的大厦"，个别利益和敌意将得以化解。[18]

在伊拉斯谟看来，暴力与战争无法带来这种共同体意识，正如不久后他的"学生"查理五世皇帝试图通过其普世帝国理念来实现的那样，对政治家的基督教教育和基督教和平的感召力才是关键。无论是《和平的控诉》还是《基督教君主的教育》，抑或《尤里乌斯被拒于天堂门前》都能反映出他闪烁着基督教和人文主义光辉的乐观政治信条，即认为受到教化的人能够为善。只要每个人都能看到，破坏和平秩序的力量是失道的，那么和平和良治或多或少都能自发形成。因此，要让统治者和政客们清楚认识到，战争、敌对和争权会破坏真正的幸福和基督教生活。他说"崇高的查理，一个刚正不阿的年轻人"已经认识到了这一点。马克西米利安皇帝和英国国王亨利也是。"其他人也理应效仿这些伟大的君主。"如此一来，"所有的政权都会变得崇高，君主渴慕虔诚和幸福，依赖法律而不是武力治国。位高的人享有更崇高的尊严，人民可以在和平中享受福祉，在福祉中享受和平"。[19]

那么所有人——无论是治人者还是治于人者——都会清楚地看到，对权势的追逐让一切蒙上阴影。欧洲单个的民族和国家实质上都是统一在基督教会下的信众团体。[20]语言不通，从属于不同国家的人们实际上都是基督教大家庭的兄弟姐妹。

当一个皇帝正积极尝试兼并欧洲诸国，建立大一统的基督教帝国，并为此不惜动用德国、意大利和西班牙军队的时候，伊拉斯谟在远离庙堂的学者的象牙塔里揭示了霸权之争的内部矛盾，并以此为基础，提出了他认为能够约束国家诉诸武力，拯救濒危的欧洲文明的理念和工具。对他和同时代的人而言，文明和基督教是基本可以画等号的。奥斯曼帝国的穆斯林不属于伊拉斯谟和平愿景的一部分，他所构想的欧洲和平只能是基督教的和平。因此，他也像教皇利奥十世一样，因奥斯曼帝国对基督教欧洲发起攻势而忧心忡忡。这一宏大的和平愿景仅限于基督教的统治者，目的是对内促和、对外御敌：基督教兄弟的团结将使"十字架的敌人对基督教之名闻风丧胆"。[21]

尽管如此，伊拉斯谟心中的土耳其形象与时代成见有很大不同。当时的大部分欧洲世俗和宗教头目有意将异教的土耳其人打上非人和恶毒的标签，尽管他们自己的残忍劣迹丝毫不在土耳其人之下。伊拉斯谟则在土耳其人的威胁中看到了希望，认为基督徒可以此为鉴，学会谦卑和自我批判。他劝导那些自视甚高的人"必须自己是基督徒，而后才能让土耳其人皈依"。[22]

伊拉斯谟没有获得迅速的成功。《和平的控诉》问世还没几年，欧洲就陷入了经年的混战。伴随着宗教冲突的残暴的国家间战争，深层次的矛盾和根源上的对立暴露无遗，欧洲大陆这样相互征伐的乱象直到20世纪才再度出现。更让伊拉斯谟痛心疾首的是，本该被教化成和平君主的查理五世正是让欧洲跌入地狱的罪魁祸首，伊拉斯谟正是为他撰写了《基督教君主的教育》。但这也是历史的必然，冷静观之，伊拉斯谟建立在基督教基础上的统一理念是不合时宜的。他希望在所有君主和民族之上建立一个基督教共和国，囊括各个政权的专属利益，这个想法本身就是面向过去的。此时提倡基督教的兼爱，倡导大庇天下的教会大厦，无法再为政治的新常态提供前进的指南。跃居历史前台的越来越是国家的专属利益和近代的世俗力量。

1517年，一切迹象都指向欧洲基督教世界各成员的差异化和独立。就在伊拉斯谟出版《和平的控诉》的同一年，赎罪券批判如同平地惊雷，最终导致伊拉斯谟提倡的欧洲精神与宗教共同体的愿景彻底崩塌。在可预见的未来，欧洲的和平与新的政治秩序只能在国家主权独立的基础上重建。其出发点也只能是单个国家，尤其是大国的经济、文化和宗教利益，宗教在这一进程的最初阶段起到尤为重要的作用。尽管如此，在战争看似无法避免的时刻，伊拉斯谟勇于摆出哲学和神学的理由对战争说不，终究还是十分令人瞩目的。

二、来自"世界最偏远的角落"的哥白尼货币价值理论

"钱是一切事物的神经。"这句早在古代欧洲就开始流传的金句在 15 世纪末又再度盛行。原因一方面是崛起的近代欧洲国家需要壮大经济军事实力，纷纷将扩充财力作为践行"国家至上"的铁律。[23] 另一方面，金钱的重要性不断上升也是经济往来日益频密的结果。[24] 自从 1348 年的瘟疫将欧洲经济拖入谷底，直到 15 世纪中期，欧洲才终于从经济萧条中恢复生气。此轮经济飞跃源起于意大利和大西洋沿岸尼德兰的手工业区，到 16 世纪初已拓展到欧洲西部、中部和东部。催生经济发展的动力主要是农业和手工业的技术创新。

土地的使用方式也在发生改变。在尼德兰等地，土地利用率不断提高；而在欧洲东部，土地的开垦面积不断扩大。在城市周边，手工业者获得的高酬劳拉动了对肉奶制品的需求，畜牧和奶业因而也变得专业化。此外，在丹麦、德国北部、波兰、乌克兰和匈牙利的乡村，发达的养牛业方兴未艾，每年有成千上万的牛肉制品进入中欧、西欧和北欧的大型消费中心。在乌克兰和波罗的海沿岸的广大地区，谷物种植面积大大增加，产出的粮食从波罗的海的港口城市出发，主要是但泽，通过船只运抵西部人口稠

密的手工业地区。而这些地区的手工业产品也自西部输往东部，除了广泛使用的日常消费品外，还有地毯、丝绸、金银珠宝等奢侈品，主要的消费群体除王室和大地主外还有日益富裕的市民阶级。

纺织工业是当时最重要的手工业门类，其地位几乎可以与19世纪的矿业相提并论。当时无论是大批量生产还是高端纺织品加工都经历着深刻变革，传统行会在生产的组织形式和生产技术方面都面临越来越大的挑战。例如出版业的规模不断扩大，一个来自城市的出版商提供原材料和工具给工人，后者在自家乡下的屋里作业，产品可以被运输到乡村以外很远的市场，这几乎形成了早期的现代雇主—雇员关系。不久之后，出现了不从属于行会的时薪工人。与在乡村大规模生产的低成本亚麻、混纺和棉毛织品相比，城市昂贵、高质量的毛制品的生产一直是推动中世纪经济发展的引擎，此时却逐渐退居次要地位。城市行会的质量标准也逐渐失去约束力，一些此前遭禁用的生产方式再度得以启用，例如不再单靠人力，而是开始利用原始的机器上浆、上色和镶边。所有这些新生产方式都遭到行会的强烈反对，有些反抗活动甚至类似于工业革命时期的机器破坏。

在哈茨山（Harz）、厄尔士山脉（Erzgebirge）、阿尔卑斯山和喀尔巴阡山脉（Karpaten）等山区，技术、业态和融资手段的创新推动了矿业的蓬勃发展。为了筹集资金，矿业股票广泛发行，有闲钱的人无论大额小额均可入股。排水技术的发展使人们可以深度挖掘以前无法开采的矿脉。熔析工艺诞生，被誉为自古代炼铜技术发明以来最有意义、影响最大的采矿技术和经济革新。[25] 这一工艺通过注铅从铜矿中分离出以前无法提取的银矿，极大提高了银矿的开采效率。

为了满足迅速上升的铸币用银需求，许多矿场采用了新的工艺，例如从金属熔水中提炼银的熔析技术。开姆尼茨市长、医生格奥尔格·阿格里科拉首次在其著作《论矿冶》（*De Re Metallica*）中详细描述了这一工艺的细节

Der Saigerherd in Betrieb A. Derselbe außer Betrieb B. Der Sumpf C. Kleine runde Formen D. Kuchen von Saigerblei E. Saigerdörner F.

16世纪早期，欧洲生产、交易、交通紧密联系，这些都需要足够多的流通货币。只要货币指的是与铸造所用金银等值的硬币，那么贵金属的存量就会牵动贸易、交通乃至一国的经济和财政命脉。这也是为什么矿业的发展越来越迅速，矿山开采规模日益壮大，甚至形成了专门的矿业城市，例如萨克森山区就有圣安娜贝格、圣马林贝格、布赫霍尔茨、施内贝格等大型矿业城市。金、银的产量迅速上升，尤以银最为显著。单在厄尔士山脉，1520年前后的银产量就比半个世纪前翻了一番。[26] 银币迎来了春天，取

1517：全球视野下的"奇迹之年"

代了此前的重要流通货币金古尔登。从某种意义上说，1517年是银币的诞生之年。这一年，在厄尔士山脉南部波希米亚山区，一个一年前发现有丰富银矿的叫康拉德格林（Conradsgrün）的地方改名为圣约阿希姆斯塔尔。就像前述的萨克森矿业城镇一样，以圣人的名字命名体现了早期矿业社会的虔诚。在接下去的几年里，以夏娃、亚当、玛利亚、约阿西姆、尼古劳斯等名字命名的矿井在波希米亚山谷中形成了名副其实的《圣经》景观。该地区属于波希米亚的施利克公爵，他不仅在那里建造了采矿场，同时还从1519年开始大规模铸币，仅在16世纪20年代就生产了300万枚银币。这些被称为约阿西姆塔勒（Joachimsthaler）的银币流向别的城市，很受人们青睐。而通过莱比锡博览会，约阿西姆塔勒进一步涌入神圣罗马帝国，引发了当地诸侯的铸币狂热，他们有时甚至不惜熔化约阿西姆塔勒币来铸造自己的银币。有时为了获益，他们还在银中掺杂更廉价的金属。1528年波希米亚国王斐迪南宣布将铸币权收归王室所有，结束了施利克的造币活动。尽管如此，约阿西姆塔勒已蜚声欧洲，早已成为银币的代名词。其在低地德语中的称法"Daler"也是今天美元"Dollar"的前身。

但银币的兴旺仍无法解决当时的货币问题。手工业和贸易的发展速度远快于贵金属的生产速度。同时，崛起的早期现代国家纷纷斥巨资提升军事实力，设立官僚机构和装点王室门面。这一供需失衡必然造成贵金属短缺，发展到后来，资金筹措和货币交易越发困难，甚至到了引发危机的程度。有些君主使用不正当的手段铸币，使得当时一直与金银挂钩的硬币价值严重扭曲。

经济史学家将这一时期的经济腾飞称作"商业革命"，它使当时欧洲国家间的贸易规模和往来频率不断创下新高。这场商业革

102

命从当时主要的三个商业中心及三条贸易路线开始：威尼斯及其黎凡特贸易，经南北线从地中海东岸到中东欧地区；波兰和波罗的海国家的波罗的海贸易，将波罗的海沿岸地区的谷物经东西线运往人口稠密的西欧以交易手工业品；最后是西班牙和葡萄牙的大西洋贸易，先是沿非洲海岸向南航行，1492年以后又向西前往新大陆。1517年时，居于首要地位的是联结西部手工业区和东北部农产品和原材料产区的波罗的海贸易。此时与美洲的贸易往来刚刚兴起。而威尼斯贸易帝国的地位正面临严峻挑战，之后我们还将对此做更进一步的分析。组织波罗的海谷物和西欧产品交换的荷兰人将波罗的海贸易称为"贸易之母"，也是商业革命之母。

　　由此看来，首个近代货币价值理论在波罗的海沿岸诞生，乍一看似乎出人意料，实则并非偶然。该理论于1517年夏天诞生在瓦尔米亚（Ermland）的弗龙堡——"世界最偏远的角落"[27]，作者如此描述他居住与工作的地方。这篇拉丁文论文只有薄薄几页纸，题目是《关于铸币基本原则的思考》（*Meditata Monete cudende ratio*）。[28] 其撰写者正是我们所熟知的"日心说"创始人、天文学家尼古劳斯·哥白尼，鲜有人知道他原来还是个经济理论家。

　　在撰写币值论时，哥白尼在天体运行轨道的精确计算和解释方面的工作已十分深入，相关研究几十年后得以付梓出版，并给他在科学界留下了永久的声名。他的货币理论著作也不是业余的小打小闹。在人文主义精神盛行的时代，像写作《乌托邦》的托马斯·莫尔和呼吁和平的伊拉斯谟一样，哥白尼对现实政治也十分关注。1473年，哥白尼出生在托伦（Thorn）一个贵族和学者家庭。[29] 父母早亡后，舅父卢卡斯·瓦茨恩罗德——瓦尔米亚的采邑主教成为哥白尼的监护人。在其抚养下，哥白尼在克拉科夫和意大利的多所大学接受了全面的人文主义教育，尤以教会法为

托伦圣约翰教堂内的尼古劳斯·哥白尼虔诚祈祷像。这位弗龙堡教士是著名的天文学家、数学家和制图大师。但他当时的本职工作是处理瓦尔米亚教区的行政、政治和对外交往事务。当瓦尔米亚的经济基础因波兰-普鲁士货币急剧贬值而受到威胁时，哥白尼于1517年提出了第一个现代币值理论

主。舅父期待他能够学习教会法，日后在瓦尔米亚采邑教区获得较高的职位。当然，哥白尼对许多学科都充满兴趣，广泛涉猎希腊语、数学和天文学等领域。他甚至还攻读了医学，学业之精使他有资格终生行医。他是文艺复兴时代崇尚的"全才"，通晓当时的一切学科，但有趣的是狭义的神学是他没有涉足的领域。

1503年，他在费拉拉取得了教会法博士学位，返回普鲁士，在弗龙堡大教堂担任教士。此后，他在这个小小的教会职位上时而发挥医术特长，时而充当主教秘书，时而又负责行政管理，或代表瓦尔米亚教区列席西普鲁士议会。没过多久，他就在普鲁士王国，即但泽、托伦、埃尔宾城市共和国以及瓦尔米亚、库尔姆、马林堡和波美拉尼亚等领地组成的西普鲁士联盟中发挥了重要的政治作用。该联盟与条顿骑士团关系破裂后受到波兰王国的庇护，

但仍然保持着政治独立。

作为瓦尔米亚教区的行政总管和议会代表，哥白尼之所以在政坛上颇受波兰王室的重视，一方面因为波兰和条顿骑士团当时的政治军事关系紧张，但主要还是由于波兰与其他国家的贸易和经济往来愈发频繁，王室很需要哥白尼的见地和主意。波兰面临的问题部分是区域性的，部分又是当时大环境下经济和贸易深刻变革的结果。

105 随着中世纪晚期欧洲人口和经济的扩张，波罗的海东部边缘地区和欧洲中西部在贸易和财政上的联系日益紧密。欧洲"世界最偏僻的角落"一步步变成了近代"世界经济系统"的粮仓。[30]欧洲中西部人口在 15 世纪的最后几十年开始显露增长势头，不久后增速迅猛，对粮食的需求越来越大，粮食逐渐供不应求，需要从波兰、普鲁士和波罗的海地区的农业产区进口。粮食主要由荷兰船运公司经由但泽港运输。另外，随着奥斯曼帝国向阿拉伯和北非扩张，意大利及经意大利到中东欧的南北向地中海东部贸易受阻乃至彻底关闭，也侧面给东西向的波罗的海贸易注入了动力。此外，欧洲经北海和大西洋与新大陆的贸易往来日益频密，也增加了东西线的贸易热度。

16 世纪中期的通货膨胀进一步威胁币值的稳定，这在欧洲西部引发了对货币及其发行条件的热切讨论。法国政治理论家和主权学说的"创始人"让·博丹（Jean Bodin）在 1568 年出版了小册子《答马莱斯特鲁瓦先生自相矛盾的议论：关于一切物价上涨及挽救方法》（*A propos de la monnaie et de l'enrichissement de tout chose et le moyen d'y remédier*），他正确地指出，从南美流入的银矿应对"一切物品价格上涨"负有主要责任。

南美和中美洲拥有近乎无限的银矿藏，尤以墨西哥萨卡特卡位于秘鲁波多西的银矿山，西班牙财富的神秘源泉，也是欧洲货币价值问题的源头所在。16世纪中期开始，来自南美的银不断向欧洲大陆倾泻，加速了欧洲通货膨胀

El Secreto de la mina de Potosí se descubre à Villarroel, y la cantidad de plata que se sacava en los primeros tiempos

斯（Zacatecas）和秘鲁波多西（Potosí）的储量最多。随着西班牙在该地区的拓殖，16世纪中期以来，西班牙拥有几乎超过整个欧洲总储量的银矿。但发展成为近代金融世界枢纽的并不是这个伊比利亚半岛国家，因为往返于南美洲与欧洲的西班牙船只仅仅被用于运输银矿，银矿一旦被铸造成货币便立即被运往北部和东部以支付西班牙在欧洲中部战场上的高昂军费。16世纪中期开始，通过西班牙塞维利亚港涌入欧洲的银越来越多且流入越来越快。15世纪末至17世纪初，在欧洲流通的银币从5 000吨激增至2万到2.5万吨。[31]让·博丹第一个认识到这些自南美喷涌而来的银矿正鞭打着欧洲经济，它使币值承压，物价上涨，每年2%的物价涨幅尽管在今天看来属温和区间，但对当时的人而言是十分反常、令人担忧的。英国贸易企业家、王室银行家，同时也是伦敦皇家

交易所创始人的托马斯·格雷欣（Thomas Gresham）针对此时棘手的货币政策提出了"格雷欣法则"，即贵金属含量高的良币必然会被贵金属含量低的劣币驱逐，各国的货币和贸易政策都应当对此有所准备，并采取相应措施。

与此同时，在波罗的海沿岸的中东欧地区，由于出口贸易的蓬勃发展，人们早在半个世纪前就意识到只有健全和有效的货币体系才能支持经济的持久繁荣、投资建设必要的基础设施和组织必需的大规模贸易。但彼时威胁货币结构的还是贬值和通缩的压力，而不是博丹和格雷欣时代的通胀。[32]

各国的任务很明确，但也面临重重阻碍。在政治上，国家纷争还没有决出胜负，军事冲突仍时有发生。其中条顿骑士团、波兰王国和普鲁士王国[33]及其附属的但泽、托伦和埃尔宾等贸易城市是争霸的主角。贸易上，大小采邑间，特别是大国的附庸和城市公国间的利益冲突尤为明显。铸币权成了削弱贵族阶级和城市力量的有效工具，君主们自然不愿交出该权力。因此大一点的政权组织，比如条顿骑士团和波兰在行使铸币权时也不会考虑城市和普鲁士附属小采邑的海运和贸易权益。

然而但泽、埃尔宾和托伦也有各自的铸币权，在经贸联系密切的普鲁士-波兰经济区，他们可以发行自己的货币，且这些硬币贵金属含量不同。几乎所有拥有铸币权的领主都设法降低自己所铸货币的贵金属含量。流通的货币因而越发混乱，不仅给贸易往来造成了严重影响，也日益威胁到王国和城市的金融稳定。16世纪20年代中期，波兰国王西吉斯蒙德决定统一币种，铸币权收归国有，从而改善货币体系。他首先征求了普鲁士王国贵族阶层的意见，他们立即将铸币权提到贵族大会的议事日程。

1517：全球视野下的"奇迹之年"

为了准备接下来的一系列谈判，瓦尔米亚教区政府决定下达一项任务，调研该地区的政治经济情况和货币金融的基本原则，并以此为基础提出合适的解决方案。考虑到尼古劳斯·哥白尼的知识背景以及他在教区管理和议会谈判方面的经验，这项任务落到这位弗龙堡教士身上也就不足为奇了。他在 1517 年撰写的货币学专题报告建立在实践基础上，"从货币体系在实际中的无序运行出发，上升到对整个货币概念的分析"。[34] 就像他之前使用三角结构等最简单的仪器观察天体运行，之后得出"日心说"结论一样，他的货币理论建立在对现实货币流通过程的细微观察上。同样，像他从数学理论角度揭秘天体运行结构并获得新知一般，他又将实证考察和概念分析相结合，形成了对货币的流通价值和币值的稳定条件的基本看法。

哥白尼认为现实状况是非常严峻的，在拉丁文首版开篇他就用描述天体运行的语言风格，简明扼要地点出"在所有导致一切帝国、王国、共和国覆灭的祸端中，我认为最重要的有四种：王室不和、瘟疫肆虐、粮食歉收和货币贬值"。[35]

为了避免这些祸端，他认为必须保证货币（即他定义的"印有发行者特定图案的金或银"）具有"一个标准或固定且稳定的贵金属含量"，就像长度单位、容量单位和重量单位那样。"如果不能保证固定的标准，社会整体利益必然会受损，卖家和买家也会受到多方面的欺骗。"如果要确保货币体系正常运转，一方面要在铸币的时候保证货币的金银含量和金属品质恒定，另一方面铸币所用的金属价值和货币估值（即使用者对其的估值）的区别也是需要考虑的重要因素，因为"一枚硬币的估值可能比其铸造所用的实际金属价值高"。同样，如果铸币耗银过大，银矿存量减少，现实生活中人们对"原银"的需求就会上升，银币的价值可能会相应降低。在此情况下，银币不再作为支付手段，而是被视为银矿的一种存在形式，银作为金属的价值已超越了币值，人们就会"最大限度地利用货币，不再将其投入流通，而是熔化"。简而言之就是劣币驱逐良币。

从这种实际价值—使用价值的计算出发，哥白尼提出了一种货币管理手段："有必要在铸币的时候只发行与银等值的货币数量。"另外，还要考虑到有些银币因长期使用可能出现磨损，金属含量不如从前，对于这些货币要回收和更新。

从理论上讲这是一个很简单的解决办法，但实践起来有一个关键的障碍：只有所有拥有铸币权的领主们达成一致，在其经济区内使用同一种货币（例如普鲁士-波兰-波罗的海经济区），这个原则才能发挥效力。将正在流通中的不同种类货币统一成一种长久适用、币值稳定的货币，领主们的协调一致必不可少。但在当时政治差异巨大的普鲁士-波兰经济区推行统一的货币政策困难重重。此外，统一铸币政策的制定还要以强大的国家政权为前提，在现有的条件下，集权的措施只会使波兰王室受益，这必然不会被海上贸易兴旺的但泽、埃尔宾和托伦接受，更何况他们现在就认为自己的独立和自由受到了王室的限制。同时，这些城市公国也与面向内陆的波兰王国有不同的经济政策重点。尽管哥白尼特意强调"帝国、王国和共和国都会因货币贬值而覆灭"，但普鲁士的城市共和国仍然认为他这种理性、系统、消弭一切历史差异的手段最终只会迫使普鲁士支付高昂代价。[36] 最终，波兰国王西吉斯蒙德在没有地区议会参与的情况下单方面宣布推行新的货币政策，在其1528年颁布的货币令中也没有采纳哥白尼的观点。因此，这也不能为普鲁士货币体系带来持久稳定。

虽然哥白尼的理论没有成功实践，但他的著作在近代货币理论史上仍发挥了先导作用。他从 1517 年 8 月开始撰写这部货币学著述，随后又花了数年增删修改，他的研究是 16 世纪影响最大的货币理论研究。此外，通过逻辑连贯地解释币值的上下浮动，他还第一个跳出了以中世纪易货交易为核心的经济思维框架，承认了币值波动的实际存在并分析总结了其波动规律，把它作为一个单纯的经济学问题来研究。[37]

将哥白尼的货币理论抽丝剥茧，我们可以总结出两个基本观点：一是币值不取决于货币本身，而取决于使用它的人对它的估值，这在今天也依然适用；二是贵金属货币时代的基本法则，即劣币永远会驱逐良币，因为贵金属含量高的货币要么会被人们囤积起来，要么会流向国外，退出本国流通，而贵金属含量低的劣币则会流入本国。当然在大部分货币发行区，这条规律适用的前提是货币支付人可以自由选择支付币种，也就是说接收人有可能以同样的币值拿到劣质的货币。这一条在近代欧洲屡次引发贸易危机的规律[38]由哥白尼 1517 年在普鲁士王国首度提出，而不是货币历史学家长期认为的那样，由 16 世纪下半叶的英国人托马斯·格雷欣所发现。

在同一年，路德打开了宗教和神学领域的新局面，但他丝毫没有被哥白尼的数学及自然科学研究所触动，虽然后者的自然科学研究是近代世界观形成的开始。更别提币值理论了，作为修士和家长的路德必然不会过问钱币的琐事。但坊间流传路德坚决抵制哥白尼的"日心说"，这种说法也是不对的，他只是一点都不感兴趣而已。[39]

第三章　欧洲和更远的世界

一、旧世界和新世界

16 世纪早期，欧洲人一边忙于纷繁不断的内乱，一边抵御奥斯曼帝国的逼近，但彼时的世界舞台已远不仅局限于欧洲—近东—北非这个小圈子。欧洲人探索世界的步伐自 13 世纪马可·波罗举世瞩目的中国之行开始就再未停歇。主导这一对外探索进程的起先是意大利人，现在则轮到西班牙和葡萄牙。[1] 在大航海时代，1434 年是一个重要的里程碑，葡萄牙人首次驶出西非博哈多尔角，超越了欧洲舰船彼时到达的最远端，开启了欧洲舰船向更远处的大规模发现之旅。但我们还不能因此就把当时的世界历史归纳为欧洲纪元，因为中国皇帝彼时同样具备海外探索的硬件设施，中国的航海家此前亦曾扬帆远航至阿拉伯半岛甚至非洲东岸。[2] 但在中国逐渐断绝与外界联系的时候，欧洲正朝着各个方向探索，并广泛建立贸易网络和海外殖民地。直到这一刻才见分晓：不是中国人发现了欧洲，而是欧洲人发现了世界。

向西，葡萄牙人经大西洋航行直到亚速尔群岛和加纳利群岛。向南，他们的舰队沿着非洲西海岸，于1497年至1499年在达伽马的带领下绕过非洲最南端好望角，从那里继续向东驶入印度洋，最后到达印度。他们与亚洲"旧世界"的国家建立了贸易关系，开设了名为"印度公司"的商业分支机构，并设立副王（Vizekönig）负责经营和管理。副王所管辖的地域以果阿为首都，那里不仅是行政中心，同时也是联通阿拉伯海、东西印度洋以及印度次大陆腹地的贸易中枢。[3]亚洲的珍货此后逐渐开始经海运抵达欧洲，不再通过此前的陆上丝绸之路。在葡萄牙东边，可以经红海、苏伊士运河、地中海东部到达货物集散地威尼斯。在西边，可以由好望角经非洲西岸到达近代欧洲最大的海外贸易港口里斯本。来自亚洲的香料、丝绸、宝石、象牙、瓷器在欧洲销路好、利润高。其中尤以中国瓷器最为神秘，由于数量少且价值不菲，那时的中国瓷器是仅见于宫廷的宝贵藏品。

葡萄牙王室并不认为热那亚人哥伦布经西线赴印度的计划能带给他们什么好处，这便为西班牙提供了机会，像他的伊比利亚半岛邻国一样进行地理大发现。在卡斯蒂利亚王室的支持下，哥伦布率领的舰船在1492年发现了新大陆，到16世纪20年代，每年都有几十艘帆船往返于西班牙和这片新世界。

欧洲人探索世界的步伐越来越快，尽管事先并未制定任何计划，行动也较为分散，但他们不久便铺开了一个密集的全球网络。只有地球的最南端没有欧洲人的足迹。他们知道那里有一片待开拓的大陆，但直到16世纪末西班牙人和荷兰人的舰船才偶尔登陆澳大利亚北岸。17世纪中期，荷兰东印度公司首次绘制了澳大利亚海岸地区的地图。但这第五大洲的广袤土地正式被纳入已十分成熟的全球关系网还要等到1770年英国王室派遣的詹姆斯·库克船长来此殖民。

16 世纪初，欧洲人逐渐了解到非洲和亚洲的多样文化，汉斯·布克迈尔（Hans Burgkmair）1508 年创作的木版画（此处为格奥尔格·格洛克登 1511 年的复制品）《科钦的国王》（*Der Kunig von Gutzin*）从右到左分别描绘了跟在科钦或交

　　16 世纪初，葡萄牙和西班牙人致力于进一步考察前人的发现，巩固与扩大现有的联系。航海的起点和终点都是伊比利亚的两个"世界之城"里斯本和塞维利亚，它们是当时海外贸易和海外事务的指挥中心。在当时的人看来，此时主导海外贸易的毫无疑问是葡萄牙，尤其是里斯本。此外，1515 年，葡萄牙在荷兰的安特卫普新成立了一个外国代理公司，在此之后承接了葡萄牙的大部分海外贸易业务。通过这个荷兰大门，每年有近 1 500 吨胡椒进入欧洲各家各户的厨房。为了换取东方的货物，例如香料、奴隶以及广受宫廷喜爱的异域珍宝，葡萄牙以金属作为交换，其中主要是来自德国和匈牙利中部及南部矿区的银和铜。在接下来的几十年，安特卫普一直都是跨大洲香料和贵金属贸易的中心，而贸易也主要掌控在南德意志人和葡萄牙人手中。[4] 在欧洲西北和中部，葡萄牙人也居于贸易领先地位，1517 年，他们的两桅或更常见的三桅

船在弗兰德斯的海峡和海岸边早已成为大众眼中熟悉的风景。

　　欧洲的其他国家一开始也参与了世界范围的大航海，意大利人的专业，葡萄牙人的胆识，卡斯蒂利亚人的主动，加泰罗尼亚

趾支那国王身后的亚非原住民，例如来自开普地区的霍屯督人、西非的几内亚人等。欧洲人当时对这些新世界的人所知甚少，但他们确信这些人有食人的习性

人的知识，以及来自上德意志人的科学见解、金属工业制品和金融资本——所有这些构成了欧洲整体向外拓殖的实力。[5] 教皇国也起到特别的作用，1494 年，根据《托德西利亚斯条约》，博尔吉亚家族的亚历山大六世教皇将全球的势力范围一分为二，各给葡萄牙和西班牙一半，从而结束了两国你争我夺的局面。1513 年，利奥十世接任教皇，他对一切遥远国度的新知充满兴趣。但他在任期间，教皇国与法国结成了同盟，而法国正是海外殖民大国西班牙和哈布斯堡王朝的仇敌。自此之后，他就较少参与欧洲的政治生活了。

与南欧国家和之后的荷兰、英国人不同，欧洲中部的国家始终是大陆性的。即便是进行某种渠道的海上贸易，也几乎只是向北和向东，例如在 16 世纪初由波罗的海到达沿岸国家。尽管如此，德国学者、商人、企业家、士兵和海员也还是较为热切地参与了欧洲近代早期对世界的开拓和探索征程。世界第一批地球仪中有一架就出自德国纽伦堡的马丁·贝海姆（Martin Behaim）之手。他在 15 世纪末参与了葡萄牙组织的非洲海岸探索之旅，因此

116

被葡萄牙王室赐予骑士头衔。上德意志的银行和贸易公司，例如闻名世界的富格尔和韦尔瑟家族，密切关注新贸易路线的开辟可能带来的一切商机。为了在诱人的殖民地贸易中分一块蛋糕，奥格斯堡的贸易公司1505年就开始参与葡萄牙的印度探险。1517年，里斯本所有的德国贸易公司都会派一名商业代理人登上葡萄牙驶向印度的舰船，以在印度殖民地采购物资。[6] 葡萄牙与南美的生意红火起来后，那里自然也出现了上德意志的公司，也还是富格尔和韦尔瑟家族最为积极。在伊比利亚战舰和贸易船队的国际船员中，有很多人来自中欧。葡萄牙王室特别在上德意志招募了一批"炮兵"，他们日后作为职业的殖民开路人很大程度上帮助了葡萄牙人在印度洋取得军事胜利。作为对他们及其他德国人和荷兰人的回报，1514年葡萄牙王室出资在南亚次大陆第一个葡萄牙军事占领区科钦专门为他们建造了一座小礼拜堂。[7]

从传统意义上讲，16世纪初期，传统意义上说的"欧洲扩张"——或者从现在较新的观点视之为"人类全球化的历史"——也没有更多世界性的突破值得一述了。尽管如此，欧洲在与欧洲之外的世界交往的过程中，还是在1517年取得了两项里程碑式的成就：在东边，欧洲人首次尝试敲开封锁严密的中国的大门；在西边，他们首次与墨西哥尤卡坦半岛上的美洲文明相遇。

二、葡萄牙印度公司和通往中国的道路

1517年，在幸运者曼努埃尔一世治下，葡萄牙王国的权力盛极一时，不仅在欧洲政坛站稳脚跟，势力范围更是远及欧洲以外的广袤海域。[8]葡萄牙人彼时仍是全球化最狂热的推动者，他们不仅活跃在南大西洋海岸和印度洋海域，更是深度参与到同东方国家的贸易中。除丝绸、宝石外，香料，胡椒、豆蔻、肉桂、咖喱也是重要的贸易产品。因为当时欧洲还没有特别好的食品保鲜技术，所以只能使用香料对食品加以腌制并调味，因此香料需求大，利润高。葡萄牙人当时掌握先进的航海和军事技术，他们的坚船利炮所向披靡，防御工事固若金汤，因而能在印度洋及其沿岸迅速占领大片区域。他们通过建立海外基地和殖民地把各处的贸易通道和货物集散地结成密集的网络，这些殖民地主要位于非洲沿岸、印度洋，位于波斯湾入口的霍尔木兹岛以及印度尼西亚。1515 年起，他们在印度已完全站稳脚跟，因而能以此为基地在周边开拓一个接一个利润丰厚的市场。[9]

但葡萄牙人的触角并没有伸进传说中的黄金国度。根据 1494 年与西班牙人缔结的《托德西利亚斯条约》，他们获得了东半球的势力范围，此后他们的足迹几乎遍布了除澳大利亚之外东半球的每一个角落。但如果仅因此就把与美国相对的东亚和东南亚称作"旧世界"是不恰当的。这些国家在好几个世纪前就与葡萄牙有了联系，例如威尼斯商人马费奥·波罗、尼科洛·波罗和马可·波罗的中国之行，但这种往来此后时断时续。像在"新世界"一样，探索遥远东方的中国、印度尼西亚和印度支那也需要执行力和胆量。葡萄牙海员、商人和探险家们以现有的贸易中心为据点，一步步向陌生乃至不甚安全的海域和陆地进发，开拓新的海道和市场，他们的身影开始出现在香料群岛或神秘的中央之国。

1517 年给以海为家的全球贸易帝国葡萄牙带来了两大重要的历史事件：一件发生在阿拉伯半岛上，影响着葡萄牙在红海和波斯湾的地位；第二件发生在远东的中国南部珠江三角洲。

阿拉伯，红海和波斯湾

葡萄牙人闯入印度洋引发了新旧势力对东亚贸易、沿岸据点及海上通道的激烈争夺。1505 年，曼努埃尔一世任命弗朗西斯科·德·阿尔梅达（Fransisco de Almeida）为印度副王。他一边与原住民统治者进行巧妙的外交周旋，一边肆无忌惮地使用葡萄牙的军事优势，在这一带成功建立起一系列海外贸易公司和基地，为葡萄牙争取了非洲到东印度洋的贸易通道。1509 年，他在与马穆鲁克-阿拉伯-印度联合舰队的第乌岛（Diu）海战中取得进一步胜利，最终确立了葡萄牙在印度洋的霸权地位，也因此尤其威胁到掌控阿拉伯和周边海道的马穆鲁克的利益，因为马穆鲁克人认为葡萄牙逐渐挤占他们在红海—苏伊士运河—东地中海香料贸易中的份额，分走了相当大一部分利润。[10]

1513 年局势愈发紧张，当时阿尔梅达的继任者，印度公司的总督阿方索·德·阿尔布开克（Alfonso de Albuquerque）率领 1 500 人的舰队袭击印度—埃及贸易的重要集散地亚丁。因为城防牢固，他没有攻下亚丁，但烧毁了马穆鲁克在港口的大部分商船。随后他挺进红海，在那里劫持了埃及的船只并将下一个目标放在港口城市吉达（Dschidda）。尽管风向不利和后勤问题使阿尔布开克的船队不得不在夏初就返航，但马穆鲁克统治者在自己家门口被打得落花流水，更何况这一片水域还是其统治范围内的经济、政治特别是宗教、文化生命线所在，其震惊之态可想而知。

他们强化了此前集结在苏伊士运河的舰队，紧急整饬军队，准备抵御葡萄牙人的进攻。此时奥斯曼土耳其人还是靠得住的一支力量。塞利姆苏丹早已对印度洋虎视眈眈，此次与马穆鲁克人一道对抗葡萄牙人不失为一次日后发动军事行动的试验。塞利姆

　　　　　　　　　　1517：全球视野下的"奇迹之年"

马穆鲁克国土范围囊括了叙利亚和埃及的大片区域，当时是在印度洋有能力与葡萄牙一较高下的贸易和海洋大国。这张 15 世纪的埃及皮影主题是一艘载着弓箭手的战船，看起来既有中古的朴拙又有现代的威严

苏丹为马穆鲁克的舰队提供了优良的军事装备和充足的财力支持，炮火是最先进的，此外还有 2 000 名土耳其士兵支援。1515 年 8 月，舰队驶入印度洋，奥斯曼将军塞尔曼·雷斯（Selman Reis）坐镇指挥。与马穆鲁克人联合进行军事行动是塞利姆的一石二鸟之计：一是能在战争中借葡萄牙人之手削弱马穆鲁克的军事实力，尤其是炮兵，有利于其日后入侵叙利亚和埃及；二是能为几个月以后奥斯曼舰队进入印度洋预先扫除障碍。

120

　　然而他们的苏伊士舰队此次海上行动并不成功。1516 年，由于未能取得实质性胜利，雷斯将军不得不撤退，葡萄牙人趁势反攻。为了抢在奥斯曼之前取得阿拉伯半岛沿岸及附近海域的主导

权，阿尔布开克的继任者洛波·苏亚雷斯·德·阿尔贝加里亚
（Lopo Soares de Albergaria）1517年春再次进军红海，目标吉达
港——阿拉伯最重要的贸易中心和通向伊斯兰教圣城的门户。但
此次突袭使葡萄牙人损失惨重。雷斯将军早有防范，在港口集结
兵力准备迎战。此次战役在世界史上具有重要的地位。正是基督
教葡萄牙的失利为土耳其人铺平了夺取穆斯林世界宗教领导权的
道路。他们在此次战役后在吉达港修筑了现代化的防御工事，从
此再无被基督教舰队攻占的可能。

　　1517年领导者的若干决策拉开了土耳其和葡萄牙在印度洋正
面对峙的帷幕。在写给塞利姆的继任者苏莱曼的信中，雷斯将军
表示应趁热打铁，趁势集结一大批舰队一举打破葡萄牙的优势地
位。[11] 但苏莱曼此时正将注意力放在西边的巴尔干和地中海，只想
守住也门和波斯湾的据点，以确保土耳其商船可以自由进入印度
洋。这对葡萄牙的军事和商业主导地位并不形成严重威胁。而到
了30年代末，苏莱曼再次集结50多艘战舰（其中还包括4艘橹
舰）试图从葡萄牙人手中夺取印度西海岸第乌岛上的要塞，却以
失败告终，标志着奥斯曼人只能满足于控制红海和波斯湾西岸的
势力范围。

　　奥斯曼土耳其在印度洋失利的原因很多，也很复杂，而航海
和军事技术落后则不在其中。相反，奥斯曼帝国的舰队无论装备
还是火力都与欧洲不相上下，他们的军事工程师在有些方面较之
欧洲甚至还更胜一筹。直到16世纪末欧洲研发了新的军事技术，
更现代化的军队结构和军事纪律普遍施行，奥斯曼人才逐渐落后
于欧洲。[12] 但葡萄牙人并没有参与到欧洲这轮军队革新中。对奥斯
曼在印度洋失利最可信的一种解释或许是，多线作战只能让这个
海洋和世界大国顾此失彼。

苏莱曼把他的大部分军事力量都集中在帝国西侧，为与崛起的哈布斯堡家族分庭抗礼，土耳其军队在西地中海与西班牙人作战，在巴尔干半岛打击德意志的力量。因此在东侧，他们只能半心半意地迎战，其对手葡萄牙则在欧洲战场无后顾之忧，一心只图印度洋霸权。这种西班牙和葡萄牙的分工协作虽只是心照不宣的默契，却给奥斯曼帝国造成了巨大的打击。在贸易上，土耳其人的成就也大打折扣，尽管他们在地中海东岸取得的优势地位能使他们控制欧亚旧贸易通道的终点，但此条贸易通道的起始点印度洋掌控在葡萄牙，之后是尼德兰和英国手中。东方贸易的优厚利润也就自然首先进了欧洲人的腰包。

远东

从果阿出发，葡萄牙人继续向东进发。1511年8月，行事谨慎、执行力强的阿尔布开克副王成功赶跑了马来西亚半岛东南贸易重镇马六甲的苏丹马哈茂德沙阿（Mahmud Shah），并在那里建立了据点，打通了前往马鲁古香料群岛的通道。此后的几十年，葡萄牙人几乎垄断了利润丰厚的东西香料贸易，极大打击了老牌香料贸易大国马穆鲁克和威尼斯。直到中世纪末，一直都是威尼斯人控制着与亚洲的贸易往来，而现在他们面临着一场结构性的危机。虽然也偶尔有得以喘息的时期，例如1517年奥斯曼与葡萄牙在印度洋开战的时候，途经叙利亚以北阿勒颇的传统贸易通道曾得到短暂复兴。[13] 然而，威尼斯贸易大国地位的丧失无可逆转。

马六甲为葡萄牙人提供了通向更北地域的跳板。他们的目光自然落在中国身上，如何才能打开通向这个神秘国度的大门？[14] 当时在马六甲也有中国商人的聚居区，这为葡萄牙人提供了渠道，得以通过他们了解中国的政治情况和生活环境。根据这些马六甲中国人的描述，1512 年至 1515 年，葡萄牙人文主义者、植物学家同时也是御用药剂师的托梅·皮雷斯（Tomé Pires）在《东方志》（*Suma Oriental*）中为欧洲人详尽描述了远东的地理学、人类学、植物学知识，同时也介绍了当地人的日常生活习惯，例如使用筷子吃饭。

占据马六甲后，葡萄牙的海员和商人开始一步步探索周边岛屿，甚至一度进入南中国海，在那里偶尔会遇到一些当地的帆船。1513 年，若热·阿尔瓦雷斯（Jorge Alvares）在中国近岸的一座岛屿上登陆，在那里竖起一个带有葡萄牙王室徽章的十字架。这是他们自 15 世纪后期开始一直沿用的习惯，葡萄牙船只登陆非洲西海岸之后往往会立十字架以宣示领地归他们所有。不久之后，哥伦布的一个亲戚，拉斐尔·佩雷斯特雷洛（Rafaelo Perestrello）成功踏上中国的领土，为葡萄牙在马六甲的殖民地采集到关于中国海上航道及海岸状况的一手资料。他甚至还与一些中国人进行了贸易。据一个同行的意大利人描述，尽管中国人拒绝让船只继续驶进港口，因为"让外国人进入自家门户不合礼数"，但葡萄牙人还是在岸边向当地中国人兜售了很多货物。[15]

由于中美洲几乎没有官僚体系可言，肆无忌惮的西班牙入侵者可以轻而易举地打入印第安富人群体，但他们在中国就没有那么幸运了。中国政府机构健全，官僚系统成熟，一切都要依律依规。在西方的世界观中，上帝若发怒则会降灾于人间，那么人类必须通过自我牺牲加以安抚，而在中国，人们通过举行庄严的仪式敬天，并且像美洲文明一样认为人的行为要符合宇宙的规律，有意或无意地触犯此种规律都会带来生命危险。

马可·波罗撰写的中国游记大大激发了西方对中国的兴趣，

　　　　　　　　　1517：全球视野下的"奇迹之年"

带有葡萄牙王国徽章和十字架的立柱。当时的葡萄牙航海者将这样的柱子作为标记安插在新发现的非洲海岸，以宣示其在新领地上的世俗和宗教统治地位

欧洲人在此之后从未停止对中国的畅想。中国被描述成不为人知的富庶、奇幻、神秘的国度。1517年，葡萄牙人再度出使中国，希望建立与东亚国家的贸易联系，拓展印欧贸易关系。这次倡议的提出者是1515年被解职的阿尔布开克副王，他后来在果阿附近的一场海难中丧生。出使活动得到了曼努埃尔一世的授权，一切按计划进行着，团员们此行除贸易和外交任务，还拟对中国的军事实力、港口和城市防御的基本信息进行搜集，然而这也给双方最初的交往蒙上阴影。这批希望同中国建立官方联系的欧洲人因为不了解当地习俗而碰了壁。

1517年6月17日，一支庞大的远洋船队驶出马六甲，沿印度支那海岸向北航行穿过南海，其中八艘舰船装有火炮。8月中旬，船队抵达广东珠江三角洲的入海口。舰上大部分是海员、商人和科学家，而不是军人或职业外交官，这反映了葡萄牙人对遥远世界和异域文明的广泛兴趣。船队指挥官费尔南·佩雷斯·德·安德拉德（Fernão Peres de Andrade）刚从印度尼西亚的香料群岛返回。使团团长是撰写《东方志》的皮雷斯，葡萄牙王室和果阿的殖民地政府都认为他是个懂分寸、对新鲜事物充满好奇的人。[16]

驶近广东沿岸时，葡萄牙使团立刻遭遇了这个传统国度的军事实力和官僚制度的挑战：侦察倭寇和海盗活动的中国巡海水师发现葡萄牙船队后，立即开炮阻止其继续前进。安德拉德颇费口舌地澄清了船队来访的外交性质后，他们才被放行。但要想登陆，他们还需要获得来自海防水师长官的正式许可，后者的办公地点在内陆。因为迟迟等不到许可，安德拉德一行不耐烦地在珠江口徘徊，以显示此行的紧迫性。当被派往岸上的使者发现他们的请求甚至还未被转达给位于珠江三角洲上游广州的上级行政机构时，安德拉德终于等不及批准，率船队径直驶向这座港口省会城市。

1517：全球视野下的"奇迹之年"

正德皇帝是明王朝第十位君主，在他的治下，尽管中央之国内部矛盾重重，但通向外界的大门尚留有一道缝隙。葡萄牙的皮雷斯抓住了这个机会，却也因此在正德皇帝突然死亡后遭到了明王朝的严厉对待

然而在广州又发生了严重的纠纷，起因是安德拉德的船队按照欧洲礼仪鸣炮致意，而中国的官员则将之视作蛮夷之邦的无礼之举。

1518年初，安德拉德率船队悻悻返回马六甲，皮雷斯和使团留在广州，住在省政府的一处官邸，在那里一等就是两年，直到中央政府批准其赴京觐见的诏书下达到广州。他们先沿珠江艰难北行，而后骑马翻山越岭到达南京，正德皇帝正在此检视地方工作。1520年夏，在正德皇帝权倾朝野的宠臣江彬推动下，皮雷斯一行终于受到皇帝接见，他们在宫廷逗留了数月。但使团与皇室的官方往来次年才正式开始，而且不是由皇帝，而是由无所不管的礼部主导。

就在此时，中国宫廷的政治和文化形势急转。1521年4月20日，因纵情女色、执政风格特立独行而饱受争议的正德皇帝突然驾崩。其继任者嘉靖皇帝登基后，立即推动政治和文化路线朝着

严格的道教信条激进转向，皇帝本人就是道教的坚定奉行者。这也意味着对中国旧传统的回归并带有明显的排外倾向。此前在正德皇帝治下，尚有缅甸、暹罗及其他周边国家来朝，而新皇帝极度不信任外国使节。对中国机构、律法和仪式展现丁点儿关注都被视为有窃密动机。每一个违逆国家和社会秩序所蕴含的天意的行为，即便是无意为之都会招来杀身之祸，因为此类举动被中国朝廷和官僚机构视作侮辱皇权的罪行。

皮雷斯宣读葡萄牙国书就激起了朝臣不满，因为曼努埃尔一世并没有对中国皇帝俯首称臣，而是用了与其平等的称谓，并且没有带来贡品，不符合当时外国使节觐见中国皇帝的进贡惯例。此外，朝臣中的保守派反对一切对外交往，尤其不满葡萄牙人占领马六甲，因为中国一直视马六甲为藩属国。[17] 这在正德年间已有显现，在嘉靖年间更是升级为对葡萄牙的公开敌视。中国朝廷接受了被葡萄牙人驱逐的马六甲苏丹的申诉，在一项官方诏书中敦促葡萄牙国王和印度副王立刻离开马六甲，将其返还真正的合法主人。

在此期间，有些葡萄牙海员在南海近海航行，甚至在岸边建立固定据点，在官方未予批准的情况下与当地通商。此消息传到中央更是加剧了中葡矛盾。1521 年和 1522 年，明朝水师在珠江三角洲屯门岛附近与葡萄牙人展开了两次海战——这是中国战船与葡萄牙卡拉维尔帆船的较量。两次交战均由中国水师获胜，重挫了葡萄牙舰队。足见所谓当时欧洲在造船和航海技术上的优势完全是有待商榷的。

已经返回马六甲的舰队指挥官费尔南·安德拉德的兄弟西芒·德·安德拉德的一些举动更是火上浇油，他曾在 1518 年把中国儿童（不管是诱拐的还是购买来的）带到葡萄牙船只上，将他们转卖去马六甲当奴隶。不久就有传言说被拐走的中国孩子都被基督徒吃掉了，这几乎导致中葡关系几世纪的不睦。在当时的欧洲，这样带有排外色彩的诽谤通常是针对犹太人的，而在中国则换作基督徒变成了食人魔。上述种种不光彩的行径使葡萄牙使团的形象立刻崩坏。许多船员被逮捕，受到酷刑的折磨，身死狱中。使团团长皮雷斯是否也丧命不得而知，有记载说他被带回广东，1522 年被处死或死于狱中。但也有外国人写的中国游记说几十年后在一个中国北部偏远的村庄里看到了耄耋之年的他，虽然被流放，但他似乎跟中国家人在一起生活得很舒心。

尽管结局不了了之，皮雷斯仍是几百年来葡萄牙派出的唯一一位出使中国的使节，他去到了中国宫廷并受到中国皇帝的接见。此后一直到 18 世纪，中国才再度愿意与欧洲公开交往，而 1840 年至 1842 年的中英鸦片战争最终彻底叩开了中国的大门。但中国在 16 世纪并未完全与外界隔绝。费尔南·安德拉德 1518 年返回马六甲的途中，顺道继续勘察了南海海域，与沿海的居民建立了非官方的贸易关系。在其他葡萄牙商船的数次摸底后，葡萄牙在珠江三角洲西侧的澳门设立了贸易代表处，16 世纪中期得到了中国官方的承认，此机构日后成为葡萄牙与日本通商的跳板。

得益于中国成熟的官僚系统和完备的文书记录，我们得以了解中国人对于上述事件的看法。我们已在序言里摘录了广东金事顾应祥的笔记，可以看出当时的中国官员认为葡萄牙人的举动有悖帝国的礼仪体统，有损中国社会的精神基础。像在中美洲一样，欧洲人出现在中国也造成了两种文化的冲突和误解。中国文化深 邃而牢固的宇宙观[18]对葡萄牙人而言十分陌生，即便他们此前有所耳闻也必不认同。在中国人看来，他们的皇帝才是天之骄子、宇宙中心，所有人都需要遵循他的旨意。只有在中国，文化和文明才是高度发达的，离中国越远，文明程度越低。在这样的世界观中没有平等的概念。外国人只能在中国皇帝的恩准下才能分享这种发达的文明，参与一些贸易活动。此外，当时中国的外交关系建立在朝贡的基础上，外国通常要进贡昂贵的礼物或礼金，若中国宫廷欢迎该国使节，就会回赠有时昂贵得多的礼物，以体现中国皇室的优越地位。中国周边的藩属国已深谙此种象征性的仪式并已很好适应了朝贡制度所反映的中国人的世界观。但葡萄牙人对此无法理解，不能接受，认为这与他们作为基督徒的自我意识不兼容。

在中国等级秩序分明的文化传统中，东西方宇宙观不一致给欧洲人带来了恶果。然而在中美洲，欧洲人的世界观让西班牙第一次尝试就收获颇丰。就在葡萄牙人登上珠江三角洲的同一时期，西班牙人进入了尤卡坦半岛，与那里的阿兹特克文明开始了第一次接触。

三、1517 年 3 月，尤卡坦岛上的西班牙人——初遇美洲高等文明

1517 年，关于新发现国度的知识由中美洲涌向欧洲。彼时，"新大陆东海岸从拉布拉多到巴塔哥尼亚的几乎每一个地方都已被欧洲人知晓，唯一的空白是墨西哥湾沿线，虽然古巴和墨西哥尤卡坦半岛之间的海峡只有行船 40 小时的距离"。[19] 随着西班牙船队1517 年春登抵尤卡坦，人们期待着能够尽快填补这块最后的知识空白。接下来，他们发现阿兹特克和玛雅文明竟绚烂到超乎想象，完全可与欧洲文明媲美，相关消息传到欧洲立刻引发热议。然而，对阿兹特克和玛雅人来讲，这意味着劫掠和摧残。等待这些新大

130

陆原住民的是压迫、奴役和死亡，而源源不竭的利润正涌向西班牙占领者和西班牙王室。

发现之时的具体细节已无从还原。可以确定的是，1517 年 2 月 8 日，三艘西班牙帆船（其中两艘是战船）载着 100 多名船员从古巴东岸出发，船员中有些是士兵，有些是想碰运气的骑士。委派并资助此次航海任务的是西班牙在古巴殖民地的总督迭戈·贝拉斯克斯（Diego Velásquez），而负责提供航海设备的则是三名民间人士。其中一人是负责指挥的弗朗西斯科·埃尔南德斯·德·科尔多瓦（Francisco Hernández de Córdoba），线路规划和领航由曾与哥伦布一同扬帆加勒比海的安东·德·阿拉米诺斯（Antón de Alaminos）负责。船队自古巴东端向南进入未知的海域，此行是经济还是科考目的未见文献记载。巴托洛梅·德·拉斯卡萨斯（Bartolomé de Las Casas）是西班牙海外占领活动的尖锐反对者，他坚信，此行目的地是古巴和洪都拉斯之间的已经为人所知的岛屿，目的是对"视野可见范围内所有印第安人发动攻击"，并将他们作为奴隶带回古巴。当然也有文献记载与他描述的正好相反，据说科尔多瓦的船队一到开阔的海域就打开导航仪，他想找的不是印第安人，而是传说中在西边的黄金国度。这一传闻自从哥伦布 16 世纪初环行加勒比海后就一直在坊间流传。

不知道是科尔多瓦有意为之还是风向使然，船队的确没有向南，而是向西行驶，也许是 4 天、6 天、21 天甚至长达 40 天时间，不同的记载出入很大。据说在一个风平浪静、皓月当空的晚上，一名值守的船员听到海浪拍击岸边的声音。导航员阿拉米诺斯立刻被叫醒，他让人丈量了水深，并向科尔多瓦汇报："先生，有好消息，我们面前就是印度最富裕的国土。我年轻的时候曾跟着哥伦布将军在这一片水域寻找陆地，当时一本书里描述的陆地沿岸水深状况跟现在一样。这本袖珍书我现在都还挂在胸前，里面描述了坐落在这片海岸上的庞大国度，人口稠密，国土富饶，家家户户都住着石砌的豪宅。"[20]

当时正值 3 月初，天亮的时候，船员看到眼前出现一座雄伟的城市，这是美洲高度发达的阿兹特克文明第一次进入欧洲人的视线。相信西班牙人也为此景所折服，他们把这个屹立于尤卡坦沿岸的城市叫作"大开罗"，把不久后发现的玛雅人的宗教建筑叫作"金字塔"或"清真寺"。可以看出当时西班牙人是以近东及北非一带的文明作为参照物的。当然，科尔多瓦的队伍并不是第一波发现玛雅璀璨文明的欧洲人。因为两年之后埃尔南·科尔特斯（Hernán Cortés）入侵墨西哥时发现，早在 1511 年就有两名在近海遇险的西班牙船员挣扎上岸，之后混迹在玛雅人中居住在尤卡坦岛上。但这一消息并没有传到加勒比海岛上的西班牙殖民区。

1517 年 3 月，第一次相遇发生在水上，据船队的书记官贝尔纳尔·迪亚兹·德尔卡斯蒂略记录，当时有些印第安人"微笑着，展示善意地"乘着小船在西班牙船队边绕行。第二天西班牙人就登上了尤卡坦岛，有些是乘着印第安人的小船，有些驾着自己的舢板，为了以防万一还带着武器。后来证明武器是十分必要的。因为前一天的友好态度不管是真是假后来都变成了敌意。西班牙人与一支组织精良的玛雅军队陷入武装冲突。好在他们还有较为先进的火器，得以抵挡玛雅人的进攻，撤回自己的船上，但还是有至少两名士兵丧生。接下来的几个星期，他们都在抵御狂风暴雨和苦苦寻找淡水中度过。一旦他们为了寻找泉眼或水井而登岸，没走多远就会遇到印第安武士，不得不仓皇逃窜，通常不仅没有找到淡水，反倒丢掉了价值不菲的水罐。由于实在面临被渴死的危险，西班牙人最后不得不冒险绕远路去河口，尤卡坦西岸一个编年史记载者称为钱波通或波通昌的地方。然而他们还是被卷入了战争。这一次西班牙的铁质武器和火枪失去了作用，因为玛雅人有源源不断的新士兵加入战斗。探险队在这场残酷的战争中折损了几乎一半的船员，这个地方从此也被叫作"恶战海岸"。玛雅弓箭手认为科尔多瓦是外来侵入者的头领，于是看准了他全力进攻，他最后身中至少十箭。残余部队带着他逃上了来时的船，因为人手严重不足不得不舍弃其中一条船，他们仓皇逃回了古巴，几天之后科尔多瓦不治身亡。

一道返回古巴的还有两名印第安俘虏，他们在后来西班牙人与尤卡坦原住民打交道的过程中发挥了重要的作用。他们在古巴接受了基督教洗礼，皈依了基督教，学习西班牙语，并且分别改叫胡里安尼约（Julianillo）和梅尔赫莱赫（Melchorejo）。两年之后，他们作为臭名昭著的占领者科尔特斯的译员和中介人参与了对新发现的中美洲的入侵。

玛雅人和阿兹特克人如何看待此番与西班牙人的初次接触，我们不得而知。但我们能看到一些当时用当时墨西哥中部官方语言纳瓦特尔语写的片段。在占领墨西哥后，传教士们把这些象形文字破译成了拉丁字母，再翻译成西班牙语。[21] 当然也因为如此，这些流传下来的文字一开始就有欧洲的主观烙印甚至误读。但可以肯定的是，印第安人把这些欧洲人视作神的使者，甚至是神本身，尤其是在尤卡坦半岛被发现两年后，他们带着武装行进时。

科尔特斯带领的西班牙队伍自 1519 年开始对中美洲的入侵活动，于 1521 年 8 月 13 日达到顶峰。那日，他们血洗了阿兹特克人富丽堂皇的首都特诺奇蒂特兰，这个拥有 20 多万人口的城市大过欧洲的任何城市。西班牙人摧毁了整座城市，虐杀或奴役当地居民，其暴行给这个新世界最重要的原住民文明，给他们完善的社会和政治结构、文化和经济积淀以及宗教信仰画上了一个凄凉的句号。

其实阿兹特克文明惨遭覆灭的命运早在一年前就有征兆，当时西班牙人第一次公开残暴破坏他们的宗教和文化活动。1520年5月23日，阿兹特克的祭司和信众聚集在主神殿，一起庆祝托什卡特尔节（Toxcatl）——祭祀最高神灵维奇洛波奇特利的重大节日。他们宰牲、奏乐、跳舞、庆祝。但是科尔特斯的副手彼得罗·德·阿尔瓦拉多（Pedro de Alvarado）没有任何预警和缘由就向神殿发动武装进攻。他的军队朝着手无寸铁的信众开火，屠杀了几百甚至上千的无辜的阿兹特克人，其中包括几乎全部的神职人员和贵族。[22] 这是对阿兹特克文明信仰的粗暴攻击，可能也是入侵者有意为之，以宣示原住民宗教和基督教水火不容。

如果阿尔瓦拉多认为这样就最终打败了阿兹特克人，那么他就犯了一个可怕的错误。尚有行动能力的阿兹特克领导层奋起反击。他们早就不满国王蒙特祖玛对外人卑躬屈膝，这次放下了对身陷囹圄的国王的一切顾虑，怀着满腔仇恨，毫不留情地对抗外敌，也终于在1520年6月30日到7月1日的晚上大获全胜。西班牙人被打得落花流水，永远无法忘记这载入史册的"悲伤之夜"（*noche triste*）。饥肠辘辘、吓得魂飞魄散的西班牙士兵纷纷赶回自己的战壕，哪想得到这里早已成了阿兹特克人给他们设下的陷阱，1 300名士兵几乎被一锅端，只剩下400人突出重围，伤痕累累。决定他们作战优势的战马从70匹减到20匹。他们的印第安联盟部队几乎全军覆没。天一亮，当幸存者们看到主神殿燃起了烟雾时，都确信这是阿兹特克人在拿被俘的西班牙人和印第安叛徒祭祀战神维奇洛波奇特利。

1517：全球视野下的"奇迹之年"

这幅铅笔画是根据埃尔南·科尔特斯寄给查理五世的绘图创作的，选自布劳思与霍根贝格所著《寰宇城市》。"墨西哥/特诺奇蒂特兰位于盐海中，城中神庙众多，他们用面粉和人血制作圣像，每天挖出活人的心脏祭祀神灵。这里还有一座属于强悍的君主蒙特祖玛的宫殿。"西班牙占领特诺奇蒂特兰的半个世纪后，仍有人这样描述这座城市，而此时的阿兹特克神庙和宫殿早已被拆毁，墨西哥成为新西班牙的首都，城中建起了一座宏伟的天主教堂和西班牙副王用来炫耀胜利的宫殿

约一年后，科尔特斯整军备武卷土重来。这时他们面对的原住民人数大为削减，是西班牙人带入的天花病毒给予了他们灾难性的打击。西班牙人血腥杀戮无力还击的当地人，誓要报"悲伤之夜"的大仇，并且骨子里认为自己作为基督徒在文明上是优越于"吃人的"印第安文明的。事实上阿兹特克人以活人祭祀确有其事，2015 年在墨西哥城中心出土了一面用死者头颅堆砌的墙，而在西班牙入侵前这里一直是主神庙的所在地，足见当时活人祭祀的规模之大。[23] 即便撇开宗教不谈，欧洲世俗的人文主义观念也会将印第安的人祭做法看作未开化的象征，欧洲早在几个世纪前就已摆脱了这种野蛮状态。

这个不久前还因璀璨文明而蜚声欧洲的国度是怎样瞬间倾覆的，掌史官可以向欧洲人这样描述："一切都被摧毁散落在地上，没有什么建筑物还直立着。脚步所到之处，步步会踩到印第安人的尸体。"[24] 占领墨西哥城后，科尔特斯即绘制了城市地图寄给查理五世，地图的铅笔画从 1564 年开始在欧洲批量发行，旁边附注的文字将人祭描写成阿兹特克人的日常，让每一个有人性的人都会感到惊悚和恶心："这里有很多神庙，他们用面粉和人血做成神像，每天挖出活人的心脏祭祀神明。"[25]

阿兹特克王国覆灭后，取而代之的是 1523 年建立的新西班牙副王国。在特诺奇蒂特兰的废墟上，诞生了近代殖民地首都墨西哥城，而在被毁的阿兹特克主神殿的位置，西班牙的基督徒们搭建了标志胜利的大教堂。

入侵活动虽然残暴无情，但其间也有勇敢者的反对和基督教的关怀。这主要归功于方济各、多明我和耶稣会的传教士，他们在一代人的时间里通过密集传教让众多印第安人转信基督教。传教的方式除了武力胁迫外，也有教化和劝导，力度不亚于同一时期宗教改革运动掀起的教育热潮。在印第安人中间传教就像在欧洲传播人文主义尤其是新教一样，"话语"（Wort）发挥了主导作用。[26] 在新西班牙副王国，纳瓦特尔语成为所有人使用的通用语。一开始传教士还需要当地翻译的帮助，16 世纪 20 年代初的方济各会传教士为了赢回被占领者残忍伤害的原住民的信任，劝导这些西班牙王室新的子民们 [27] "不要迷失，不要把我们视作高你们一等，我们与你们是平等的，我们也是被统治的人，是像你们一样的人而不是神，我们也住在人间，喝同样的水，吃饭，怕热怕冻，会死，会消亡"。

与西班牙第一批占领者不同的是，方济各会传教士看重的不是在原住民间进行快速、大范围的基督教施洗，而是将基督教理念灌输到他们心中，不追求树立欧洲教会的统治地位，而是想建立印第安教会，由印第安人当神父。在墨西哥城附近的特拉特洛尔科（Tlatelolco），他们建立起像欧洲大学一般的学院机构，按照基督教和人文主义的文化习惯，培训当地教会、政治和管理人员，授课语言为拉丁文、西班牙语和纳瓦特尔语。[28] 西班牙国王菲利普二世 1568 年宣布基督教为西班牙国教，亦适用于西班牙的海外殖民地，这虽然让方济各会传教士无法继续建立印第安本土教会，但他们还是一如既往地热衷于帮扶当地人，保护原住民文化。到 16 世纪末，大部分墨西哥的基督教传教士都已掌握了纳瓦特尔语。[29] 传教的最终结果不是基督教在墨西哥扎根，而是形成了基督教和原住民信仰的复杂融合，原住民宗教闪现着基督教早期观念的影子，有时也能从中看到欧洲观念对本土宗教的影响，例如阿兹特克战神和火神维奇洛波奇特利逐渐带有基督教撒旦的特征。[30]

巴托洛梅·德·拉斯卡萨斯是原住民利益最坚定的捍卫者，不久后他就被原住民奉为"印第安圣徒"，被其西班牙国民贬为

"偏执的骗子和祖国的背叛者"。[31]他与毫无节制剥削和残害本地人的西班牙殖民者做斗争，1517 年 5 月两方的较量陷入胶着状态，他一气之下回到西班牙，在国王面前痛陈殖民者对印第安族群非人的暴行，要求彻底改变西班牙的殖民政策。

拉斯卡萨斯 1484 年生于塞维利亚，1502 年到达伊斯帕尼奥拉岛（Hispaniola），一开始像其他殖民者一样参与对印第安部落的征伐，圈地并且蓄奴。1506 年，成为神职人员的他也并未改变先前的殖民者做派，甚至如其父亲和叔父参与占领伊斯帕尼奥拉岛一样，参加了 1511 年对古巴的征服。作为远征军教士，尽管他制止了士兵一些极端恶劣的行径，但也心安理得地接受了被占领地区的一个"很大很美的村庄"，还役使印第安奴隶从事农业劳动或者挖掘金矿。

他态度的转变是在参加多明我会一场礼拜之后发生的。像方济各会一样，多明我会也在印第安人中传教，且时常与暴虐的殖民者发生冲突。1511 年基督降临节的第四个星期日，多明我会教士安东尼奥·德·蒙特西诺斯（Antonio de Montesinos）向圣多明各教区正准备过圣诞的殖民者斥道："你们有什么权力向这些人发动血腥的战争，他们原本安静祥和地生活在自己的土地上，你们却对他们大肆屠杀抢掠，奴役驱使，就为了你们能每天获得更多的金子！"尽管教士百般劝导，修士威胁拒绝给殖民者最后的宽恕，也无法让暴行累累的殖民者改变做法。拉斯卡萨斯是个例外，他躬身自省，开始意识到神父职责的严肃性，日渐坚信"自己对印第安人的所作所为是不公平的独裁行径"，通过奴役印第安人换来的生活是不符合神职人员的身份的。拉斯卡萨斯逐渐转变成印第安人的护卫者，他那些肆无忌惮剥削印第安人财富的同胞们日渐对他感到厌恶。

　　1515 年他首次返回西班牙，12 月受到斐迪南国王接见，也正是斐迪南国王委托拉斯卡萨斯对现有的殖民政策提出修改意见。由于斐迪南在翌年 1 月去世，西斯内罗斯大主教摄政，这一计划没有继续进行。1516 年 9 月，作为补偿，拉斯卡萨斯被任命为西印度印第安人的总代理人，也就是总领一切西班牙王国在该地区的保护任务。

　　一场漫长的斗争由此开始，伴随着许多痛苦和挫败。1517 年春天，拉斯卡萨斯就不得不认清，王室任命是一码事，在远离王宫的殖民世界行使权力是另一码事。在中美洲，有发言权的是占领者和大地主，他们所掌控的土地上生活的印第安人名义上"受西班牙王室庇护"，但地主们实际上早就开始剥削和奴役印第安人。尽管事实如此，拉斯卡萨斯也不放弃，他再次回到西班牙，利用他与王室的联系积极奔走揭发当地的残酷现实。1520 年，新国王查理一世接见了他，[32] 也就是不久之后建立哈布斯堡世界性帝国的查理五世。

　　传教使命和保护人权永远让位于利益主导的征服行径，这在殖民史上的确得到过无数次验证。[33] 此外，拉斯卡萨斯极力保护印第安人的举措对来自非洲的奴隶而言却是致命的，后者代替受保护的印第安人，被送往种植园和矿山。值得一提的是，非洲奴隶的贩卖规模从 1517 年起变得越来越大，这一年西班牙王室给予了热那亚商人贩运非洲奴隶的垄断权。[34] 尽管有这样那样的负面影响，拉斯卡萨斯反抗殖民暴政的努力还算是西班牙对外政策比较阳光的一面。他的反殖民活动激发了西班牙国内法学和神学界对殖民政策道德基础的讨论，强化了普世国际法的观念，倡导人无论信仰如何，地位始终平等，但这与殖民统治的利益相冲突。最后，从实际效果上说，他至少是在一段时间内遏制了过度的殖民暴行。

1550 年 8—9 月以及 1551 年 4—5 月，拉斯卡萨斯与人文主义者胡安·希内斯·德·塞普尔韦达（Juan Ginés de Sepúlveda）数次在巴利亚多利德的多明我会修道院公开就殖民政策的原则日夜辩论，这样的辩论在之后的新教殖民国家荷兰和英国从未有过，反倒是后者从 16 世纪末开始散播关于西班牙殖民政策的"黑色传奇"（Schwarze Legende），有些可怕的故事甚至流传至今。[35]

1938 年，德国人赖因霍尔德·施耐德通过莱比锡茵瑟尔（Insel Verlag）出版社发行了《拉斯卡萨斯面见查理五世》（*Las Casas vor Karl V.*）一书，问世不久就被当局列为禁书。主要原因是施耐德在书中重塑了拉斯卡萨斯坚决反对奴役印第安人的不屈形象，同时添加了一些 1938 年的时代色彩，例如影射纳粹对犹太人的暴行，这是为当局所不能容忍的。当西班牙 2000 年在萨拉曼卡大教堂纪念查理五世诞辰 500 周年时，胡安·卡洛斯国王重申了拉斯卡萨斯思想对现代社会的重要意义："从查理五世时期的萨拉曼卡神学家和法学家开始，西班牙人的思想中萌生出一种超越个体利益的普世渴望。"这种意识"尤其明显地体现在当时与中美洲人民的联结中，在那里不同民族以独特的方式并存，而这正是西方文明的特点"。[36]

第四章　文艺复兴和世界新知

一、"印度古里"与犀牛奥德赛——欧洲与海外

　　文艺复兴的开始和人文主义精神的觉醒让这一时期的欧洲人在科学、艺术和文化领域不断取得新成就。他们开始反思传统，尝试按照自己的理解重新定义世界。当时的著名人文主义者乌尔里希·冯·胡腾振臂高呼："处处充满生的欲望！学术重新繁荣，思维再度活跃，野蛮的过去，让它被吊死吧！准备接受放逐吧！"[1]他呐喊着拥抱新时代的到来。人们相信借助尘封已久的古代经典可以到达知识和文化的新彼岸。事实上，除了文艺复兴外，航海大发现也备受欧洲人关注，未知世界的讯息唤起了欧洲人的好奇心，并像文艺复兴一样掀起一股求知的新风尚。航海大发现促进了欧洲近代科学和文化的觉醒，打开了放眼世界的窗口。尽管这还不是现代意义上的全球化，却使欧洲和其他大陆产生交集，拓展、深化和充实了欧洲人的知识储备。对本土以外文化和社会的认知也为欧洲内部变革和近代的开启提供了强劲的推动力。[2]

　　在欧洲西南部的海洋国家，人们正沉迷和惊叹于每一次远征队的新发现，进而逐步增加了对异域世界的了解。葡萄牙和西班

牙王室的海外领地也在大航海时代得以不断扩张。人们从热销的远东奇珍异宝中获得了大量关于遥远东方风土人情的信息。新知识以极快的速度被定格在欧洲人的地图上。16 世纪初的十年间，印度洋的基本轮廓就已出现在两张波兰航海图上，一张出自德国奥格斯堡市政书记官康拉德·波伊廷格（Konrad Peutinger），现存于德国沃尔芬比特尔市奥古斯特公爵图书馆。[3] 美洲早在 1504 年就出现在用鸵鸟蛋制作的地球仪上。1507 年出版的《寰宇简介》（*Cosmographie Introductio*）亦记载了美洲大陆的相关信息，这是语文学家马蒂亚斯·林曼和制图大师马丁·瓦尔德塞弥勒合编的一部世界知识读物，后者因命名"美洲"而闻名。但"美洲"这个名字很可能古已有之，新近在纽约公共图书馆展出的一张来自法国王室的铜版画似乎可以证实这一点。[4] 无论如何，当时有条件一瞥欧洲之外世界的首先是宫廷贵族、学者、大城市的富裕市民及其他特权阶层。那些买不起地图、地球仪或相关书籍的人则需要依靠流言和口口相传的见闻了。

欧洲人对全球知识的求索热在 1517 年得到了进一步的助推。那一年中美洲辉煌灿烂的原住民文明和遥远神秘的中央之国首次进入他们的视野。为之振奋的不独有西葡远征队的发现者和占领者，更有整个欧洲的商人、科学家、学者和艺术家。他们带着强烈的好奇心，从游记和编年史中汲取新知，通过异域的艺术品和日用品想象欧洲之外的世界，试图把这些陌生的样貌、信仰、习俗、人民和社会习惯、山河湖海、花鸟鱼虫、飞禽走兽统统囊括进自己的世界观。欧洲人渴望拓展知识、洞察世界，这样一种追求新知的热情此后从未消退。

1517 年末，东方贸易往来和美洲大陆的新知对伊比利亚半岛居民的吸引力远远超过个人救赎和教会问题。与此相对，欧洲中部许多人正被这些宗教问题困扰，因此他们在 1517 年末宗教改革开始的时候很容易接纳改革派的神学观念。这并不意味着基督教在伊比利亚半岛居民的生活中不扮演或只扮演了很小的角色。相反，宗教和领土扩张一直以来都密不可分，但在对外拓殖中，宗教的主要作用不是让信徒实现自我救赎和精神觉醒，而是巩固现有的基督教文化，并向全球范围输出，确保对外扩张的稳步进行。所以传教在这里担负了双重的任务，一是救赎灵魂，二是让新大陆的原住民融入基督教世界和文化圈，当然也借此强化西班牙和葡萄牙在全球范围的软硬实力。在伊比利亚半岛向外拓殖的过程中，精神和宗教并不建立在叩问信仰的基础上，而是带给新世界、新时代以信仰自信。这种信仰自信能够让西葡的占领者和商人在圣母玛利亚的庇护下感到安心。

在那时，即便是最肆无忌惮、最利欲熏心的占领者也会留意观察他们所发现地区的特色。科尔特斯在攻下墨西哥后，搜集了一批当地的宗教物品、武器、艺术品、日用品等，将它们运往西班牙，向查理五世和他的宫廷介绍阿兹特克文明。西班牙宫廷进而将这些异域物品送至塞维利亚、巴利亚多利德和布鲁塞尔巡展。它们作为展品出现在公众面前。航海大发现带来的新知与欧洲文艺复兴掀起的求知风尚一拍即合。当时不止西葡，欧洲其他国家的君主及崇尚人文主义的官员也早已开始搜集奇特的自然物品和奇珍异宝，将之加以分类整理并在皇家珍宝馆展出。

每一个感兴趣并买得起入场券的人都有机会开开眼。而那些没时间、没钱参观展览的人不久之后也能在集市上买到各色带详细描述和版画的传单。那时候名声大噪、最受追捧的木版画家有罗马的乔万尼·贾科莫·彭尼（Giovanni Giacomo Penni）和斯特凡诺·吉利雷蒂（Stephano Guilireti），以及德国的汉斯·布克迈尔、阿尔布雷希特·阿尔特多费（Albrecht Altdorfer）、约尔格·布罗伊（Jörg Breu）和阿尔布雷希特·丢勒。丢勒为许多令人叹为观止的阿兹特克文物绘制过木版画，其中一对精美的金银大日轮木版画尤其受到欧洲知识和文化界的热捧。

早在 1520 年至 1521 年，丢勒就曾在一次赴尼德兰的旅行中接触到异域文化。他是葡萄牙驻安特卫普贸易代办唐罗德里戈（Don Roderigo）的常客，后者负责将东印度的货物转运到欧洲中部。唐罗德里戈送给丢勒许多"印度干果"，可能是干椰子，据说还有"一个装满各色果脯的小桶以及一些天然甘蔗"。此外，还有"一把古里木枪，鱼皮制的小型盾牌和两个印度古里的象牙盐罐"。当时欧洲人以"古里"（Calikut，今天的科泽科德）这个城市的名字称呼印度，即 1498 年达伽马登陆并开创葡萄牙对印贸易的地方。自此勃艮第宫廷掀起了一股"古里热"，可与之后欧洲王公们对中国的热情相提并论。他们当时让人专门制作了许多"古里"样式的挂毯，可惜没有保存至今。[5]

8 月末，丢勒和唐罗德里戈行至布鲁塞尔，在那里观看了一场阿兹特克展，当时陈列有不下 158 件西班牙从中美洲掠夺的战利品。丢勒描述道：

> 在那里，我看到国王从新发现的黄金之国带回的器物，足足两臂宽的太阳金盘，同样大小的月亮银盘，还有两间屋子展出的是当地人的武器，各种稀奇物件，铠甲、子弹，以及衣服、床上用品和其他奇特的日用品。展品都非常珍贵，可能价值好几万古尔登。我看着这些奇珍异宝，不禁感慨于当地人的艺术天赋和创造力。[6]

教皇格里高利的赞美诗和书页边缘的"古里人"画像装饰：这幅由丢勒为马克西米利安皇帝绘制的祈祷书既有晚期哥特式风格，也有新世界知识的印记

距离 1517 年加勒比海及附属岛屿被发现不到几个月时间，欧洲人就基本了解了当地人的生活习惯。他们特别钦佩这些"古里人"高度发达的艺术文明，欧洲人有时也叫西半球中美洲的印第安人为"印度人"，因为他们以为这些原住民与东方印度人有亲缘关系。在欧洲最早的图片记载里，手持盾牌和木剑的非洲人也被描画成阿兹特克人的样子。由此可以看出，在给新事物归类和描述的时候，得多么谨慎啊。当时欧洲人甚至不知道用什么术语来定义和命名这些新的发现，所以常常错误地把欧洲的一些名词套用到这些新事物上。对于那些特别陌生的东西，连丢勒这样见多识广的人也变得语塞，"不知道如何描述"。

146

直到 1519 年至 1522 年，费尔南多·麦哲伦代表西班牙王室实现了环球航行，人们才清楚地认识到所谓同样的"古里人"其实是不同大陆上的居民，不光是体格、外貌，连历史和文化都大不相同。[7]

　　有关东方的新发现也迅速融入欧洲大陆文艺复兴的大潮。安德拉德和皮雷斯 1517 年至 1518 年的中国之行尽管最终结果是两国在外交上交恶，但这并不妨碍欧洲人由此增进了对神秘中国的了解，开始更加深入地研究远东。一时间，欧洲掀起一股东方热。葡萄牙驻印度副王阿尔布开克当时送给了曼努埃尔国王一头名叫奥德赛的印度犀牛。1515 年 5 月 20 日，这只经过漫长航行的硕大动物抵达里斯本，被安放在皇家动物园里，前往观赏的人络绎不绝，看客无不啧啧称奇。两个月后，佛罗伦萨人文主义者、医生乔万尼·贾科莫·彭尼撰写并发行了《犀牛形态、性格及样貌特点》研究报告。不久后，几百张犀牛的画像风靡欧洲。

　　这些有关新世界的画像以极快的速度在欧洲传播开来，并产生了深远的后续影响，这一点在丢勒的犀牛木版画上得到印证，该画作直到今天名声仍不减当年。丢勒在纽伦堡听到一个在里斯本见过犀牛的商人的描述，颇为触动，于 1515 年刻制完成了这幅犀牛木版画并开始销售。在画作边缘，丢勒一并刻上了几行字，主要描述犀牛的生活地、习性等。有意思的是，丢勒把这只异域动物抵达里斯本的日期写成了 1513 年，说明他本人明显不敢相信从里斯本到纽伦堡的信息传递速度竟快得连一年都不到：

　　　　1513 年 5 月 1 日，葡萄牙伟大的国王曼努埃尔收到从印度运至里斯本的一只动物，人们叫它犀牛。颜色像有斑点的乌龟壳，皮坚硬如盔甲，躯干庞大似象，腿比象短，样子很好战。鼻上有尖角，遇到石头则以角摩擦。这只动物看似笨拙，却是象的死敌，象极害怕犀牛。两兽相遇，犀牛会以头

丢勒的《犀牛》直至今天仍被视为欧洲文艺复兴艺术的代表作品。这幅木版画向人们介绍了涌向旧大陆的新世界知识，与重新发现的古代经典一样对欧洲近代产生了持久的影响

拱入象前腿间，顶破象的肚子杀死它。象拼命反抗也无济于事，因为犀牛皮厚粗糙，如有铠甲护体。此外，传说犀牛动作敏捷、生性狡猾。[8]

丢勒画的犀牛风靡欧洲，甚至出现在迈森（Meißen）的瓷器上，已经发展成为欧洲与外部世界交流的象征，尤其代表着欧洲文化包罗万象、广纳外来事物的学术和文艺自信。

另一方面，在新世界是如何启发和触动欧洲政治思潮的问题上，上文提到的《乌托邦》已有所展现。从内容上看，这本书虚构的故事是人文主义接纳欧洲古代经典的结果，尤其受到柏拉图《理想国》的影响。但同时，书中的航海和游历故事也受到新世界的灵感启发。由此，空想社会主义成功融入了近代欧洲政治生态。

二、古典影响下的文化觉醒

这一时期，异域世界的传闻还不足以使欧洲人感到不安，欧洲人此刻也还没有之后的那种高人一等的占领者姿态，不像 18 世纪流行的地图上，欧洲始终居于四大洲的中心位置，其他地区的人和国家都要对欧洲顶礼膜拜。尽管教皇宫殿的壁画上已出现一些大象、犀牛等异域动物的形象，但 16 世纪初唤起欧洲人自我意识的主要是再度受到推崇的古代经典，例如古典的艺术和科学，特别是神话传说。基于古代经典，尤其是塔西陀的历史著述，人文主义者给欧洲不同人种冠以高卢、日耳曼、巴塔维亚（荷兰）、哥特（瑞典）的起源神话。[9] 各国君主们，甚至那些大一点的新兴城市都纷纷用族谱巩固现世的统治。他们向古代经典寻根问源，期待最好能在特洛伊或罗马找到本族的发端事迹。

1517 年，新文化觉醒给欧洲不同地区带来的冲击还不尽相同，[10] 人文主义比文艺复兴的影响更大，主要归功于出版业迅速发展，已由最初古版书的襁褓时代日臻成熟，进入青壮年时代。印刷场和出版商规模不断壮大，逐渐覆盖全欧洲，从莱茵河的巴塞尔、斯特拉斯堡、施派尔、海德堡、美因茨、科隆、安特卫普到德国中南部的奥格斯堡、纽伦堡、蒂宾根和莱比锡等枢纽城市，再向南延伸到威尼斯、佛罗伦萨、罗马和那不勒斯，法国的巴黎和里昂，到英国的剑桥和牛津以及伊比利亚半岛的里斯本、塞维

　　　　　　　　　　　1517：全球视野下的"奇迹之年"

利亚、塞哥维亚、巴利亚多利德和巴塞罗那。[11] 单从经济上来讲，当时还不知道这样庞大的出版规模会不会最终变成发明史上的又一次泡沫。[12] 因为当时欧洲能看书的人群还不到10%，书刊的主要受众是神职人员、大学学者和城市及宫廷一小部分受过良好教育的人。迅速扩张的出版业似乎难免一场危机。然而1517年10月31日，维滕贝格修士马丁·路德的反赎罪券运动为出版业打开了几乎无边无际的销售市场。

意大利的文艺复兴受到了大批来自拜占庭的希腊移民的进一步推动。他们主要是一些逃离土耳其人迫害的学者、艺术家和手工业者。如果没有这些熟悉希腊语言和历史背景的译者，荷马、柏拉图的著作以及其他古代经典文献就无从出版。[13] 同时，这一时期欧洲学者和艺术家不仅自身水平技艺高超，还对外来文化普遍持高度包容的态度，另一方面统治阶层也鼓励和支持文艺活动。文艺复兴艺术的中心主要是那不勒斯、佛罗伦萨和罗马，它们不仅在政治上，同时也在文艺上一较高下。威尼斯尽管在地中海东岸逐渐遇到贸易和交通问题，但其经济和文艺的春天尚未过去。自美第奇家族的利奥十世担任教皇开始，文艺复兴的重心开始偏向罗马，利奥十世拥有自己独立的教皇国，其宗教领袖地位更是受到欧洲各方的承认。

除了移民、包容的文化政策和上层阶级支持，另一个推动意大利这一时期文化发展的关键因素是规范的文学语言的形成。这一趋势跨越了整个亚平宁半岛，具有时代特征，虽然它的意义至今仍没有得到足够重视，但完全可以和1517年德国的宗教改革运动相提并论。在德国，马丁·路德的德语布道、德文传单和他与同行奋斗到生命最后一刻才共同完成的《圣经》德文译本为未来德语发展确立了方向。[14] 而在同一时期的意大利，虽然文化环境与德国完全不同，但意大利语也有了关键性的进步。其中的关键人物是人文主义者彼得罗·本博（Pietro Bembo）[15]，就在比他小一辈的路德用拉丁文撰写《九十五条论纲》时，本博正在布列维当教廷秘书，负责往来信函或文书的拉丁文文字校对及润色工作。

本博和路德都是神职人员，但文化背景和生活方式有天壤之别。路德一心过着神职人员的生活，思考宗教问题，以极纯粹的方式追求真理。本博则是个优雅、热爱生活的人文主义者，尽管是教会人士但十分入世，与情人一起生活，有孩子，孩子甚至还得到了教皇的合法承认。直到法尔内塞家族的教皇保罗三世晚年授予其红衣主教头衔时，他才同意接受神父的授职礼。本博出生于威尼斯，曾奉职于乌尔比诺的王宫，后又前往罗马，1513 年在利奥十世上任几周后被调任布列维教廷秘书。这一职位受人敬仰，任职者必须具备较高的文学修养。任命他为教廷秘书，反映新教皇喜好文艺且有较高的文艺修养，同时也赏识本博的语言水平和文字功底。本博不仅酷爱古文，经常向同时代的人传授古文的写作手法，同时很早就担起推动意大利语发展的任务。为了在托斯卡纳方言基础上推动意大利语的统一和修正，他既写书，又研究语文学理论。1525 年他在威尼斯出版了具有广泛影响的《论国民语言》，该书用意大利语写成，书中主要为推广"国民语言"意大利语设计了一套方法，意在使意大利文学重新获得权威地位。同时他还在书中列举了一些"模范作家"，例如薄伽丘（散文）和彼特拉克（诗歌），因为在他看来此二人的文风最接近古代经典。[16]

路德和本博著书立言的时间非常接近。1522 年路德翻译出版《新约圣经》，1534 年与维滕贝格教会同僚合力编纂的《圣经》全集问世。1530 年，他撰写了《关于翻译的公开信》，举例陈述了将古代经典翻译成德语的方法和原则。很多人认为该文提倡"关注大众如何说话"的翻译原则，因而奉其为翻译理论的永恒经典。但在新近重新分析文章内容后，会发现把它纯粹归类为翻译论述不免狭隘。文中关于翻译的问题只是顺带提及，它不是关于翻译理论体系的学术论文，而更像宗教题材的论战式宣言，主要目的是贬损对手的一些论点。[17] 就在意大利那位才思敏捷追求语言纯洁性的人文主义教士字斟句酌、反复润色文章时，德国的宗教改革领袖则不断推出自己的文本，致力于对其志同道合者和反对者产生影响，而几乎不注重语言逻辑、论证顺序甚至文字美感。路德《圣经》形象生动的文字描述和关于灵魂救赎的论辩同时也给予了德国人一套统一的语言。而与路德相比，正如胡戈·弗里德里希（Hugo Friedrich）曾评论的那样，本博按照传统主义的态度，给意大利语套上了规范的束缚，摒弃了从前损害文艺进步的野蛮和不规范的用法，从而推动了意大利语的发展。本博因定格形式而保住了形式的意义。[18]

以意大利为中心，1517 年人文主义和文艺复兴新思潮的春风早已吹到阿尔卑斯山以北地区，遍及王宫、城市、修道院和大学。跨越欧洲的艺术家、文学家和科学家群体应运而生，打破了传统的阶级和地位结构。这些"知识分子"建立了密集的沟通网，文艺复兴的新观点和艺术形式借此在欧洲迅速传播。他们最重要的交流媒介是论文、宣传册和印刷品上的图片语言。尽管印刷术的发明使欧洲人大为振奋，但人文主义者之间频密、热络的书信往来亦不可忽视，他们不仅对于写信和回信乐此不疲，还会在朋友圈里传抄精彩的书信内容。[19]

来自意大利的新思潮首先蔓延到最近的亚得里亚海对岸的匈牙利王国。马提亚·科菲努斯国王崇尚人文主义，妻子又是受过良好教育的那不勒斯公主贝娅特丽丝（Beatrice），因此匈牙利与那不勒斯、费拉拉和米兰都保持着密切的往来。他的"科尔维努斯图书馆"是意大利之外最重要的人文主义图书馆。他还在匈牙利的布达，尤其是在位于维谢格拉德的行宫里广泛采用文艺复兴的装饰风格。他常让乐团和唱诗班在王宫礼拜堂里演奏和合唱法兰克-弗莱芒风情的复调音乐，乐手来自世界各地。一时间匈牙利的音乐水平跻身欧洲前列。[20]此外，跨越亚得里亚海的科学和技术革新让匈牙利王国的执政方式和官僚机构也变得更科学，使得匈牙利在治国理政方面明显胜过德国和波兰。

在波兰，此前已在莫斯科章节略表过的西吉斯蒙德一世和博纳·斯福尔扎的婚姻极大地推动了波兰的艺术和科学进步。在这位波兰历史上唯一一位意大利王后的推动下，波兰的文学和建筑艺术蓬勃发展。直到今天，过往的游人们还能一睹波兰远超西部邻国的昔日辉煌。仅仅20年左右，波兰的宫殿、贵族官邸和市政厅都沉浸在文艺复兴的灿烂光辉中，其中最负盛名的要数克拉科夫的王宫山和西吉斯蒙德一世陵寝礼拜堂。[21]文艺复兴时期的文学更先于艺术和建筑在波兰-立陶宛生根发芽。这也归功于一位意大利人，他就是菲利波·博纳科尔西，又名卡利马科斯（Callimachus，1437—1496）。他先被驱逐出罗马，在利沃夫（Lviv，德语称伦贝格）大主教处寻求庇护，之后奉职于波兰王宫，担任时为王子的西吉斯蒙德的老师。他聚集了一批波兰文学家，教给他们文艺复兴和人文主义的精神和艺术风格。[22]波兰外交官安杰伊·克日茨基，又名克鲁修斯（Crusius），在一篇优美的拉丁铭文里赞颂"菲迪亚斯（Phidias）的雕刻如何创造性地重现在"沃韦尔山的王宫城堡和小礼拜堂中，两处建筑均是西吉斯蒙德下令按照文艺复兴风格修造的。扬·丹蒂谢克（Jan Dantyszek），又名约翰内斯·丹蒂斯库斯，生于但泽市民家庭，后成为波兰外交官，他通过写赞美诗，尤其是一首效仿奥维德风格的爱情诗而名声大噪。他歌颂西吉斯蒙德国王为"王国的至尊和榜样"，在他大婚的时候踌躇满志地献上"诗人的颂歌"，因为"金银珠宝，锦衣玉帛"的赠礼只配留给凡夫俗子。当他 15 年之后出任瓦尔米亚主教时，放弃了人文主义的诗歌风格，转而潜心钻研宗教诗，可能是受路德的影响，据记载他曾于 1520 年亲赴维滕贝格拜访路德。[23]

博纳·斯福尔扎带给波兰的除了文艺复兴的艺术风格外，也有意大利王室的奸计百出和欲壑难填，以至于波兰大部分有头有脸的人物都恨透了这个"沃韦尔山上的意大利女人"，甚至让她背上毒杀异己的恶名，传言她谋杀了自己的儿媳妇芭芭拉·拉德基维尔（Barbara Radziwill）。至于她资助建设了众多王宫庭院、学校和医院，人们则选择性忽略了。

欧洲大陆北部和不列颠群岛此时的文艺复兴势头无法与意大利同日而语。尽管如此，还是有些意大利艺术家将文艺复兴的新风格带上了不列颠岛，例如彼得罗·托里贾诺为刚去世的亨利七世国王及其王后设计和建造的陵墓。另外，红衣主教沃尔西对文艺复兴的艺术风格和生活方式也颇感兴趣。他下令建造的汉普顿宫由意大利人乔万尼·达马亚诺（Giovanni da Maiano）和本内代托·达罗韦扎诺（Benedetto da Rovezzano）负责装饰，建成不久便举世闻名，宫廷宴客的餐具也是文艺复兴风格的。[24] 此外，英国还孕育了众多人文主义者，鹿特丹的伊拉斯谟曾多次到访英国，与英国政界和学界的人文主义者保持着密切的书信往来，例如约翰·柯利特、托马斯·沃尔西和托马斯·莫尔。

英国国王亨利八世不仅是人文主义者，而且在文学、建筑和

英国国王亨利八世，人文主义者和文艺复兴国王。图为宫廷御用画师小汉斯·荷尔拜因（Hans Holbein d. j.）为其创作的肖像，展现其无与伦比的帝王风范和飒爽英姿

音乐等艺术领域都有较高的造诣。1521 年，他"为了上帝的荣耀和罗马教廷的安宁"，"用天才和笔"，撰写了《维护七圣事》，反对路德对天主教七圣事的批判。利奥十世为此赠予亨利八世教皇金玫瑰和"信仰捍卫者"的荣誉头衔。但让他成为文艺复兴君主代名词的还是他的执政和生活风格，我们从他的肖像画的姿态中也许能得以一瞥。[25]

此时的欧洲大陆上，哈布斯堡家族的领土西起北海沿岸的尼德兰诸省，穿越第戎和勃艮第公国，一直延伸到地中海沿岸。在这片经济和文化居于领先地位的勃艮第大区，各色夸张的文艺形式说明这里还处在"中世纪的秋天"。²⁶尽管如此,艺术上的革新已渐露头角,尤其表现在绘画和音乐领域。复调音乐从弗兰德斯-勃艮第宫廷传到意大利,丰富了当地的音乐创作。有些历史评论家甚至称这是尼德兰-勃艮第式的文艺复兴,是并列于意大利文艺复兴之外的又一分支。布鲁塞尔的许多重量级政客与伊拉斯谟往来频密,而他正是在文艺复兴的文化中沐浴成长的。作为王子老师、君主幕僚和文艺宣传工作者,他又直接服务于哈布斯堡家族,例如1517年发表的和平论述。

另一方面,法王查理八世1494年至1495年征战意大利南部失利,这在军事上让法国付出沉痛代价,却也为艺术和科学上的文艺复兴精神进入法国打开了大门。法国的王宫城堡和花园大量采用文艺复兴建筑风格,首先是在枫丹白露,然后拓展至卢瓦尔河谷的布鲁瓦尔、安布瓦斯和香波堡。弗朗索瓦一世1515年登基后,法国也加入了文化实力的国际角逐。就在他加冕的那一年,他在意大利博洛尼亚参加政治谈判时,见到了莱奥纳尔多·达芬奇,并立即向他发出了访法邀请。达芬奇欣然应邀,可能因为看到拉斐尔和米开朗琪罗在意大利的风头盖过了自己。这一决定对法国产生了至今仍清晰可见的影响。因为这位意大利的绘画巨匠将三幅未完成的画作一并带去了法国,在他去世后这三幅画作自然归法国王室所有,今天它们是卢浮宫最重要的馆藏——沉浸在朦胧背景中的《施洗者圣约翰》、带着痛苦微笑的《圣母子与圣安妮》和带有神秘微笑的《蒙娜丽莎》。

1517年开始,达芬奇这个科学和艺术全才在法王专门供他使用的安布瓦斯克洛吕斯堡中发挥余热。在这里,他完成了余生最后一幅画作《施洗者圣约翰》,同时继续他的人体和建筑研究,为法王的宫殿设计了文艺复兴风格的侧翼建筑,并且计划建造当时最大的建筑工程——连接卢瓦尔河和索恩河的中央运河。达芬奇还开创了王室举行文艺复兴和巴洛克庆祝活动的传统。1518 年春，安布瓦斯要举办两场欢庆活动时，弗朗索瓦一世任命达芬奇为活动策划人，给予了法国宫廷引领欧洲宫廷派对时尚的机会。这正是达芬奇展露自己科技才智的绝佳场合。他设计制造的机械狮能突然跳到客人面前吓人一跳，着实令人惊叹不已。

这两场典礼分别庆祝的是法国王子的洗礼和公主玛德莱娜与教皇侄子洛伦佐二世的大婚。美第奇王子和波旁公主的联姻也是教皇利奥十世和法国王室政治关系改善的结果，同时为法意之间的文化传播注入了巨大的动力。在接下来的罗马章节我们还将详细讲述。

三、不同时代的同时性和欧洲中部骑士的人文主义

1517 年的旧与新

如果单是线性地看艺术的发展历史，那么我们很容易忽视，在 16 世纪最初几十年，以意大利为起点的文化扩散使得传统和新兴的艺术形式和思想独特地杂糅在一起。在与意大利地理位置接近、国家理念相仿的欧洲中部，新旧差异和争议对比尤为激烈，不同时期艺术形式并存的现象尤为明显，甚至在一定程度上对后来的宗教改革运动起到了催化剂的作用。

德国南部和西部较北部和东部受文艺复兴和人文主义影响更深。但即便是在那些新思潮已逐渐萌芽的地区，例如地道的"艺术家之城"纽伦堡、"王公贵族之城"罗马、"商贩之城"威尼斯、

"犹太人之城"布拉格和"牧师之城"维尔茨堡等，旧的传统和艺术形态仍然没有褪色。[27] 当纽伦堡贵族安东·图赫尔 1517 年想为圣洛伦茨教堂捐赠一件献给圣母玛利亚的艺术品时，他没有委托当时已颇有名气的文艺复兴大师丢勒的工作室，而是找了雕塑家法伊特·施托斯（Veit Stoß）。后者为纽伦堡圣洛伦茨教堂创作了著名的《圣母领报》木雕，上面刻有圣母玛利亚和报喜天使，周身环绕高达四米的玫瑰花环，雕刻技艺堪称完美，将中世纪晚期的玛利亚崇拜和木雕艺术推上新的高潮。[28] 此外，在维尔茨堡和美因弗兰肯，蒂尔曼·里门施耐德（Tilman Riemenschneider）极具哥特风格的祭坛雕塑展现出美因河和陶伯河独树一帜的文艺风景。他的这种中世纪艺术风格在 1517 年尚十分盛行，但在 16 世纪 30 年代中期突然中断，或者更恰当地说，是他再没有新作问世。就在不久前，大部分人还认为，这可能是因为里门施耐德参加了1525 年的农民起义，被当局处以酷刑，双手被行刑者殴打致残无法继续雕刻。但更新的调查研究表明，后人杜撰的成分更多。尽管有确凿的证据表明他当时受了刑，但没有迹象证明他双手残废。[29] 他也还继续经营着自己的工作室，并不像大部分人认为的那样晚年深居简出甚至精神崩溃，穷困潦倒而不受人待见。[30] 除了一些教堂的小型订件，里门施耐德的工作室再没有新的大件作品问世。或许不是因为 1525 年的农民起义，而是 1517 年宗教改革给中世纪教堂带来震动，尤其是人们表达虔诚的方式发生了深刻的改变。晚期哥特风格的祭坛雕塑原本是画家和雕刻匠人的主要经济来源，随着宗教改革的推进，对这些装饰物的需求锐减，甚至在那些并没有参与宗教改革运动的地区情况也是如此。[31]

欧洲中部的"商人之城"奥格斯堡与意大利保持着密切的经济、文化和宗教联系。1517 年，富豪雅各布·富格尔（Jakob

Fugger）本着中世纪的救济精神为穷人兴建了一片住宅群，为奥格斯堡开启了第一个"富格尔"建筑时期。传统上对灵魂永恒救赎的关注也是修建圣安娜著名的富格尔陵寝礼拜堂的推动力之一。1517 年，礼拜堂的整体建筑连同内饰完工，成为阿尔卑斯山以北地区文艺复兴的早期瑰宝，其外部结构和内部装饰在当时看来都很"新潮"。当年 5 月陪同红衣主教路易吉·达拉戈纳（Luigi d'Aragona）巡访德国的意大利人安东尼奥·德贝亚蒂斯（Antonio de Beatis）对此赞不绝口，据称是因为礼拜堂的大理石雕塑像极了古典时期的雕塑作品。[32] 在建筑史上，圣安娜小礼拜堂是德国土地上最早、最完整的文艺复兴建筑。它也是意大利，特别是威尼斯古典建筑和德国传统风格的完美融合，在阿尔卑斯山以北地区前无古人，后无来者。[33]

1516 年，雕塑家马蒂亚斯·格吕内瓦尔德为伊森海姆安东尼修道院设计完工了一件祭坛绘画作品，主题是耶稣受难。画中的耶稣受尽折磨，表情痛苦不堪，与文艺复兴风格迥异。在接下来的几年间，这位大艺术家在阿莎芬堡和美因茨进行文艺创作，主要在虔诚信徒的赞助下为教堂创作圣母画，例如参照罗马圣母雪地殿的样式在莱茵-美因河流域推广"圣母玛利亚之雪"这一宗教题材。[34] 到 1525 年左右，格吕内瓦尔德又为阿莎芬堡的修道院创作了一幅哀悼耶稣的画作，画面上死去的耶稣浑身青紫，为中世纪晚期"记住人之将死"的主题赋予了末世的凄凉感，其效果甚至是很多同时期以"死亡之舞"为主题的画作都未能达到的。16 世纪第二个十年的特点是传统风格和新兴表现形式并存：在一些教堂或类似的公共建筑中，"死亡之舞"题材的最后一批作品告诫人们身处任何阶层终难免一死。其中 1515 年至 1517 年由市议员兼画家尼古劳斯·曼努埃尔在伯尔尼多明我修道院墙上创作

施瓦茨创作的《死神与少女》将中世纪末期"记住人之将死"的母题表现得极富感染力，至今仍对视觉艺术和音乐创作有所启发

的《死亡之舞》尤为著名。与此同时，新的题材"死神与少女"（Tod und Mädchen）从个人主义和主观视角表现死亡的事实和对死亡的铭记，并在接下来的欧洲绘画和音乐中存在了数个世纪。1517 年，汉斯·巴尔东·格里恩（Hans Baldung Grien）在斯特拉斯堡创作《死神与少女》。在画中，受到死神威胁的少女体态丰满魅惑，后世的艺术史学家称此画为"死神与欲望"。三四年后，在汉斯·施瓦茨（Hans Schwarz）的木刻画中，死神干脆直拥少女入怀，给观众强烈的视觉冲击。[35]

160

皇帝宫廷的两面性

这一时期的文化过渡在维也纳皇宫和马克西米利安皇帝身上也表现得很明显，欧洲其他宫廷无有能出其右者。我们常称马克西米利安皇帝为德意志王座上的"最后一位骑士"，他在世的时候举止作风颇有骑士的翩翩风度。与此同时，他还是阿尔卑斯山以北第一位文艺复兴君主，主要表现在他治国所崇尚的原则、他对艺术的理解和运用艺术手段进行自我宣传的一系列活动上。他的视线不只局限在中世纪的西方，而对新世界也抱有浓厚的兴趣，尤其是对遥远的东方。他曾专门向葡萄牙王室打听东方的消息。在表现他作为帝王的风采的艺术作品中，异域的元素也往往占据重要的位置。例如丢勒参与制作的《马克西米利安一世凯旋游行长卷》中，可以见到"古里人"组成的兵团。在另一幅丢勒于 1515 年所作的祈祷书插画中，出现了马来人。这些充分体现了马克西米利安皇帝很愿意根据不断扩大的国际版图调整自己的帝国视角。[36]

1517 年，长 3.5 米、宽 3 米的木刻作品《马克西米利安皇帝的荣耀之门》问世，这是有史以来最大的木刻作品。[37] 为了完成这幅表现马克西米利安-哈布斯堡皇权的巨制，学者、画师和各类工匠前后耗费了至少十年时间。早在 16 世纪初，宫廷史官约翰内斯·施塔比尤斯就已同马克西米利安本人就作品的设计安排密切沟通，开始筹划素描草样等前期工程。宫廷画师约尔格·克尔德雷设计了木雕中承托画作的木框。1512 年起，丢勒和阿尔特多费开始绘制素描草图，纽伦堡木刻工匠汉斯·施普林因克雷和沃尔夫·特劳特予以协助。丢勒将 195 块木材的切割工作交给纽伦堡的希罗尼穆斯·安德烈埃（Hieronymus Andrea）版画作坊。1518 年，约 700 份"荣耀之门"的版画被印制完成，每份印在 36 张带编号的纸上，以便于寄送并且可在挂画的地方重新拼接到一起。

有些副本经过上色或镀金，作为名贵的皇室礼品赠予重要的帝国王公，如不伦瑞克公爵（Herzögen von Braunschweig）[38]，以巩固哈布斯堡家族和他们的友谊或建立新的联系。该木刻作品可与同一时期的大型挂毯相媲美，其建筑工艺之精巧，所画内容之宏大，向每一位帝国的邦国封君昭示了马克西米利安皇帝和哈布

马克西米利安皇帝的荣耀之门：其规模和创意让人们永远铭记一代哈布斯堡帝王的人格魅力和王权意识。他既能做最后的中世纪骑士，也能娴熟掌握文艺复兴的艺术手段

斯堡家族的权力与威望。帝国的"荣誉之门"是一座恢宏的门楼，包括一个居中的高塔和两个侧塔。塔身下的三扇门中，居中最高最宽的是"荣誉之门"，两边较低矮的侧门分别是"赞颂之门"和"高贵之门"。中间的荣誉之门是整个木刻作品的中轴，其上刻画的是马克西米利安皇帝和奥地利的家族族谱，风格和结构仿照圣

家族，无论在王朝还是家族的表现形式上都有意向圣人看齐。无独有偶，15年前，丢勒曾创作穿皮衣的自画像，摆出的姿态也与耶稣神似。

除耶稣外，古代帝王也是木刻版画的部分主题，意在宣示哈布斯堡家族统治的合法性古已有之。两侧的塔楼上刻画的故事有些是暗喻皇帝本人的性格和风度，有些则记载王朝重要的政治、军事和历史事件。例如其中一幅展现的是两位皇孙斐迪南和玛丽亚的维也纳双重婚礼，意在表现中欧与东欧新实现的联盟政策。更有现实意义的是第24块，也就是最后一块历史题材的版画，这部分区域原是留给反土耳其人战争的。1517年的时代背景，是欧洲君主们正在教皇利奥十世的主导下商谈联合起来反攻奥斯曼土耳其。而在木刻版画上专门为反土耳其人战役留出一片位置，说明无论谈判结果如何，哈布斯堡家族征战心意已决。但当马克西米利安1519年初去世时，攻打奥斯曼帝国的计划不了了之，这一空白只好由马克西米利安皇帝的墓志铭填补。填补这原本为历史题材留出的位置的不是征战奥斯曼帝国的英雄事迹，而是一代帝王尘世生命的完结。

尽管马克西米利安皇帝已开始使用文艺复兴的艺术手法为本国的统治做宣传，但在史诗《特尔丹克》（*Theuerdank*）中，他仍以"最后的骑士"的形象出现。这部史诗出版于1517年，具体出版地不详，据推测可能是在纽伦堡或奥格斯堡首次刊印，包括40册精装羊皮卷和300册平装纸版，可以说是用文学的方式昭示哈布斯堡家族的统治和荣耀。史诗主要讲述了马克西米利安为了迎娶第一任妻子玛丽，赶赴勃艮第的经过及途中发生的80个轶事，内容均由皇帝本人亲自敲定，完全按照中世纪英雄史诗的叙事方式、规制和表现手法完成。史诗中的角色均是现实存在的人物，只不过用了化名。书后附录中提到了故事人物的现实参照对象，例如艾赫特莉亚公主（Ehrenreich）就是玛丽，罗马国王指她的父亲勃艮第公爵查理，骑士特尔丹克就是马克西米利安本人。故事主人公以冷静、勇敢和智慧克服了傲慢、狂妄和嫉妒招致的危险，最终实现目标，代表着中世纪鼎盛时期的骑士精神、道德标准和王者风范，丝毫没有文艺复兴时期的意大利那般诡计多端。要知道，这一时期的意大利，马基雅维利主义已占了上风，且有人专门撰文为其理论辩护。

从内容和艺术手法看，史诗《特尔丹克》有意识地采用了比较传统的表现方式，既不同于同时期的木制凯旋门，也不像之后马克西米利安亲自设计、由丢勒等当时数一数二的艺术家制作完工的 57 米《马克西米利安一世凯旋游行长卷》。《特尔丹克》更类¹⁶⁴似马克西米利安 1480 年前后下令出版的祈祷书，里面收录了多幅精选的晚期哥特式细密画，反映当时弗兰德斯和勃艮第所处的"中世纪之秋"，两者之间的关联性显然不是偶然。史诗《特尔丹克》讲述的是马克西米利安迎娶玛丽的勃艮第之行，标志着他在弗兰德斯和布拉班特初步打下了统治的根基。对后世影响更大的是该书繁杂的印刷过程。按照皇帝的要求，为印制史诗《特尔丹克》，工匠们设计了一种独特的字体，类似皇家内部文书使用的字体。1517 年，这种新的印刷体给欧洲带来了长达数世纪的深远影响。在《特尔丹克》印刷体基础上，纽伦堡的模具匠人发明出一种可以广泛用于德语文献的花体活字，首先被用于丢勒的文章。这也造成欧洲文字印刷的分化，就在大部分地区都使用 Antiqua 字体 *

---

* Antiqua 是一种经典的衬线字体风格，由于字形优雅古典，被广泛用于书籍、法律文件和文学作品中。

时，德国人特立独行地采用特尔丹克花体活字（Theuerdank-Fraktur）印刷德语文献，只有拉丁文书籍才使用 Antiqua。这种分裂的局面直到 19 世纪才结束。[39]

尽管上文强调了马克西米利安的治国方略不同于马基雅维利式的强权手段，但他也懂得如何使用现代宣传的工具，例如出版书籍、历史传记、诗歌和视觉艺术作品等等。还有一种特殊而古已有之的方式，就是加冕桂冠诗人。桂冠诗人在人文主义的舆论引导者中享有很高的声望，毕竟这要追溯到一种古老的传统，即在一场比赛中为获胜的诗人戴上常青的桂冠。给这一古老仪式赋予新生机的不是别人，正是意大利诗赋艺术的创始人但丁和彼特拉克。但丁在《神曲》天堂篇的第一章就写到阿波罗如此祈求力量：

> 倘若你赐予我桂冠的奖赏，
> 你就会看到我来到你喜爱的树木下跪拜，
> 你也会看到我戴上那枝叶编成的王冠，
> 为了感谢你和那珍贵的灵感。
> 这类事情是如此罕见，父亲：
> 从这样的树木上摘下枝叶，来庆祝某个国王或诗人的荣耀。[40]

1341 年的复活节，在一位德高望重的元老主持下，彼特拉克在罗马卡皮托利亚山上戴上月桂叶的王冠，从此成为桂冠诗人的鼻祖。15 世纪，罗马皇帝们声称加冕桂冠诗人是他们的特权，例如 1442 年弗里德里希三世在法兰克福为人文主义者恩尼亚·皮科洛米尼（Enea Silvio Piccolomini），即之后的教皇庇护二世授予桂冠诗人头衔。他的儿子和继任者马克西米利安延续了这一传统。1487 年在纽伦堡的王宫加冕德国的人文主义之父康拉德·策尔蒂斯为桂冠诗人;[41] 1516 年,他又赐予波兰的扬·丹蒂谢克(丹蒂斯库斯)这一称号,当然也是为之前已提到过的哈布斯堡–波兰联盟政策培植当地的支持者。[42]

乌尔里希·冯·胡腾骑士的人文主义

1517 年夏天的奥格斯堡举行了一场盛大而影响广泛的仪式,马克西米利安在帝国议会上[43]为乌尔里希·冯·胡腾戴上了桂冠。仪式庄严肃穆,公众反响热烈。胡腾不仅是帝国骑士,也是人文主义界的巨擘和有影响力的出版人。当时他从意大利游学归来,是德国人文主义圈冉冉升起的一颗新星。皇室正是看中了他的号召力和影响力。他的举荐人是奥格斯堡法学家和人文主义者康拉德·波伊廷格。他在评鉴书中特别指出,胡腾的才气和成就(其在意大利的学术成就尤为卓著),可以为弘扬德意志精神发挥作用。7 月 12 日,胡腾在马克西米利安皇帝前叩首,接受桂冠诗人的称号。当时的马克西米利安皇帝年事已高,在位多年,是欧洲政坛的风云人物。这一刻是德国人文主义者吐气扬眉的一刻,他们终于得以在帝国的舞台上宣示自己的影响和荣耀。其中一个很浪漫的细节是,赐予胡腾的桂冠正是波伊廷格的小女儿康斯坦策编织的。皇室对此自然也大加宣传。

胡腾本人可能也参与了加冕仪式赞词的撰写。里面提到他的贵族出身、高贵品格以及对科学的热爱驱动他游历欧洲。他在旅途中历经艰难险阻,不忘祖国。在从意大利归来的途中,他在维泰博(Viterbo)的一个酒馆与几个仇视哈布斯堡的法国人发生争斗，甚至有人死伤。在当时的背景下，这可以看作捍卫祖国荣誉的爱国主义事迹。据说法国人在1515年夏天马里尼亚诺一役中得胜后就一直沾沾自喜，大肆炫耀，那群法国人在维泰博酒馆中出言不逊，而胡腾想让他们有所收敛。

当然，更重要的是与"桂冠诗人"身份相符的文学成就，这也在赞词中充分体现。胡腾著作等身，与德意志和意大利的文学名士交往频密，当时的著名文学家都承认他在文学界的影响力。而这里所指的"著名文学家"一定包括伊拉斯谟，胡腾对他推崇备至，在他1516年编辑出版的《新约圣经》中亦有对伊拉斯谟的溢美之词。[44]

作为世人广泛承认和敬仰的诗人、出版人，胡腾"桂冠诗人"的称号实至名归。这次在奥格斯堡举行的加冕仪式也是哈布斯堡王朝大力宣扬本国统治的一个动作，旨在拉拢胡腾这样一位能言善辩的帝国骑士。而这位自认为在地位上与维也纳的廷臣平起平坐的帝国骑士是一位难对付的人物，1517年发生的一系列事件使他变得愈发难以驾驭：胡腾一方面为人文主义者的自由无拘感到骄傲，多次尖锐批判德意志贵族保守僵化；另一方面又骨子里笃信骑士精神，他的肖像也多以骑士姿态出现，自1517年起他的肖像上更是戴上了诗人的桂冠。如果说马克西米利安皇帝是中世纪最后一位骑士，同时也是执政官和军事首领，那么胡腾就是属于两个世界的人：作为人文主义学者的胡腾拥有自由的思想，利用出版工具著书立说，引起了跨阶级、跨国度的公众舆论共鸣；而作为中世纪骑士精神的继承者，他又会毫不犹豫地捍卫家族荣誉。讲到这里，不免牵扯出他与符腾堡的乌尔里希公爵的一桩轶事，起因是后者公开辱没胡腾的家族名誉。

1517年3月，当一部写于意大利的拉丁文对话体小说《法拉

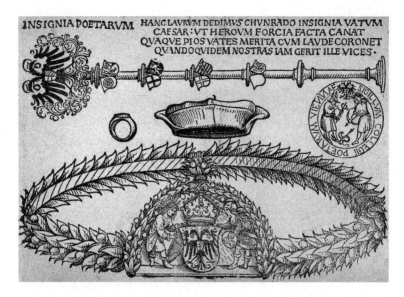

汉斯·布克迈尔创作的木版画主题是皇帝加冕桂冠诗人时授予的物件，包括权杖、指环、贝雷帽、印章和带皇帝徽章的月桂头冠

里斯主义》（*Phalarismus*）在美因茨的约翰·舍费尔印刷场出版时，这场针对符腾堡公爵的文字讨伐被推向了高潮。事情的发端是乌尔里希公爵与他的马厩主汉斯·冯·胡腾的妻子诺伊堡的乌尔苏拉·图布有染，在这段关系中乌尔里希公爵亲手杀死了汉斯。尽管胡腾家的人向皇帝提出强烈抗议，但无果而终，事件不了了之。乌尔里希·胡腾决定代表被压迫的弱势群体进行复仇，他以笔为戈，对抗这位施瓦本（Schwaben）的公爵。以 1517 年的拉丁文原版为基础，胡腾在 1519 年以《对暴君的教导》（*Die Schule des Tyrannen*）为名推出了德文版。在这部"暴君的学者诗"中，胡腾面向广大欧洲公众、学术界、王室贵族声讨乌尔里希公爵，将后者描述成一个下贱、自负、可笑的暴君。

　　读者从小说德文版的标题就可以看出作者的态度。尽管帝国

168

骑士在现实中几乎无任何实权，但这不影响胡腾以自由骑士的光荣身份批判在他看来形同虚设的贵族爵位。"四海皆知的乌尔里希·冯·胡腾先生，桂冠诗人和演说家"凭借其广泛的声誉指责领主无权在其所辖领地上肆意使用武力。这篇檄文似的谈话录处处闪现着一个近代自由学者的强烈自我意识，这种特征通常出现在 19 世纪以后的现当代学者身上，他们已习惯在公开场合发表观点，进行道德说教，对于 1517 年前后的欧洲诗人来说，这种表达方式并不典型。此外，胡腾清楚地知道要获得成功必须赢得最广大群众的支持。他不止用拉丁语演说，受众不局限于欧洲宫廷、公国和帝国议会以及神职人员，更是用德语面向平民百姓发声。[45]

从内容上看，"法拉里斯主义"批驳的核心是无法度、无道德的暴力独裁统治。古罗马西西里的暴君阿克拉加斯的法拉里斯就是一个不光彩的典型。小说描写一个德意志独裁君主死后进入冥界，在那里接受法拉里斯的教诲，侧面隐喻了现实世界中独裁统治的再度蔓延。近代君主和他们对本国领土的独裁统治不仅极大约束了领土上的普通百姓，在胡腾看来也是对骑士阶层的奴役。人文主义者所希望看到的现实世界无外乎风清气正、和睦融洽，而现实却是为古代先哲所不齿的暴力手段重新泛滥。在 1517 年的对话体小说中，批驳的对象还只是具体的某个暴君，不久之后胡腾就认为欧洲整个君主阶层都沾染上这种独裁统治的不正之风。至于文中"德意志暴君"的现实所指，读者在看到法拉里斯出谋划策的时候就很明白了：

法拉里斯：你要是爱上别人家的媳妇儿，不妨果断干掉她的男人，而且要秘密地，以免别人抓到你谋杀的把柄。

暴君：你是指毒死？

1517：全球视野下的"奇迹之年"

法拉里斯：诸如此类。在处理那个弗兰肯人的事情上你很不明智。

暴君：我满脑子只想着满足私欲，以至于完全丧失理智。我现在才意识到，在此之前应该先向你求教。

冥界的法拉里斯甚至向这位德意志暴君推荐他臭名昭著的刑具"西西里公牛"：

法拉里斯：你的暴行真真与我不相上下，我也不会对你有所保留。你可曾听说过我的铜牛？

暴君：你把想要惩罚的人关进公牛的肚子，点着火，直到被关着的人因剧烈的灼烧发出惨叫，像公牛的叫声一样传到你耳朵里让你欢愉？

法拉里斯：我说的就是这个机关。你可以仿造一个，觉得必要的时候拿出来用。[46]

1517 年的《法拉里斯主义》不仅反映了胡腾的政治观点，也预示了他今后的文学和政治生涯。他是继 2 世纪讽刺作家萨莫萨塔的琉善之后，第一个采用虚拟对话形式的文学家，此后这种体例一直是他用来参与激烈论战的手段。此外，胡腾也是第一个在拉丁文后亲自撰写德文版本的作家，这也成为日后他在广大平民中拓展读者群体的典型方法。而美因茨印刷场印制的书本封皮首次刊印凯撒的名言"骰子已掷出"——这成为帝国骑士胡腾的座右铭，激励他不断采取更大胆的行动。有现代日耳曼学者认为，胡腾代表着一类孤独、自由的作家，尤其对于注定失败的事业有一种一往无前的执着，就像他在 1521 年德文版里对"骰子已掷出”座右铭的诠释：

> 我的情感驱使我迈出这勇敢的一步，
> 为此我毫不后悔，
> 可能我注定无法取得胜利，
> 尽管如此也还是得无愧于心。[47]

　　除了《法拉里斯主义》外，胡腾还发表了四篇仿照古希腊哲学家狄摩西尼控诉马其顿王腓力二世演说的“乌尔里希演讲”。但相比于抨击乌尔里希公爵这种由私人恩怨驱动的文字，影响更大、更深远的作品当是同样出版于 1517 年的《蒙昧者书简》（*Dunkelmännerbriefe*）第二部，除了个别篇章，这部著作大部分是胡腾所写。我们之后还将从社会心理学角度进一步分析书简内容与这一时期欧洲人反犹情结的关系。书简首先表现出一种尖锐反对罗马和教皇的新趋势。胡腾的爱国主义倾向在他第二次意大利之行中又融入了一些反罗马教廷的色彩。这让他自然成为路德的同路人。在胡腾加冕桂冠诗人的几个月后，路德开始了反对赎罪券的公开活动。就像农民和帝国骑士此时的躁动情绪一样，胡腾和路德对教廷的不满和批评也是当时欧洲社会变革和思想觉醒的预兆。这场发端于 1517 年欧洲中部的思想浪潮将使德国和其他欧洲基督教国家陷入长达数年的动荡。

　　胡腾希望看到宗教改革人士和思变的各阶层群体结成同盟，济金根等帝国骑士和不久之后的农民起义领导者也表达了这样的意愿，但同盟最终没能形成，主要因为农民、骑士和宗教改革领袖的个人性格、动机和政治纲领差异太大。路德是一个充满激情[48]的改革家，但胡腾主意摇摆不定，过分功利甚至喜好卖弄让路德感到跟他始终不是一类人。他们反抗罗马的动机也不一样。胡腾对罗马教廷的风气感到失望甚至恶心。1517 年 6 月，他在博洛尼亚读到洛伦佐·瓦拉论证"君士坦丁的赠礼"（即一份声称君士坦丁皇帝将大量世俗权力转让给教皇的文件）系伪造的论文，这让他更加坚信罗马教廷的一切主张都建立在谎言和欺骗的基础上。几年前造访罗马的路德也深知教廷的黑暗面，但他反对的并不是教廷神职人员的奢靡和腐败，而是认为神学思想误入歧途和教廷对于灵魂关怀的草率态度会导致人们无法获得永恒救赎。最终路德要求对教会进行彻底改革，由于受到上层教职人员的阻碍而无法推进，他建立了新的福音教会。胡腾的文字和演说能够冲击罗马教廷的阶级架构，但无法彻底推翻它。[49] 无论是在教会还是帝国政策方面，胡腾都是中世纪理念的推崇者，像伊拉斯谟一样倡导建立统一的基督教共同体。值得一提的是，胡腾虽然在 1517 年还热烈地崇拜伊拉斯谟，但之后这种敬仰之情转变为厌恶。

　　不管是伊拉斯谟还是胡腾，抑或文艺复兴时期的其他艺术家和思想家，都没能积蓄起一股激进的学术力量和无畏的勇气，质疑罗马教廷和基督世界教会的统一性，从而启动对教会体制的根本性变革。宗教改革其实不过是一场纯粹的神学思考和个人行为的无心插柳——究其初衷，只是奥古斯丁修道院的修士马丁·路德呼吁人们批判赎罪券，宣扬信众及神父的自由。这些自由以及一整套与之相关的学说建立在每一名基督徒都有原罪意识和赎罪需求的基础上。我们还将在之后的维滕贝格章节予以更详细的分析。人文主义者和文艺复兴艺术家在这场变革中更多是选边站队——伊拉斯谟选择了罗马，梅兰希通（Melanchthon）选择了维滕贝格；丢勒和卢卡斯·克拉纳赫（Lucas Cranach）支持路德，提香选择了教皇和神圣罗马帝国的皇帝。还有一部分人文主义者有几十年的缓冲期，暂时不做选择，走中间路线。16 世纪中期，随着宗教改革不断掀起新的高潮，教派分裂已成定局，就连这批中间派也不得不在敌对的两派宗教和世界观体系中做出抉择。除了极个别情况，原本对宗教事务十分漠然的人文主义者也无法稳坐钓鱼台了。

四、文艺复兴时期的女性

当雅各布·布克哈特（Jacob Burckhardt）称文艺复兴为个性得到充分张扬的年代时，他所指的绝不仅仅是这一时期的男性。15 世纪末、16 世纪初的欧洲涌现了一批颇具影响力的女性，她们来自城市、教会、贵族宫廷和乡野农家等各个阶层。[50] 这里仅列举德国的几个例子。纽伦堡的女修道院院长卡里塔丝·皮克海默（Caritas Pirckheimer）不仅受过良好的教育，还与当时的人文主义学者保持着密切往来。她撰写并散布传单，与安德烈亚斯·奥西安德进行学术辩论，反驳当局和主流观点，捍卫本修道院自由选择信仰的权利，站在了反对宗教改革的一边。斯特拉斯堡的卡塔琳娜·策尔（Katharina Zell）和巴伐利亚的男爵夫人阿尔古拉·冯·格伦巴赫（Argula von Grumbach）也致力于坚持信仰自由，却选择支持路德的宗教改革派，以传单的方式积极宣传宗教改革。后者至今还被人称为"女宗教改革家"（Reformatorin）。[51]

文艺复兴时期，王宫里的女子则有更大的发挥空间，尤其是在稍大一点的宫廷，例如嫁到波兰王室的博纳·斯福尔扎。但中等和稍小的王室也有她们施展才华的一番天地。意大利的小权贵们对艺术和科学往往抱有浓厚兴趣，这为那里的女子提供了更有利的成长土壤。她们不仅在艺术上颇有建树，有时甚至能左右国家的政治决策。两个半世纪后，歌德在其剧作《托尔夸多·塔索》（*Torquato Tasso*）中巧妙地向文艺复兴时期的女性致敬，他说"要知道何为礼仪，且去问高贵的女子"[52]。但这里并不指早期现代的高贵女子，而是推崇魏玛古典主义时期理想女性"单纯的高贵，宁静的伟大"。19世纪德国市民阶层的女性形象通常是魏玛小国的歌德式理想，而不是意大利文艺复兴时期呼风唤雨的宫廷女子形象。

有教养且地位较高的女子首推意大利曼托瓦侯爵之妻伊莎贝拉·德斯特（Isabella d'Este），人称"世界第一夫人"。她的母亲莱奥诺拉（Leonora）执掌那不勒斯宫廷，对伊莎贝拉言传身教，引导她幼年时踏入音乐和学术的殿堂。伊莎贝拉的丈夫曼托瓦边疆伯爵詹弗朗切斯科二世·贡扎加由于在威尼斯军中事务缠身，长期不在朝。所以伊莎贝拉几乎全权负责了宫廷的文艺事务。她是著名诗人卢多维科·阿里奥斯托（Ludovico Ariosts）的赞助人，后者在1516年撰写的《疯狂的罗兰》（*Orlando Furioso*）是文艺复兴早期巨著之一。她还在曼托瓦宫廷推动实现了巴尔达萨雷·卡斯蒂廖内（Baldassare Castiglione）《廷臣之书》（*Il libro del Cortegiano*）中所倡导的宫廷教养和风化。这在接下来的好几十年都为欧洲其他宫廷争相效仿。

在丈夫詹弗朗切斯科被俘期间与1519年去世后，伊莎贝拉成为曼托瓦实际上的执政者。当时，尽管教皇国、神圣罗马帝国、威尼斯公国和法国都对曼托瓦的小小领土虎视眈眈，她仍然通过较高的个人威望、敏锐的政治嗅觉和娴熟的政治手腕巩固了贡扎加家族的统治。她诞下八子，使曼托瓦后继有人，有意思的是她身为女子，重视儿子的程度大大超过女儿，几乎没有跟自己的女儿有过任何接触。

文艺复兴时期的风云女子不只伊莎贝拉·德斯特一人。亚历山大六世教皇的女儿卢克雷齐娅·博尔贾（Lucretia Borgia）也是这样一位有创造力、影响力，在文艺界游刃有余的女性。尽管像文艺复兴的许多人物一样，关于她的负面谣言不绝于耳，但只要我们以批判性的眼光看待历史，结合当时的时代背景尝试贴近这位女性，我们就能发现她的惊人才华。在 15 世纪末、16 世纪初，男女关系坦诚而简单，不独意大利，欧洲各地皆是如此。例如裸体并不是文艺复兴画家和雕塑家的臆造，而是鲜活的日常现象，在男女均可以出入的城市公共浴室和乡野村舍都能见到祖胸露乳的男男女女。性也并非禁忌，城市里设有合法的妓院，宫廷和神职人员对此也毫不避讳。酒池肉林般的博尔贾盛宴只是当时社会风气的夸张写照。此外，研究教皇历史的专家们相信，关于博尔贾宫廷派对中的重头戏是舞姬半裸地在地上旋转跳舞，这可能只是好事者杜撰以博关注，不符合实际。尽管卢克雷齐娅·博尔贾也像她的教皇父亲那样私生活混乱，但在成为费拉拉女公爵后，她开始改变风格，逐渐赢得了人们的尊敬，并将费拉拉打造成文艺复兴时期意大利最享有盛名的文艺殿堂之一。

1501 年，她嫁给费拉拉公爵阿方索一世，开启了人生的第三段婚姻。阿方索一世来自德斯特家族，是上文所写伊莎贝拉的兄长。此次婚姻由卢克雷齐娅的教皇父亲一手策划，考虑到当时新娘声名狼藉，这简直与逼婚无异。但 1517 年的时候，我们却看到一位德斯特家族受人尊敬的成员，她位高权重，举止得体。1503 年，亚历山大六世教皇一去世，就有反对者劝说阿方索一世宣布与卢克雷齐娅的婚姻实属胁迫，进而离婚，然而这一建议立即遭到阿方索拒绝。直到 15 年后卢克雷齐娅难产死去，她总共为德斯特家族生育了八个孩子，其中包括王位继承人埃尔科莱二世（Ercole Ⅱ.），以及红衣主教伊波利托二世，后者在蒂沃利建造的德斯特别墅拥有一个远近闻名的文艺复兴风格的花园。像曼托瓦的伊莎贝拉一样，卢克雷齐娅影响下的费拉拉也是当时数一数二的文艺复兴殿堂。

更不为人知，也更特别的是卢克雷齐娅的经济头脑，这可能归功于博尔贾家族的遗传基因。她在意大利北部平原廉价购买了一大片沼泽，差人设法排干沼泽的水，将土地用于农业生产并获得了丰厚的收益。在她的暮年，这片沃土已拓展到 2 万公顷不止。令人惊叹的不单是她开展经济活动或企业经营成功，更是经营规模之大。早在中世纪就有女性参与手工业或经商，这些人通常是寡居的女性，但也有个别例外。路德夫人卡塔琳娜·冯·博拉就是一个为人称道的例子。她在维滕贝格的路德官邸开办了个学生宿舍，入住的学生络绎不绝。此外她还购置田产，经营农事，以积累家庭资产，尽管比意大利的教皇女儿规模小得多，但金额也还是很可观的。

同一时期的法国，最杰出的文艺复兴女性之一是昂古莱姆的玛格丽特，她时常为弟弟弗朗索瓦一世出谋划策，并且在之后的宗教改革中也对一些宗教问题建言献策。她广泛结交当时的人文主义者，对新福音教有很深的研究，是约翰·加尔文和雅克·勒菲弗·戴塔普勒（Jacques Lefèvre d'Etables）等法国宗教改革派的庇护者。她后来再嫁纳瓦拉国王亨利，日后成为法国国王和著名胡格诺领袖亨利四世的外婆。此外，她还撰写了不少哲学和神学文章、诗歌、戏剧和故事，死后出版的《七日谈》尤为著名，这是一部模仿薄伽丘《十日谈》的故事合集。

1517 年，博尔贾家族的另外一个支系在法国开枝散叶，进入了欧洲统治阶级。教皇亚历山大六世的儿子凯撒和纳瓦拉国王约翰三世的妹妹夏洛特·德阿尔布雷成婚后，1500 年生下一女名为路易丝·博尔贾，她于 1517 年 4 月嫁给了当时的法军统帅路易·德·拉特雷穆耶（Louis de la Tremouille），后者于 1525 年死于帕维亚战役，此后路易丝·博尔贾改嫁菲利普·冯·波旁-比塞（Philippe von Bourbon-Busset），并与其共同建立了之后法国王室的一个支系。[53]

但文艺复兴时期最显赫的女性不是意大利人也不是法国人，而是奥地利的玛格丽特，即勃艮第的玛丽和马克西米利安皇帝之女。她同时是一位文艺女青年、诗人和艺术赞助人。她的一生既充满绝大多数人所不能及的荣耀与智慧，也更多地展现出了近代初期女性所无法摆脱的依附性。她试图在文化与精神独立和王权斗争之间寻找平衡，又不得不服从于王室和家族的安排，所有这些很值得人们进一步研究。

1517 年，在勃艮第公爵，也就是她的侄子查理南下西班牙后，玛格丽特再次执掌哈布斯堡家族在尼德兰的基业。那年她 37 岁，过去的 37 年跌宕起伏，既有希望也有失望。刚满三岁时，她就被卷入了政治之中。为了巩固勃艮第与法国此前达成的《阿拉斯和约》（Friedens von Arras），玛格丽特被许配给时年 13 岁的法国王储查理并被带到法国宫廷。就在这一年，年轻的新郎在父亲突然死去后继承王位，成为新王查理八世，而玛格丽特也成为名义上的王后。与其他通常在幼时就被带到法国将来要成为王后的孩子一样，玛格丽特在昂布瓦斯（Amboise）接受了教育。[54]这位哈布斯堡家族的小女孩展现出了非凡的才智、求知欲和对文化艺

奥地利的玛格丽特——曾是皇帝的女儿、皇帝的监护人、尼德兰的摄政官、不幸和幸运的妻子，更是文艺青年、最伟大的文艺复兴女子之一。图为布鲁塞尔宫廷画师贝尔纳德·范奥利所作中年时期的玛格丽特

术的极大兴趣。儿时的学习和玩耍无忧无虑，对比之下，她之后的经历显得颠簸坎坷。为保住布列塔尼，查理八世于1491年12月迎娶了布列塔尼的安妮，违背了与玛格丽特的婚约，后者也被剥夺了王后头衔。接下来的两年里，玛格丽特不得不面对一系列法律和财务上的烦冗事务，尤其是嫁妆的安排和归还问题，这在年仅12岁的玛格丽特看来是极大的侮辱。直到1493年夏天，法国王室才准许她返回家乡。

不久之后，政坛的飓风再度向她袭来。1495年初，为了与西班牙联手对抗法国，马克西米利安重打联姻牌，此番是哈布斯堡家族的玛格丽特、菲利普和西班牙国王的儿子胡安、女儿胡安娜的双重联姻。11月，在两对新人都不在场的情况下，双方通过法定代理人会面的方式定了亲。因此在1497年春乘船前往西班牙途中，于比斯开湾遭遇风暴，玛格丽特向被吓坏了的侍女们提议大家各自想一些押韵的墓志铭以转移注意力时，她为自己想出了这样一句：

> 这里躺着玛格丽特，一位高贵的女子
> 曾有两任夫君，但仍是处子。[55]

　　暴风雨终于过去，1497年初，大婚在西班牙布尔戈斯举行。然而好景不长，胡安王子半年之后就去世了，据西班牙王宫的人声称，是热恋导致高烧不退而身亡。玛格丽特虽然已有身孕，但孩子刚生下来就死去了。1500年她重新回到尼德兰时，尽管已非处子之身，但仍是年仅20岁的年轻女性。

　　对哈布斯堡家族而言，她仍是宝贵的联姻筹码。1501年夏末，她的哥哥勃艮第公爵腓力为与法国抗衡，确保哈布斯堡家族在欧洲西南的政治利益，促成了玛格丽特与萨伏依公爵菲利贝尔的婚事。不过，这第三段婚姻还是给玛格丽特带来了一段幸福时光。这对曾在昂布瓦斯宫廷互为玩伴的夫妇大部分时候生活在布雷斯，那里是索恩河下游东边的乡村，当时是萨伏依公国的属地，首府是布雷斯地区布尔格（Bourg-en-Bresse）。由于菲利贝尔公爵对政事不感兴趣，正是在这里，玛格丽特第一次承担起政治责任。当时她的幕僚有梅尔库里诺·加蒂纳拉（Mercurino Gattinara），他日后成为查理五世的大宰相。这位年轻的公爵夫人展现了马基雅维利式的机敏和果决，建立起情报网络，并以此揭发了其亲法的小叔子勒内（René）的密谋，让优柔寡断的菲利贝尔公爵下令剥夺勒内的一切官衔。但萨伏依的美好日子只是昙花一现。菲利贝尔公爵在一次疯狂狩猎之后喝了凉水而中暑和心衰，从此再未恢复。

　　24岁的玛格丽特再次守寡，她自此拒绝了一切哈布斯堡家族的婚姻安排，将视线转向另一个世界，期待来世，坚信在彼岸能与失去的菲利贝尔重聚。她继承了丈夫留下的布雷斯，并着手在布雷斯堡附近的布鲁（Brou）一处坍圮的修道院内打造一座充满纪念意义的墓地。她希望自己死后能与丈夫合葬，想要同他一道升天。然而，命运终究没能让玛格丽特过度沉迷于宗教的沉思和对墓穴的设计规划。在他的兄长、勃艮第的菲利普1506年夏天突然死亡后，她不得不在父亲马克西米利安的召唤下离开萨伏依，于1507年春返回勃艮第公国统辖的尼德兰家乡，暂时接管那里的政务。当时查理五世还未成年。自此之后，玛格丽特倾心打理尼德兰上下事务，展现了超凡的政治手腕和远见卓识。除了成年的查理在1515年至1517年间作为勃艮第公爵正式执政，其余时间一直是玛格丽特在苦心经营。她有两位女子作为榜样，一位是祖母约克的玛格丽特，她住在梅赫伦，已逝的夫君是勃艮第的大胆查理。另一位是卡斯蒂利亚的伊莎贝拉，玛格丽特短暂地嫁到西班牙的那几年亲眼见识了她的残酷手段。

　　管理尼德兰没多久，奥地利的玛格丽特就成了那个时代最有权势的女人。她极大程度巩固和推动了哈布斯堡家族的崛起。在外交上，她一手打造了对抗法国的联盟，并于1529年与法国王太后萨伏依的路易丝，即菲利贝尔的姐姐缔结了《康布雷夫人合约》，确保了哈布斯堡家族在意大利的主导地位，以及对尼德兰-勃艮第领地——不包括以第戎为首府的勃艮第公国旧领——的统治。在内政上，她鼓励贸易，尤其是保证了通往波罗的海沿岸的航道畅通，遏制了公国下属的省和贵族阶级的独立企图。但她在领主议会上不顾贵族阶级反对极力推行征税措施的尝试没能成功，因而也没能获得抵抗大贵族势力的重要工具。[56] 在国家财政和私人财产上，她将大量的资金投入到萨伏依陵墓的建造中，展现了近代欧洲人特有的精打细算，有时甚至像铁公鸡。例如丢勒在其流水账似的旅荷日记中详细记载了此行的收支，后来不得不承认，在与各个阶层贵族打交道的过程中都是亏损的，"尤其是玛格丽特女士从未对我给她的赠礼给予过回赠"。[57]

玛格丽特在梅赫伦宫处理尼德兰的政务，度过了大部分的寡居时间。在她的管理下，梅赫伦宫成为欧洲的文艺中心，有头有脸的艺术家、人文主义者来来往往，门庭若市，伊拉斯谟和丢勒也在其中。她的艺术品收藏不久驰名全欧洲。同时，她还将梅赫伦宫打造成下一代统治者的高等学府，这或许与她自己在昂布瓦斯接受的教育有关。受过她言传身教的不仅有自己的侄儿、日后的查理五世，还有查理的姐妹们和弟弟斐迪南，欧洲其他王公贵胄的子女亦多有在这里接受教育的。

与此同时，玛格丽特仍心心念念布鲁陵墓的修造工事。她立下遗嘱，让人在她死后亦将她埋葬于此，"就在已故的萨伏依公爵菲利贝尔和主的身旁"。[58]她亲自监督施工进程，精心遴选并频繁接见建筑师和艺术家，与他们一起讨论施工计划和建筑细节。按照当时建筑界的惯例，他们提前制作了陵寝的模型。玛格丽特1517年再次接管尼德兰政务的时候，布鲁的罗马式教堂和旧的修道院院长宅邸已被拆除。模型增加了在原址上新建的部分，已能让人想象出建筑群完工后的宏伟布局：一座天主教堂，陵墓纪念堂，拥有至少三条十字回廊的大修道院以及供玛格丽特寡居使用的起居区和直通教堂内部地下墓穴的通道。彼时公爵墓穴旁边的小礼拜堂已基本建成，玛格丽特希望以后在这里日日为爱人祈祷。此外，画师已绘制出一系列墓碑的细节图。1526年，生于沃尔姆斯、在尼德兰受雇于玛格丽特多年的雕塑家康拉德·迈特（Konrad Meit）接到玛格丽特雕刻墓穴的委托[59]。这些雕塑此前已

181

由弗兰德斯画师扬·范鲁姆设计出图样，接下来需要在大理石和石膏上进行雕刻。最后，两座装饰有丰富华丽的人物和徽章图案的双层水平墓碑制作完成。上层墓碑刻画的是逝者穿着华服的鲜活英姿，下层图案则是两具被白布包裹正在渐渐腐化的躯体，被安放在一个柱子支起的结构中。

　　尽管朝中政务繁忙，布鲁与梅赫伦宫相去甚远，但教堂及陵墓建造工程仍顺利完成，这片大型综合建筑群集艺术美观和宗教功用于一体，令人瞩目。但命运没有给她赶赴实地参观并使用教堂和修道院的机会。当她年近50，打算动身前往儿时度过幸福时光的故地时，不小心摔伤了腿，1530年因腿伤感染不治身亡。两年之后，人们按照她生前的愿望，将她的遗体从布鲁塞尔运至萨伏依，埋葬在菲利贝尔公爵身边，让她的人生真正得以完满。

　　从整体上看，布鲁陵墓建筑群的艺术风格是中世纪到文艺复兴风格的过渡，不再是"中世纪之秋"，但也还没有意大利文艺复

布鲁的墓碑：死者的遗容有两种表现形式，上层是生前的倩影和英姿，下层是渡向彼岸的世界。图中为正渡向彼岸的玛格丽特，长发披散在裹尸布上，尽管已褪去生命的活力，却依然显露着皇帝女儿和哈布斯堡女摄政官的不凡气度

兴巅峰时期的风格。如果将其看作文艺风格上的因循守旧，甚至揣测设计者对时代风尚刻意逆反，则忽略了该建筑群风格的复杂性和设计者的独特用心。在打造梅赫伦宫的时候，玛格丽特启用了很多意大利的工匠，很欣赏他们的手艺和艺术创意。但在建造这座位于索恩河下游的宗教建筑时，她认为采用勃艮第的风格更恰当，这也是对临近的法国统治者摆出的一个姿态。她与侄儿查理五世一样，[60] 心里住着两个灵魂：一个是基于祖先的成就和宗教传统的勃艮第-哈布斯堡式的君权意识，一个是文艺复兴时期统治者对权力的追求和自我实现的意志。玛格丽特清醒地知道，男性和女性当权者所拥有的权力空间是完全不同的。她从未质疑过查理五世在政治上的优先地位，她也知道自己作为一国统治者的尊贵和女子所必经的命运。人文主义者们喜欢在诗中把她称颂为幸运女神：

幸与不幸，[61] 玉汝于成。

或　女子幸，代价高。

玛格丽特的身份是多重的：女公爵，曾经的法国和西班牙王后，萨伏依公爵夫人和尼德兰女执政官。她让人在布鲁的陵墓建筑群的雕刻中展现了自己不同的形象，让往来的瞻仰者了解自己一生的幸与不幸。这是一个 16 世纪早期达至社会巅峰的女子的一生，她为守护自己的独立人格做出的巨大努力令人感动。这些努力并不依靠马基雅维利所强调的机运，而是依靠虔诚。

从 1517 年欧洲上层贵族圈的几个例子可以看出，女性的活动空间和男女之间的关系还比较开放，这种自由将因不久之后的宗教改革和宗教派别对立而受到限制，从而给女性带来不小的负面影响。[62]

第五章　集体恐惧与渴望安全

丈量世界，在地球仪和地图上记录世界，理性解释货币和经济运行，从哲学角度剖析战争与和平——所有这些都只是 16 世纪初的人们在乱花迷眼的现实中探寻方向的**一种**形式。而**另一种**形式则是在天象、极端天气、物价波动、饥荒、时疫或战争中寻找超自然的力量，认为现实的乱象反映人神关系正遭遇极大破坏，甚至预言最后的裁判庭即将显现，谁的罪行还没被宽赦，谁还没有赎罪，便要面临严酷审判的厄运。

这不单是愚昧无知的底层民众的胡编乱造，欧洲君主、文明开化的官员，甚至是大部分学者、神学家都保有这样的世界观。他们对上天降祸于俗世的惧怕与日俱增。对世界运行的理性剖析和超自然的诠释并不冲突，反而相辅相成。宗教和巫术并行不悖，这样看似矛盾的状态延续了数世纪之久。[1] 直到 17 世纪将近尾声，官方教会和民间信仰中对巫术的迷信才有所衰落[2]，新教和天主教的情况并无二致。

无论是哪个社会阶层，人们都理所当然地认为超自然的恶和圣是存在的。当时的基督徒们相信，超自然力量通过代理人直接 干预人世间的事务，就像上帝的代理人是圣人和天使，魔鬼的代理人是巫师、恶魔和犹太人、穆斯林这样的异教徒，他们被认为是"不洁"的，会阻碍信徒获得救赎。

一、奇迹、魔力、女巫和魔鬼

天军之战

关于贝加莫天军之战的消息传开后，只有少数几个自由思想的独立学者嘲笑它是乡野农夫的异想天开，认为那只是冬天天气寒冷导致乡村堆肥坑里冒出的蒸汽上下漂浮产生的幻象。大部分人则坚信这一神秘现象预示着大事将至。据说那日对垒的双方金戈铁马，武装齐备，场面宏大且持续很久。这一消息以惊人的速度传开，一开始还是口口相传或通过私人信件传播，没过多久就出现了甚至带有插图的印刷品。这种传播顺序在一个印刷业刚刚起步的时代是很常见的：起初是人文主义者之间互相传抄书信，之后出版商和印刷场如果看到其中有利可图便会将其印刷成小册子或传单，阅读量也会因此迅速增加。1518 年春，不独意大利人，就连德国、法国和西班牙人都听说了亚平宁半岛北边小镇发生的神秘事件。

贝加莫的天军之战不仅令农民和小市民惶恐不安，也震动了欧洲朝野，学术和市井文化相互浸染。当时欧洲人对土耳其威胁的认知也发生了很大变化，其中既有地缘政治的因素，也有宗教文化的因素。这种变化随着宗教改革洪流中的一代人对时代感知的变化亦到达了拐点：[3] 1500 年前后，在欧洲流传的关于土耳其的言论还预测基督教会最终胜利，甚至有人预言土耳其"异教徒"

最终会皈依基督教，乃至整个地球都将是基督教的天下。[4] 而当塞利姆苏丹成功扩张，占领了埃及、北非甚至直逼巴尔干半岛的基督教国家时，土耳其威胁论在欧洲重占上风：土耳其人的威胁是上帝用来教训罪人的鞭子，将不断地折磨基督徒，直到他们重新成为上帝忠贞不贰的追随者。

意大利伊莫拉的人文主义者乔万尼·安东尼奥·弗拉米尼奥 1517 年底致信罗马教廷解释贝加莫事件，这也成为当局的政策参考。他认为坊间流传的关于贝加莫异象的消息预示土耳其人的威胁已非常紧迫，呼吁基督徒武装起来准备迎战。非常入世的人文主义者和教皇顾问弗朗切斯科·圭恰迪尼（Francesco Guicciardini）也如是说：

> 尽管（在贝加莫）上天的征兆已消失，但多方已证实确实有过异象，我对此无法一笑了之，毕竟人们都在谈论土耳其人在做战争准备。我想，就像以往曾有过的那样，大的事件总有先期的大征兆。[5]

就连教皇本人也没把这些传言轻视为乡野鄙人迷信的产物，反而命人在教宗会议上宣读。他亲口把这些现象解读为上帝对基督徒的警告，告诫人们要对土耳其军队发起进攻做好准备。[6] 同时，这也是为向奥斯曼土耳其发动十字军东征正名。从 1517 年中期开始，利奥十世一直在游说欧洲国家加入十字军东征。贝加莫的神迹成为罗马教廷战争宣传的依据，教皇希望如此一来富人、穷人、君主、平民等各个阶层都会警醒并被动员。

如果利奥十世 1518 年初在教宗会议上演说时，能预见 1517 年的赎罪券抗议活动将带来怎样的影响，那么他对贝加莫天师之战的解读或许会完全不同。在接下来的几十年，基督教世界面临的主要威胁并不是土耳其穆斯林，而是 1517 年 10 月 31 日正式拉开序幕的基督教内部矛盾。当时的人们对此还全然不觉。宗教改革派和天主教水火不容将使 16 世纪末的欧洲陷入信仰战争的腥风血雨。

奇迹，先兆，人之将死

在今天看来，贝加莫的天军之战和人们的各种解读纯属奇闻怪谈，与文艺复兴、人文主义和宗教改革这些决定历史方向的大事件相比完全是不值一提的边缘事件。但如果我们回头审视当时的社会状况，也许会得出不同的结论。直到 18 世纪，不仅在欧洲，可以说在世界很多地区，人们都普遍相信奇迹和巫术。

尽管人们虔诚地信仰宗教，开展晦涩的神学争论，但他们更多是"用上天的字母，而不是神圣的经文来书写自己的日常生活"。[7] 欧洲的宫廷详细记录和解释着"天上地下的各种神迹"。[8] 学者、艺术家和人文主义者，例如意大利的马尔西利奥·菲奇诺、纽伦堡的维利巴尔德·皮克海默也都细致观察天象，期待从中洞察世事的细微变化。路德和梅兰希通尽管从神学角度反对教会施行"巫蛊之术"，但他们平生都相信例如萨克森选帝侯之死、农民起义等事件发生之前都有不寻常的天象作为征兆。

这其实都反映出一个很简单的事实，即当时几乎没有关于天气变化、作物收成周期和瘟疫的自然科学知识。当发生了洪水、火灾、庄稼歉收、饥荒或瘟疫时，人们就认为是超自然力量操控的结果。[9] 就连自然科学家也对此深信不疑。例如近代天文学鼻祖开普勒在 16 世纪末研究天体运行规律时就认为，自己也是观星师，通过观察天体运行能预言好事或坏事。由于无法对人口膨胀和贸易资本主义兴起带来的经济社会变革给予合理的解释，人们对此感到不安。此外，他们还受到战争威胁，例如伊拉斯谟痛斥的欧洲君主国和不同家族间的战争，以及从东南方向逼近的土耳其穆斯林大军。宣传穆斯林残暴行径的布道和传单甚至散布到那些从未有土耳其人出现的欧洲地区。

因为人们无法理性地解释日常的种种危险，他们就认为这是超自然的意志。他们紧张不安地搜寻天上地下可能预示灾祸的迹象。特殊的天文现象、不寻常的天气变化、人类或动物生出畸形儿以及其他诸如此类的"反自然"现象[10]都被看作上帝的惩戒鞭，一旦人们违反了基督教行为规范，上帝就会鞭打罪人直到他们浪子回头。

关于天象的种种讨论被记录在传单上，有时还附有解释说明的插画，让目不识丁的百姓也对论点深信不疑。这些传单的版画封面成了各个地区的人都能看懂的"头条"。[11]艺术对人们的迷信观念起到了推波助澜的作用，例如荷兰画家希罗尼姆斯·博斯创作的地狱景象。如果把它看作早期现代的超现实主义创作是完全错误的。博斯的画作传达出一个时代的人们对地狱折磨的集体性恐惧。魔爪、铡刀、头脚颠倒的怪物和鸟人在当时的人们看来都是地狱里真实存在的形象，威胁着他们死后的生活。然而，作为补充，这位于1516年去世的荷兰大师在画作中不仅表现了施洗者约翰、里斯本三联画中的安东尼（Antonius）等圣徒的治愈力量，也表现了上帝之子自身的治愈力量，这某种程度上预示了路德的基督教神学。卢卡斯·克拉纳赫——维滕贝格宗教改革派的首席画师直到16世纪30年代还在模仿博斯画中的最后的审判（现存于维也纳油画画廊），而当时路德的恩典论事实上已让人们克服了对最终审判的恐惧。[12]

对 16 世纪初的人来说，天堂和地狱是真实存在的，唤起人们心中的向往和恐惧。由于看不到通向天堂的安全路径，想象中的恐惧画面占据了上风。1516 年去世的布拉班特画家希罗尼穆斯·博斯以充满戏剧化的夸张手法表现了地狱的可怕与压抑

　　丢勒及其同时代的画家创作了很多类似主题的木版画，例如双头鹅、六足猪、畸形兔子幼崽、连体婴儿等。展现超自然力量威胁人类生存的典型作品就是丢勒的《天启四骑士》[13]，大约完

畸形儿被视为不祥之兆，甚至是上帝发怒的警告。连体婴儿让人感到的首先不是同情，而是对超自然力量的恐惧

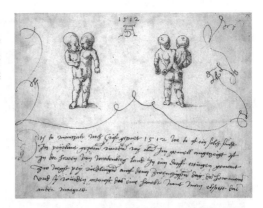

成于 1498 年到 1511 年之间。丢勒用生动的画笔描绘了约翰《启示录》的末日预言。画中的四位骑士手执弓箭、利剑、天平和三叉戟，其中二人头戴皇冠，四人分别象征着暴力、战争、饥荒和死亡。他们四人组成一个方阵，将遇见的人打倒在地。在铁蹄的践踏中，地狱的火舌吞噬了匍匐在地的人类，不管他们来自哪个阶级。

当时欧洲的很多公共场所都在明显的位置画有晚期哥特式的"死亡之舞"[14]，例如雷瓦尔（今爱沙尼亚塔林）的圣尼古拉斯教堂，柏林的圣母教堂，斯德哥尔摩、吕贝克和兹沃勒的一些教堂，法国奥维涅的拉谢斯迪厄教堂，伯尔尼多明我修道院（完工于1515 到 1519 年之间），以及在城市公墓围墙内侧的"巴塞尔死亡之舞"（Tod von Basel）。此后，随着"死神与少女"主题的诞生，死亡也越来越成为除宗教场所外各个文艺领域的创作对象。

192

贝加莫的天军之战只是 1520 年开始流传的无数预言的冰山一角，诸如此类的无端猜测于 1524 年到达高峰，当时有人预测一场滔天巨浪将席卷大地，很多人因此纷纷逃难到山上。文学研究者说那时候的传单铺天盖地，自意大利发源，北上到达德意志南部、奥地利、萨克森、勃兰登堡、弗兰德斯西部以及法国部分地区。

在丢勒著名的木版画《天启四骑士》中，《圣经》中的厄运信使面目狰狞地冲向人间，让现世变为超自然力量的战场

伊比利亚半岛和波兰，最后连英格兰也出现了类似的传单。[15]

种种预言和猜测并不是基督教官方教会之外的迷信邪说，而是基督徒虔诚信仰的一部分，主要源自人们对"末世的恐惧和担心上帝的报复"。[16] 在这样的背景下，人们几乎愿意听从教会的一切指令和关于灵魂救赎的警告，以求像教会承诺的那样免除现世灾祸，更求得保彼岸的安宁。由于人们对自身的存续忧心忡忡，那时流行将耶稣描画成世界的裁判官和拯救者，口衔百合和利剑，头戴王冠，象征永世长存或万劫不复。"在审判之日，轮到我的是百合还是利剑？"这是许多同时代的人在看到哈特曼·舍德尔编撰的《世界编年史》中的木版画《世界末日》（*Ultrima etas mundi*）时会问自己的问题。这部在纽伦堡印行的插图编年史在出版十年内就流播甚广。对于一些人来说，这幅画生动再现了不可逃脱的生之命运，这群人里就包括奥古斯丁会修士马丁·路德。生杀予夺的耶稣使他不禁为自己的存续感到担忧，促使他考虑赎罪和恩典的问题。1517 年正是教会过分演绎罪与罚，如火如荼地兜售赎罪券的时候。之后还将详述。

与最后的审判类似的还有人们对突然死亡的恐惧。这会让有罪的死者猝不及防，还没有机会弥补罪过请求恩典就被拉到审判庭前。纽伦堡贵族、人文主义者西克斯图斯·图赫尔曾让丢勒为其绘制以墓穴为背景的画像，并将图样刻在一个三叶形的徽章上挂在书房，每天提醒他死亡可能不期而至。[17] 许多人向圣克利斯朵夫寻求庇护，据说这位圣人能保佑人们不会意外死去。于是圣克利斯朵夫成为当时教堂内外广为描画的形象。[18] 英国汗热病的突发，也冲击了彼时尚未受到波及的欧洲大陆，这同样源自人们对突然死亡的恐惧。有传闻说"汗热病会让一个生机勃勃的人在短短八小时内坠入墓穴"。[19]

193

我们在今天或许会觉得突然的死亡能免去病痛的折磨，未尝不是一种解脱。而 16 世纪的人认为突然死亡会一不留神毫无准备地面对审判的上帝，带罪之躯有可能被地狱的火舌吞噬并永世不得超生，这样的念头让他们浑身战栗。只有极少数不可知论者辩称人死之后，作为人类的一切都将不复存在，因而无须对死后的世界抱有恐惧。对大部分人而言，彼岸的生活不容置疑，是幸福还是痛苦值得在现世思索。当时的人——无论是富人还是穷人，学者还是工匠，农民还是学生——如何想象未被上帝恩典的灵魂遭受的折磨，博斯的油画给予了很直观的表现。魔鬼的利爪、狰狞的面孔、百般酷刑和恐吓让人毛骨悚然。而在 1517 年，没有谁能为此提出令人信服的应对办法，掌管上帝永恒恩典的教会机构也束手无策。

194　　　就在关于汗热病的惊悚消息传到欧洲大陆几周后，希望和拯救出现了。它并非来自大多数担惊受怕的信众寄予希望的罗马教廷，而是来自维滕贝格，一个位于文明边缘的城市，一个没有谁期待获得永恒福祉的地方。

近代巫术论的散播

近代初期，以科学手段研究和解释超自然现象的趋势也拓展到深入人心的女巫和魔鬼形象。第一批关于女巫和巫术的学术研究出现在 15 世纪。16 世纪初，由于出版和印刷业的发展，相关学说再度盛行，范围也不再局限于学术圈。1517 年，多明我会修士、学者约翰内斯·尼德尔（Johannes Nider）题为《蚁冢》（*Formicarius*）的有关魔鬼的论述在斯特拉斯堡再版。[20] 阿尔萨斯的人文主义者雅各布·温普弗林也是购买者之一，因为他几年来一直尝试搜集有关书籍，计划将坊间关于魔鬼行为与防御方术的各类观点加以整合，从而建立专业的学科分支。

同年，巴黎的印刷商兼出版商让·珀蒂（Jean Petit）出版了多明我会修士海因里希·克拉默的《女巫之锤》（*Mallens maleficarum*）[21]，吸引了众多读者。此书早在 1480 年左右就已问世，此次再版的是口袋书。书中引用了《蚁冢》的一些事例，系统整合了民间流传的有关女巫的见闻。接下来的几十年里，不断有新的女巫主题的著作发表，《蚁冢》和《女巫之锤》常常被合并成一册刊印。[22] 尤其是随着 16 世纪中叶欧洲和美洲审判女巫的案件急剧增加，详细论述审判流程的《女巫之锤》成为一本诉讼实用手册。

这些有关魔鬼和女巫的研究不是为民粹或愚民政策服务 [23]，而是文艺复兴文化和人文主义者新世界观的一部分。如果我们将今人理解的人文主义和文艺复兴人文主义相等同的话，就容易忽视这一点。如果说这些文字是在尝试理性地描述世界的恶，那么它们同时也在分析当时人们的普遍心态，并试图对之加以管理和影响。更重要的是，它们还分析了上帝和魔鬼的斗争，探讨了人如何沦为魔鬼作恶的工具，而女性首当其冲成为被怀疑的对象。对《蚁冢》的作者尼德尔来说，女人引诱人类屈从于欲望，腐蚀和败坏修道院的清规戒律和基督教道德。《女巫之锤》的作者克拉默亦认为女性天生狡黠，信仰不坚定，他还试图从中世纪词源角度分析女性的特征：女性拉丁文是 *femina*，*fe* 意思是信仰，*minus* 意思是少的。在他们看来，女性通常信念薄弱，没有长性。

这一尤其盛行于教会改革派中的仇视女性的观念催生了一个专门系统研究女巫的学派，他们详细描述女巫的存在和行为，还进行不同领域的分类研究，例如魔鬼的契约、魔鬼追随者、女巫

195

巴尔东·格里恩的裸体女巫结合了罪恶的欲望和末日的恐怖，比同时代的其他画作更形象地表现了近代早期的女巫迷信

安息日、女巫飞天等。在社会心理学上效果尤为显著的是将女巫描述成扫把星，每个人的生命和财物都有可能遭受女巫的侵犯。这增加了大众对女巫的惧怕和敌意，也解释了为什么16世纪中期开始的迫害潮中主要牺牲者是女性。

　　艺术家的想象力也给民间信仰和学界关于魔鬼的讨论添油加醋。油画和木版画赋予了女巫真切的面容和形象，并为她们的行为增添了叙事的戏剧性。例如汉斯·巴尔东·格里恩的木刻画《女巫安息日》中巫术仪式的闷热氛围一定让观者深感不安。同时，这些作品通过既充满诱惑又具有毁灭性的魅力来吸引观者，格里恩在他的另一幅作品中描画了两位风华正茂的女巫，背后火光升天，不知会将人带向天堂还是地狱。[24]女巫文化的研究者猜测，当时的艺术家关于女巫主题的画作可能还有情色的隐喻，如果属实，更增添人们对女巫主题的痴迷。

随着《蚁冢》和《女巫之锤》的再次发行，1517年关于女巫的讨论再度被推向高潮并对路德产生影响。我们不禁要问，1517年末，宗教改革派对基督教教义的重新解释是否与学界关于魔鬼和女巫是否现实存在的激烈讨论有关。关于这一点，我们很难给予逻辑上说得通的论证，但神学和宗教历史学方面的论据让我们有理由相信，对于魔鬼威胁人类的公众辩论，路德给出了"唯一神学（宗教改革的核心思想，即唯耶稣被钉死在十字架上拯救了人类）的基督教中心论的解读"。[25] 尽管如此，路德一生都相信女巫和魔鬼真实存在，认为他们是邪恶的代理人，阻挠人类获得救赎，并且抵制教会的革新。宗教改革并没有使人们停止相信女巫存在。成千上万的"女巫"被迫害致死，涉事地区也包括新教甚至加尔文教地区，例如一些新英格兰的殖民地，这些地方通常被认为是理智和开化的。

二、犹太人和穆斯林威胁基督教"纯洁性"

纯洁性狂热和外来恐惧

中世纪末，基督教与非基督教和平相处数世纪的局面陷入严重危机。除却政治和经济因素，基督教社会根深蒂固的恐犹情结在根本上还是一种对自身宗教和种族"纯洁性"的魔幻想象，以及认为"不纯洁"的犹太人和穆斯林会带来危险。[26] 在伊比利亚半岛上，收复失地运动在当地培植了一种针对阿拉伯穆斯林的意识形态，即所谓的"血液纯净"论调，认为基督徒无论信仰还是血统都是纯净的。这种论调此后逐渐演变为针对一切外来文化和族群，并且落实到抵制和破坏的实际行动，起先仅表现在思想上，后来更是通过法律形式加以固定。这对在伊比利亚半岛上生活长达几个世纪的犹太人和穆斯林而言，无疑意味着接踵而至的暴力迫害和驱逐、折磨、死亡。结果也导致大批难民流散，欧洲中部和东部、非洲北部因此迎来了大批在经济和精神活动上都十分活跃的穆斯林和犹太新群体。

198

相反，西班牙和葡萄牙不仅人口数量骤减，其在文化和社会心理上付出的代价更为沉重。在这些少数民族被驱逐的同时，很多犹太人和穆斯林为了逃避驱逐，被迫接受基督教洗礼，从而产生了"改宗者"和"莫里斯科人"，即那些转信基督教的犹太人和阿拉伯人，这两类人群给西葡的传统基督徒造成了更大的社会心理恐慌。

由于"血液净化"的大工程把宗教信仰的纯粹程度和遗传学及血缘挂钩，改宗的犹太人和阿拉伯人后裔统统被怀疑企图颠覆当局，污染基督徒的纯净血液。在 16 世纪的第一个十年里，西班牙掀起了一股"纯洁狂热"，一个接一个的宗教机构和政治当局颁布了严厉的法令，旨在排斥改宗犹太人和阿拉伯人的后裔。教会和社会团体、大学和主教全体会议无一例外受到了这股狂潮的影响。最早开始行动的是塞维利亚主教教堂全体教士，他们在 1515 年宣布全体会议的代表只能由老派基督徒担任。[27] 更糟糕的是，新入教的犹太和阿拉伯家庭日常生活中还会被邻里投来怀疑的目光甚至遭到暗中监视。宗教法庭的审讯几乎像笼罩在他们身边的社会和心理恐怖，带有了早期种族主义的色彩。

而今天，西班牙人和葡萄牙人开始反省这段不光彩的历史，许多犹太人因被指控亵渎圣餐而遭迫害，其中德国施滕贝格的一起迫害事件尤其血腥，27 名犹太教徒在城市郊外的一座山丘上被处以火刑。这座山此后也被称作犹太人山。这幅 1492 年流行的木版画表现的是一场犹太婚礼，画中的犹太人正在毁坏圣餐。当时的基督徒普遍抱有一种针对犹太人的不安情绪，极易受到此类宣传画蛊惑

为那些流散在世界各地的西葡裔犹太人重新发放官方护照。大约有 350 万人被邀请回到他们的祖先 500 年前离开的土地。[28]

　　1500 年前后，欧洲其他地区也出现了排斥异端的倾向，对内针对犹太人，对外针对土耳其人，有些恐惧情绪几近病态。人们一刀切地怀疑犹太人试图用巫术和超自然的力量迫害周围的基督徒，对犹太人亵渎圣餐、滥用巫术和污染圣餐的指责甚嚣尘上。例如德国犹太群体的政治领导者罗斯海姆的约泽尔（Josel von Rosheim）曾分别在 1510 年的柏林和 1514 年阿尔萨斯的米特尔贝格海姆差一点被当局处罚。在 1475 年的特伦托（Trient），一名基督教家庭的小男孩无故死亡，法庭便将罪过推给犹太人。当局使用酷刑逼迫犹太人招供，然后印制传单散播他们对犹太人令人发指的嗜血罪行的"认识"，连阿尔卑斯山以北的人们都群情激愤。有一种末世论称，犹太人将和其他非基督徒联手在末日的大决战中对抗基督徒。这更是刺激了欧洲人对犹太人的仇视情绪。对约

翰《启示录》里预言的反基督领袖歌革和玛各的恐惧在欧洲迅速蔓延，人们担心从东方各个方向聚拢来的犹太人将与黑暗力量结盟，向上帝和基督徒开战。[29]

反犹和恐犹直接导致许多无辜的犹太人被迫害致死。但与此同时，也有一种与犹太人接近的进程悄然展开，其主导者是一些基督教学者，他们认真地尝试理解犹太教和犹太文化。这一趋势与 16 世纪基督—犹太教关系的历史发展方向相反，其标志性事件是 1517 年欧洲中部的学术界就犹太文化的价值和危险及不断激化的反犹运动展开了一场激烈争论。

1517 年春，新一部《蒙昧者书简》在德国城市施派尔出版，这部虚构的书简以尖锐的口吻讽刺了教士的愚昧无知和暗中从事的下流勾当。一年半前在哈根瑙首次发行的第一部书简在当时就曾引发学界和教会的困惑和极大争议。事实上，这些因语言机智犀利而被后人归入最优秀的讽刺文学序列的"匿名书信"，其同时代人一读就清楚地意识到这是派系色彩浓厚的写作。首次出版的时候著作就没有署名，人们当时很难辨别真正的作者是谁。而且由于内容亦真亦假，讽刺戏谑，还有人甚至弄不清作者的真正立场，有些被批判的教士乍一看还以为该书是在为自己说好话。伊拉斯谟却能一眼看出其中的奥妙，他嘲笑这些不明就里的人："还有比他们更傻的傻子吗。"[30] 1517 年春，尽管书信批判的焦点已十分明确，但撰写者依然藏在暗处，继续引发人们的遐想。

那么批判的焦点是什么？到底谁与谁针锋相对？这还要追溯到《蒙昧者书简》出版十年前，改宗的犹太人约翰内斯·普费弗科恩（Johannes Pfefferkorn）对曾经的犹太教同胞口诛笔伐。他指责他们在犹太教法典中诋毁基督教，污染基督教教义。主张为

　　　　　　　　1517：全球视野下的"奇迹之年"

图为小汉斯·荷尔拜因创作的罗伊希林肖像的木版画翻版，我们可以由此想象这位犹太人文化的捍卫者高贵的人格和平和的个性

了防止基督徒的灵魂救赎受到犹太人干扰，必须没收并焚毁一切犹太书籍。普费弗科恩甚至鼓动神圣罗马帝国皇帝专门为此颁布诏令。马克西米利安一世没有立即下令，而是交由一个鉴定委员会予以研究，结果是大部分的鉴定者站在普费弗科恩一边。但也有人激烈地捍卫犹太人并为其文化辩护，这个人便是符腾堡议员、人文主义者约翰内斯·罗伊希林（Johannes Reuchlin），他后来又当上了英戈尔施塔特大学和蒂宾根大学的希腊语和希伯来语教授。

罗伊希林没有因为害怕基督教文化纯洁性遭到玷污而对犹太人避而远之，反倒是抓住机会，跟在德国生活的犹太学者广泛学习希伯来语，以便能够深入研究犹太教的原始文献。16世纪初，他是德国非犹太裔希伯来语和犹太文化研究领域的佼佼者。甚至连歌德也称赞道："罗伊希林！谁能与他媲美，他是当时的奇迹！"（选自《温和的克塞尼恩》）

罗伊希林之所以反对普费弗科恩毁坏犹太人文献，并不是出于我们今天所理解的文化包容。像同时代的基督徒一样，罗伊希林也认为犹太人并不享有与基督徒平等的宗教地位。但他珍视犹太人的神学成就、智慧及虔诚。他坚定认为犹太人的书籍和文化有助于丰富基督教思想。因而学者的任务就是设法保存犹太人的文献而不是予以销毁。除此之外，他还认为应当维护犹太人作为少数民族的法律地位。[31]

就如何处理犹太书籍展开的争论被刊载在种种学术报告和传单上，很快便扩展为"德国学术界出现第一次重大分裂"。[32] 这也是传统经院神学家和人文主义神学和哲学家最关键的一场思想交锋。一派以科隆多明我会修士为代表，他们受教皇委任要捍卫基督教神学教义的正统地位。而另一派人文主义者则认为应当追溯真理本原，反对教条主义。也正是这些人文主义学者和爱尔福特大学里活跃的一批善于雄辩的文学家支持《蒙昧者书简》出版发行。此外，马丁·路德作为维藤贝格的圣经教授也在一篇鉴定报告中表达了对该书的支持。[33] 他们嘲讽科隆多明我会修士蹩脚的拉丁文，批驳他们的神学观念守旧落后，认为他们仇视犹太人的行为其实是因为惊慌失措而开历史倒车，令这些多明我会修士大为窝火。

文学界已然闹得沸沸扬扬，1517 年第二部《蒙昧者书简》的匿名出版更是将风波推向新的高潮。讽刺的调门甚至胜过首次发行的版本，书中对许多文学家和神职人员指名道姓地批判他们的劣迹。这样的文风自然出自胡腾无疑，[34] 上文已提到从意大利游学归来的他对罗马教廷充满不屑和愤怒。此番也自然是有意跟保守教派算总账。

胡腾批评文学大家托马斯·穆尔纳（Thomas Murner）是文艺界的万金油，看似无所不知，胸中实无一物。批评以教皇的宗教审讯官雅各布·范·胡戈斯特拉腾（Jakob van Hoogstraten）为首的多明我会修士是空洞的经院哲学家和自恋的高级教士，他负责监督基督教教法和教义在德国得到严肃和正确的执行，在"无端揣测和空泛论证"方面无出其右。而对于自己尚十分拥戴的伊拉斯谟，胡腾亦不吝啬贬损之词。以至于这位认为《蒙昧者书简》的第一部可圈可点的人文主义巨匠在看到第二部时感到愤怒：自己在《愚人颂》里也对一些人进行了讽刺，但远没有胡腾这般"蛮横"。[35]

《蒙昧者书简》也在罗伊希林和普费弗科恩的争论中表明了立场。书中写道，"罗伊希林的反对者让一个仅仅受过基督教洗礼、文笔粗俗下流的犹太人为他们代言"，充分反映他们有多么头脑简单。普费弗科恩受过水的洗礼，但缺少基督教灵魂的洗礼，因而也没能矫正他的思想。对福音教徒来说，真正的重生需要施洗的水和灵魂二者兼备。"没有经历灵魂的重生，所以教会的水也无法给予其真正意义上的洗礼，他永远都是个犹太教徒。"因此也根本没有资格参与基督教内部的讨论。通过上述节选的内容我们可以看出，即便是支持罗伊希林的人也并没有站在犹太人的一方，而是出于对转信基督教的犹太人的猜忌。这也是现代以前反犹主义的一种形态。几年后，路德用自己独有的尖锐笔触将欧洲基督徒对改宗犹太人的不信任描画成一幅恶劣的图景："若是我不得不去给一个虔诚的犹太信徒施以基督教的洗礼，那么我会在施洗仪式结束后立刻把他带到易北河桥上，给他脖子上挂上石头然后从桥上推下去。"他还用拉丁文补充道，因为"这些一无是处的家伙只会辱没我们和我们的宗教"。[36]

尽管如此，16世纪的最初几十年，包括路德在内的欧洲人主要关心的尚不是严厉排斥犹太人的问题。许多人文主义者提倡艺术和科学的革新，像古罗马和古希腊时期一样崇尚真理，创造了一种鼓励批判的氛围并让公众变得更开放，更愿意接受新事物。[37]
所以第二部《蒙昧者书简》的矛头亦主要对准因循守旧势力，将
保守派神学家贬低为无能的蠢货，公开指责罗马教廷是一切不合
理现象的源头，给教会施加压力。尽管文中只是如实描述了教皇
在世人眼中的地位，即拥有"吸纳教徒和排斥异端的无边权力"，
"统治整个地球"，但行文讥讽，字里行间流露不屑，留待读者自
行判断这样的现象是否合理。"如果教皇就是法，那么他就可以为
所欲为，不需要顾及任何一个人。即便他曾说过是，之后也可以
改口说不是。"此外，胡腾还尖锐地指出，高级教士对钱财的贪婪
是一切灾祸的根源。"罗马教廷人士如果想在宗教和世俗事务上有
所成就，就需要金钱，此时他们自然想到拥用部分赎罪券收入。
他们理所当然可以肆无忌惮，因为他们所希望的成就自然都与信
仰有关。"于是这些高级教士就绞尽脑汁"从德国搜刮民脂民膏充
实罗马的金库"。[38]

　　而在罗伊希林和普费弗科恩的论战中，反教士思潮却居于
次要地位。站在罗伊希林一边的均是高级教职人员，他们之后也
都没有支持反犹的宗教改革运动。科隆和亚琛主教教堂成员赫尔
曼·冯·诺伊纳尔 1517 年在科隆出版了《为杰出的约翰内斯·罗伊
希林辩护》，并献给美因茨教区总监吉伯尔施塔特的迪特里希·佐
贝尔（Dietrich Zobel）。此书作者是生活在意大利的克罗地亚人、
方济各会教士和人文主义者尤拉伊·德拉吉奇（Juraj Dragic），意
大利名为乔治·贝尼尼奥·萨尔瓦蒂（Giorgio Benigno Salvatie），
他同时也是教皇使节和拿撒勒名誉总主教。作为洛伦佐·德·美
第奇身边学术圈的一员，他熟悉犹太文献，隶属于教皇召集的罗
伊希林《视镜》（*Der Augenspiegel*）一书的评审委员会。尽管身
居教会要职，他还是为该书投了赞成票。科隆版的《辩护》让世

人知道了他对罗伊希林的正面评价和对犹太人的友好态度。论战的双方阵营对此都报以尊敬，该书也在 1518 年得以再版。[39]

1517 年，罗伊希林本人再次公开发声，但一改往常惯有的论战口吻，而以客观的声音介绍他关于犹太教神学和文化核心内容的研究。我们接下来还将详细介绍。

诽谤与潜在的威胁

人文主义者中涌现了一批有威望、有号召力的人士，提倡对犹太文化进行严肃系统的研究。尽管他们并非出于文化宽容，但确实起到了一些保护犹太群体的作用。他们的行动也取得了一些成功。虽然多明我会教士和普费弗科恩大肆煽动对犹太人的仇恨，但《塔木德》和其他与神学及文化相关的文献免于被焚毁。争论甚至推动了《塔木德》更广泛地流传，1520 年到 1523 年，原本只有手抄本的法典被刊印出来。其背后的推动者竟是教皇利奥十世。要知道他此前还曾禁止过罗伊希林的《视镜》出版，因为书中对法典的评价过于积极。

尽管有上述仁人志士的努力，犹太人群体仍看不到被解救的希望。相反，他们在欧洲国家的社会处境仍旧艰难甚至恶化。[40] 16世纪初，在伊比利亚半岛上生活的犹太人被迫流亡到法国和英格兰。1492 年从西班牙开始的西裔犹太人流散至北非、意大利和希腊，并形成了尤以泰撒罗尼基（Thessaloniki）为中心的犹太教信仰和聚居区。西班牙和葡萄牙继续被一股反闪米特热潮笼罩，尤其害怕改宗的犹太人会导致基督教宗教仪式的"犹太化"。在神圣罗马帝国和意大利甚至教皇国，犹太人的存在仍是被默许的，但也面临基督教神父越来越大的敌意。尤其是较受群众喜爱的方济各会修士将犹太人妖魔化，诬陷他们往井里投毒，亵渎圣餐，谋杀基督徒。他们喜欢向宗教法庭控告犹太人污蔑基督教的灵魂拯救者、圣母玛利亚等。这在对圣母玛利亚的膜拜正盛行的当时是206十分危险的罪名。所有这一切都不断地推高着社会的反犹情绪。[41]

只有在欧洲东北部，例如立陶宛和波兰，犹太人的处境得以暂时稳定。1503 年，立陶宛-波兰国王撤回了几年前颁布的一项犹太人驱逐令，恢复了犹太人原有的社会地位，让他们继续有权占有动产和不动产、开展经济活动，尤其是金融活动。在不列颠岛，尽管有反闪米特思潮，但没有发生大规模的暴力事件，其原因是自爱德华国王整体驱逐犹太人后，几乎再没有犹太人生活在那里。

德国的情势则更具爆炸性。领土疆界的划分和早期资本主义发展引发了社会的深刻变革，令生活在贸易和手工业城市的中产基督徒越来越不安，进而产生一种找替罪羊的心理。犹太人试图调适应对这种情况。在阿尔萨斯，住在小城市和乡村的犹太群体推举他们认为最有智慧的犹太商人和拉比即罗斯海姆的约泽尔为领袖，让他在政府和法庭代表犹太人利益。约泽尔的政治活动十分成功，他不久便成为"德意志犹太人的执政官"，不仅在地方，更是在帝国皇帝面前和国家层面成为犹太人事务的总代表。德国犹太人渐渐组成了一个全国性的组织，就像帝国骑士一样，是一个没有领地的阶层。[42] 在帝国城市斯特拉斯堡，尽管官方禁止犹太人居住，但犹太人和基督徒还是能够和睦相处。犹太商人也仍然能够不受干扰地开展经营活动，与当地居民正常往来。这使得在宗教改革时期，斯特拉斯堡的犹太教学者和新教牧师甚至还能相互交流神学观点。[43]

207然而对于帝国的犹太群体而言，1517 年的主流不是日常生活的顺利与有序，而是导向了社会和政治氛围的紧张乃至激化。在犹太传统聚居区莱茵-美因河地区和帝国城市雷根斯堡，冲突表现得尤为明显。德国西部的大领主和市政管理者早已开始谋划驱逐犹太人的方案。普法尔茨、美因茨、黑森、富尔达、沃尔姆斯和法兰克福正就一项契约进行谈判，规定各方均有义务不因经济利益接纳从别处流窜到本市的犹太人。美因茨选帝侯、勃兰登堡的大主教阿尔布雷希特（Albrecht von Brandenburg，后担任红衣主教）和帝国城市法兰克福是此次协调一致的驱逐行动的始作俑者。1517 年 7 月和 8 月，在他们的推动下，缔约谈判越来越深入。[44] 但由于马克西米利安皇帝执政晚年力行保护犹太人的政策，他们的这一计划暂告失败。[45]

雷根斯堡的犹太群体则面临着更加猛烈的攻击。随着近来莱茵河流域的施派尔、沃尔姆斯、美因茨、法兰克福等城市中同样具有传统和重要经济地位的犹太社区大幅萎缩后，雷根斯堡成为帝国疆域内犹太人最多的城市。[46] 像帝国的其他地区一样，在雷根斯堡生活的犹太人面临来自四个方面的压力：城市、教会、皇帝和巴伐利亚公爵这样的大领主。犹太人在雷根斯堡生活已逾千年，而在过去短短十年间处境急剧恶化。其中一个重要原因就是当地的经济状况。与德国西部城市不同，雷根斯堡经济每况愈下，一方面是因为上文提到的亚欧大陆间贸易路线的变化，另一方面由于贸易资本主义兴起，同样处在巴伐利亚的奥格斯堡和纽伦堡在新的发展浪潮中大获裨益。有了与其他城市的对比，经济下行使雷根斯堡的基督徒更加着急，此时便将一切困难归咎于从事金融业、与当地裁缝等手工业者竞争的犹太人。

因此在雷根斯堡，驱逐犹太人的推动力来自市民和支持他们的神职人员。他们要求市政府有所行动，其诉求之强烈发展到威胁当地犹太人生存的地步。1516 年，因戈尔施塔特主教教堂牧师、神学教授巴尔塔扎·胡布迈尔在布道时，以轻蔑的口吻诋毁犹太人，把他们的金融活动贬低为《圣经》禁止的放高利贷行为。主教和全体教士纷纷将所有与犹太人有关的纠纷搬上宗教法庭。宗教法庭总是以《圣经》禁止放高利贷为由判决犹太人有罪。此外，宗教法庭还百般阻挠世俗法庭干涉审判，威胁那些帮助犹太人获取金钱赔偿的法官将开除他们的教籍，这相当于将他们排除出市民社会。

为了改善城市的经济状况，同时也出于对"不洁"的犹太人干扰基督教灵魂救赎的害怕，雷根斯堡的市民以压倒性的多数赞成驱逐犹太人。被驱逐的犹太人里既有普通手工业者，也有富裕市民甚至犹太贵族。借贷的不仅拒绝向犹太人交利息，甚至要求他们返还之前的利息。犹太人的家产必须充公。为了更好地遏制犹太商人的金融活动，雷根斯堡教区还在1517年6月从教皇那里求取到授权，重申严厉禁止犹太人从事高利贷活动。迫于市民的压力，市政府也不得不采取反犹政策，市长约翰内斯·施玛勒尔（Johannes Schmaller）向帝国法庭寻求法律授权，批准他们驱逐犹太人。

就像罗斯海姆的约泽尔在帝国层面所做的，雷根斯堡的犹太群体也动用了可以动用的全部政治和法律工具捍卫自己的地位和权益。1517年，他们集体请愿，讨伐那些散布仇恨的教士，称"主教教堂的教士们和那些卑鄙的修道院……正在煽动普通人……反对我们，宣称教皇、皇帝和领主授予我们的权益都不作数"。[47]他们从皇帝和奥地利方面得到了一些帮助。马克西米利安一世在1514年就已颁布诏令，强调"雷根斯堡的犹太人是我们的一部分"。[48]1517年夏，因斯布鲁克市政府和皇帝本人的保护令分别于8月9日和31日在奥格斯堡和林茨下达。[49]教堂牧师会被勒令停止宗教法庭的审判，并被要求发布公告宣布教皇此前的相关授权有违皇帝的旨意，欠债者必须继续偿还犹太人利息。市政府不得不撤回向帝国法庭的上诉，并请仲裁法官出面调停解决相关矛盾。

皇帝的干涉并没有使局势得到持久的缓和，更何况皇室也是出于自己的经济利益对犹太人施以援手。马克西米利安在1519年1月12日离世后，其生前的庇护自然失去了作用。对犹太人的迫害几乎摧毁了雷根斯堡的犹太群体，犹太教堂被夷为平地。据说有一名工人在拆毁犹太教堂时摔成重伤，后来奇迹般痊愈，这一事件立马被解读为圣母玛利亚的意志，于是人们在犹太教堂的原址上兴建了一座基督教圣母礼拜堂。这一礼拜堂立刻成为成千上万虔诚信徒顶礼膜拜的圣地。这既反映了当时反犹情绪高涨，也是基督徒自中世纪延续下来的朝圣传统，这种仪式感在宗教改革初期还没有完全被磨灭。[50]

1517年的雷根斯堡反犹系列事件还从另一个方面恶化了德国犹太人的处境。此后不久，该市一位名叫安东尼乌斯·马格利塔斯（Antonius Margarithas）的犹太教徒转信基督教，再度引发人们对犹太教神学和仪式的激辩，但结果非但没有让人们增进对犹太教的了解，反倒给原有的仇恨情绪火上浇油。1492年出生的马格利塔斯成长在一个家教良好、家境殷实的犹太拉比家庭。家人想尽办法劝导这个叛教的逆子浪子回头。究竟是什么原因驱使他皈依基督教已无从知晓，但雷根斯堡发生的系列事件一定对他有所触动。他于1530年出版的《犹太信仰综述》（*Der gantze Jüdish glaub*），一部关于犹太教的百科全书式著作，甚至起到了负面作用。尽管内容翔实而专业，但字里行间中即使称不上敌视也流露出作者对犹太教的漠然，这不仅没有让基督教学者们平息反犹情绪，反倒坚定了他们的既有立场。

从 1517 年开始的宗教改革运动一并驶入了社会上普遍的反犹轨道。经历了 1517 到 1519 年天主教徒反犹事件后，雷根斯堡的一些犹太拉比自然支持路德站在现有基督教体制的对立面，他们希望可以借此改变基督教徒和犹太教徒的关系。路德原本是支持罗伊希林的，进而本应间接对犹太教持宽和的立场，他也的确于 1523 年发表了亲犹太的文章《耶稣生来是犹太人》（*Daß Jesus christus ein geborner Jude sei*），给予了犹太人信心。但在后续的三四十年代，尤其是受到马格利塔斯著作的影响，更加激进的反犹太作品接踵而至，这些文字完全陷于传统仇恨的窠臼，重复着指责犹太人谋杀儿童、亵渎圣餐和放高利贷的刻板印象。这样的转变并不十分令人惊奇。因为路德即便是在其早期的宗教生涯中，在持对犹太人友好的立场时，就展现了对"纯洁"和"不洁"问题的执迷。只是当初他认为犹太人皈依纯洁的福音教后，威胁将自然化解。当他发现一些犹太人皈依后仍坚持自己的信仰时，当即转变立场，像西班牙收复失地运动的狂热分子那样针对犹太教徒，将他们视为对基督教纯洁性的威胁。[51]

基督教和犹太教重新开启友好对话要归功于新教的加尔文宗而不是路德宗。尤其在荷兰和英国，17 世纪犹太人并不像在德国那样被当作反基督教的族群遭受非议。清教徒认为犹太人是"光荣的末日使者"，应当报之以友爱。[52]

犹太卡巴拉

1517 年，就在学者们对《蒙昧者书简》选边站队、争执不休的时候，罗伊希林在阿尔萨斯的哈根瑙发表了《犹太卡巴拉三书》，对整个近代产生了持久影响。该书论述犹太教卡巴拉的神秘色彩，主要目的不是提醒基督教欧洲警惕犹太人与撒旦的不洁勾当，而是为了向基督教欧洲启蒙犹太教的神学内核。其核心目的是打消人们对犹太教的集体恐惧，倡导人们对少数族群的神学文化和智慧保持开放和好奇，毕竟基督教与犹太教有千丝万缕的联系。如果人们不存偏见、客观公正地审视犹太教神秘主义，那么就会发现犹太教非但不是威胁，反倒是对基督教教义的佐证。

与16世纪早期的神学著述不同，尽管罗伊希林在《犹太卡巴拉三书》一文中一如既往地坚持基督教是终极真理的唯一掌握者，但他认为犹太教同样是欧洲文明的一部分。犹太教信仰和精神早已不站在基督教的对立面。人们应当研习希伯来语和犹太教多种多样的传统文献，它们其实是基督教的文献基础。只有这样，欧洲人才能重新发现基督教的模糊起源，使《圣经》重获纯洁。这一观念当时也受到伊拉斯谟和路德的支持。

罗伊希林一直致力于犹太教文献的科学研究，即便在与普费弗科恩的论辩日趋激烈时也没有停止这项工作。在1511年发表的《视镜》中，罗伊希林为了回应普费弗科恩的攻讦，公布了自己为马克西米利安皇帝做的保密评鉴报告，自此之后他追根溯源，探寻犹太教文化传统的起源文献。其中，犹太教的卡巴拉——一种上天甄选的少数人才能获得的神秘学说让他尤为着迷。据说《圣经》和《塔木德》的每个字、每句话都有隐藏的含义，上帝向这群天选之人直接授意。

在此期间，他也参考了在意大利佛罗伦萨结识的一些新柏拉图主义学者的研究成果。15世纪80年代，罗伊希林第一次陪同符腾堡领主埃伯哈特伯爵赴罗马，主要是与意大利人谈判给予新成立的蒂宾根大学一些特权。那时的佛罗伦萨语言和哲学界群星闪耀，安杰洛·波利齐亚诺（Angelo Poliziano）、乔万尼·皮科·德拉米兰多拉（Giovanni Pico della Mirandola）、马尔西利奥·菲奇诺（Marsilio Ficino）以及出版业巨头阿尔杜斯·马努蒂乌斯（Aldus Manutius）向罗伊希林介绍了意大利文艺复兴科学和文化成果，使其成为阿尔卑斯山以北地区最重要的新柏拉图主义代表人物。除了对古希腊语的高度推崇，罗伊希林还接续了意大利学者们对希伯来语以及犹太文化和神学的兴趣，尤其对卡巴拉的神秘主义和启示着迷。皮科对卡巴拉进行过深入的研究，他称赞卡巴拉是《旧约》中上帝的启示、古代哲学（特别是柏拉图和毕达哥拉斯）以及调和了新柏拉图主义哲学的基督教的共同基础。

尽管职业生涯起伏跌宕，个人命途多舛，罗伊希林从未停止对卡巴拉文献的研究，《犹太卡巴拉三书》就是他长期研究的成熟果实。它被呈给教皇利奥十世——这也印证了作者撰写文章的主要目的是促成基督教和犹太教的和解。从内容上看，文章一方面从语言上证明《圣经》的文字重组后有更深层次的、隐藏在字面意义之下的内涵；另一方面分析了卡巴拉和古希腊哲学的共同点，尤其是毕达哥拉斯曾潜心研究的数字意涵，例如数字 10 尤为神圣，能指引人们获得智慧和接近上帝，50 道门打开通向认知的殿堂，32 条路带领人类走向真理，72 位天使把人类引见给上帝。[53]

尽管《犹太卡巴拉三书》的读者群体只是一小部分学者，但它在很大程度上推动了欧洲人放下对犹太宗教和文化的主观偏见。同时，这也是基督教神学家和哲学家尝试获得犹太教神秘主义知识的开端。尽管这一进程在宗教改革和教派分裂时期中断，但后来又再度兴起并持续到 17—18 世纪。通过从基督教神学视角解读犹太神秘主义内容，一种新的"基督教神秘主义"诞生。经过理性诠释和加工的基督教神秘主义思想进而成为欧洲共济会运动的思想基础。同样是犹太人的卡夫卡之友马克斯·布罗德（Max

Brod）在 20 世纪下半叶给予了罗伊希林的卡巴拉研究极高的评价，称赞他比其他任何一个人都更敢于为受迫害的犹太人和他们受轻视、被误解的宗教思想说话。

还应当看到的是，尽管罗伊希林、皮科等人为基督教和犹太教进行摒弃偏见的交往开辟了道路，但这一进程很快被阻断。随着宗教改革运动的推进，基督教世界的注意力再度转向内部讨论和冲突。起初，基督教和犹太教神学家还在继续寻找彼此的共同点。1520 年至 1523 年，在教皇利奥十世的推动下，《塔木德》在罗马首度发行；1523 年，路德发表其第一篇犹太教研究论文《耶稣生来是犹太人》，并在其中称犹太人是主的血亲和兄弟。[54] 随着教派分裂加剧，文艺复兴思潮越来越局限于研究基督教内部问题，犹太宗教和文化从属于欧洲文明的观点越来越退居次要地位。犹太人和阿拉伯人等少数族群不再被视作欧洲文化和文明的有益补充，[55] 而被贬低成对天主教、新教教义和礼俗"纯洁性"的威胁。

第六章　罗马教皇——意大利的君主，
普世的教宗

一、降福于罗马和世界：美第奇教皇治下的罗马

教皇利益与美第奇家族利益

尽管欧洲基督教世界翘首以盼，但 1517 年的教皇和罗马教廷关心的远非教会神学思想和机制的革新。其核心关切也不是新建圣彼得大教堂的融资计划，尽管这一雄心勃勃的浩大工程在路德发动对赎罪券的声讨行动后成了欧洲公众热议的焦点话题，并在长达数个世纪的时间里影响着新教徒的自我认知和历史学家的评判。彼时罗马的教会和城市生活都掌控在一位发迹于市民阶层的商人家庭的教皇手中。他费尽心力维护本家族在罗马的长期统治，努力让家族跻身欧洲的统治阶层，在此过程中，难免与一些感到被压迫和排挤的红衣主教和罗马权贵结怨。利奥十世本名乔万尼·德·美第奇（Giovanni de'Medici），当他 1513 年接替穷兵黩武的军事教皇尤里乌斯二世出任教皇时，他同时也是继兄长皮耶罗 1503 年死于战事后佛罗伦萨美第奇家族的大家长。美第奇家族极具政治和社会野心，起步于手工业并逐渐发展壮大，建立了

当时欧洲最大的贸易和金融企业，甚至取得了对佛罗伦萨城市公国的统治权。[1] 利奥十世作为教皇所做的一切同时也代表美第奇家族的利益。

1475 年 12 月 1 日，佛罗伦萨可敬可畏的僭主洛伦佐·美第奇再得一子。刚刚出世的乔万尼·美第奇注定会继承兄长皮埃罗的衣钵，通过取得教会高位保证家族产业的稳固。洛伦佐彼时已利用自己遍布欧洲的人脉为小乔万尼确保了在教会的一席之地。[2] 还在孩提时期，乔万尼就获得了佛罗伦萨、法国、那不勒斯和米兰的神职并领取相应的俸禄。1489 年，14 岁的乔万尼就成为红衣主教，这是当时的教皇英诺森八世为其子与美第奇家族女儿联姻所给予的报偿。作为年轻的红衣主教，乔万尼虽然曾在比萨短暂学习过教会法和神学，但他此时并没有展现特别的宗教虔诚和神学禀赋。与之相比，他更感兴趣的是艺术，尤其喜好浮夸的宫廷排场。据一名威尼斯使节讲述，他曾在当选教皇时说"既然上帝将教廷赐予我们，就让我们好好享受"。虽然这位使节所说可能有些疑点，因为他本人当时根本不在罗马，威尼斯公国也不是美第奇家族的追随者。但这样的谣传在一定程度上反映了利奥十世确实对富丽堂皇的派头痴迷不浅。

尽管几代新教历史学家都戴着路德和宗教改革者的眼镜评判利奥十世，但这位美第奇教皇绝不标志着文艺复兴时期教廷世俗化和去神学化的巅峰。正好相反，他刚担任教皇时，表现得尤为谦卑恭俭，以与前几任过分追求世俗权力的教皇划清界限。他公开放弃 12 任教皇都曾荣登的王座，当选教皇之后的第一个礼拜日步行参加圣枝主日游行。[3] 同时，他也不搞此前几任铁腕教皇的权术斗争，而是强调教皇应维护和平。不满尤里乌斯二世的伊拉斯谟当时称赞利奥十世是"和平教皇"，他在 1516—1517 年撰写的

由拉斐尔创作的这幅利奥十世的肖像画广为流传，堪称经典，意在表现利奥十世和蔼可亲、热爱生活的平易近人形象。而在这位美第奇教皇的反对者看来，他狡黠、自大甚至放纵。不管历史的评价如何，这幅画作都成功再现了一代文艺复兴教皇，同时也是德国宗教改革最大反对者的形象

《和平的控诉》中赞颂道："利奥，我们温和的和平使者，在言语上呼吁和平，在行动上捍卫基督，向每一个人发出了信号。"当路德不久之后将矛头指向教皇，批判他是反基督、反上帝的邪恶化身时，伊拉斯谟无法再与路德保持一致。在他看来，追随这位和平教皇是基督徒的责任。"如果你们真是上帝的羊羔的话，那就跟着你们的牧羊人吧！"[4]

佛罗伦萨历史学家、政治家弗朗切斯科·圭恰迪尼也确信，利奥十世"完全没有发动战事的想法"。作为美第奇家族的拥趸，他熟知利奥十世的弱点，那就是"他沉迷于奢华享乐，天生养尊处优，不识人间疾苦，远离现实问题，日日醉心于音乐、小丑、戏剧以及一切纵欲的玩乐"。[5]尽管此前提到的那位威尼斯使节强调利奥打算"享受教廷"，但他所谓"享受"与前任教皇不同，不是滥用职权发动战争，也不像博尔贾家族的亚历山大六世那样骄奢淫逸、过度纵欲。这位美第奇教皇的兴趣点在音乐和文学，他

知识广博，渴望攀登学术的顶峰，打造当时艺术的最高殿堂，为此经常举办各类表演、音乐会、假面舞会、狩猎比赛，征召宫廷小丑等艺人为宴乐助兴。对他来讲，整个罗马就是一个表现自己的巨型舞台，既能宣示教皇的崇高地位，也象征着王者的无上荣耀。罗马作为基督教世界的中心和不断扩大的世界的中心，应当在城市建筑、市容市貌、艺术科学上都无与伦比。要达到这一点需要钱、钱，还是钱。钱这个"牵动一切的神经"不久便会成为利奥十世的阿喀琉斯之踵。

此外，利奥十世还是谐趣的天才。他不仅在罗马赞助培养了许多小丑，也喜好天伦之乐，他下令让像伊波利托（弟弟朱利亚诺的私生子）这样父母亡故的美第奇家的孩子搬到罗马与他同住。[6] 新世界多样的植物和动物不仅让他乐趣无穷，也成为展现他基督教领袖地位的工具。利奥很享受在自己的动物园中倾听别人对他的赞颂，最好此时他刚好站在葡萄牙国王曼努埃尔赠予的印度大象哈诺旁边。这只动物在 1516 年夏天因积食而死，利奥十世对此甚为悲痛，这也沦为《蒙昧者书简》大做文章的笑柄。1516 年至 1517 年，意大利文学家彼得罗·阿雷蒂诺（Pietro Aretino）写了一篇名为《大象最后的意愿和遗嘱》的小册子，讽刺利奥以及罗马教廷的穷奢极欲。在文中，哈诺将门牙遗赠给野心勃勃、目中无人的红衣主教圣·乔吉奥（San Giorgio），前提是后者不再觊觎教皇的位置。它还将膝盖骨分给红衣主教圣·格罗切（San Croce），以便他掌握哈诺的下跪艺术，而作为回报，格罗切必须保证不再在红衣主教会议上撒谎。路德也不放过这个攻击罗马教廷的机会，讽刺教皇与大象的荒诞轶事，描述利奥十世看大象在地上打滚时，能想到最聪明的事情竟只有抓苍蝇。[7]

另外一件被赠予罗马教廷的异域礼物是一头亚洲犀牛。上文

教皇的大象哈诺，异域世界的使者、利奥十世的宠物。图中的大象由卫士看守、专人照料，为其作画的不是别人，正是教皇的肖像画师拉斐尔

提到过[8]它在 1515 年被运抵葡萄牙里斯本，然而到达罗马的时候人们只看到填充起来的一只巨兽标本。在出海驶向罗马前，曼努埃尔国王精心打扮了一下这头犀牛，给它系上天鹅绒的衣领，金色的项圈和流苏面罩。为了让法国国王弗朗索瓦一世在海港小岛伊夫堡一睹这头异国巨兽的风采，船队在马赛停留。而后在靠近利古里亚海岸时，载有犀牛的大船发生事故而不幸沉没。犀牛的尸体被打捞上岸后，被剔除内脏并填充稻草，制成动物标本，又转运回葡萄牙。随后动物标本又开始了海上的航行，终于在 1516 年春天抵达罗马。在教皇的委任下，拉斐尔让这只动物在画中得以永生。至今人们还能在教皇官邸的凉廊壁画中观赏到拉斐尔的犀牛，并且画中还有它同样已故的同胞大象哈诺。与丢勒所画的"大象的死敌"、"用角开膛破肚令其窒息的"嗜血犀牛不同，拉斐尔笔下的犀牛和大象在天堂里与其他造物和睦共处。

这两头异域动物只是葡萄牙国王送给罗马教廷的奇珍异宝的

典例。这般慷慨赠予也反映出当时的政治局势和教皇在 1517 年尚未被动摇的无上权威。曼努埃尔希望获得教皇的好感，借此请求教皇参考 1494 年《托德西利亚斯合约》的例子，出面划定葡萄牙和西班牙在远东的势力范围。现代法官在提起这一段公案时，偶尔会将教皇的裁判贬低为滥用权力或独裁，但其实是忽视了教皇在当时无可争议的国际法职能，维护统治者和民众间的和平和睦。

当然，利奥十世也从未忘记从小肩负的使命，即帮助美第奇家族崛起。他和家人为躲避具有极大影响力的多明我会修士吉罗拉莫·萨伏那洛拉（Girolamo Savonarola）的统治，被迫于 1494 年逃离佛罗伦萨，流亡时间长达 18 年之久。有了这样一段童年的流亡经历，他出任教皇之后以极大的热忱捍卫家族地位，不重蹈历史的覆辙也成为他的人生信条。

美第奇教皇所处的复杂、多层的利益和财务网络一定程度上左右了 1517 年罗马和基督教世界的事件和决策。在担任教皇的最初几年，利奥十世周旋于法国和西班牙竞相争夺的意大利权力场，小心而坚定地为美第奇的"天然"利益开辟空间，并按家族的意志塑造教廷。他利用当时法西两国胶着的局面，适时从让兄长皮耶罗丧命，让美第奇丧失佛罗伦萨统治权的大国博弈中抽身。只要与罗马教廷对立的哈布斯堡家族还未在西班牙完成王位继承，法国人就还能发号施令。他们在 1515 年秋的马里尼亚诺战役中爆冷战胜了强大的瑞士联盟，自此之后几乎一直控制着意大利北部大片区域。鉴于对时势的上述判断，1515 年 10 月，利奥十世将其政治重心转向法国，与法国签订了《维泰博条约》。这份条约与其说是教皇与法国，不如说是弗朗索瓦一世、教皇、佛罗伦萨公国和美第奇家族缔结的条约。[9] 与刚刚加冕的弗朗索瓦一世结盟将给教皇国，尤其是美第奇家族开辟更大的政治、财政、文化和统治空间。

财政前景更为重要。由于当时新推行的赎罪券以及其他一些名目还没有发挥开源的效用，且利奥十世早已耗尽了前任教皇留下的基业，所以与法国王室的金钱往来几乎成为唯一支持教皇国免于破产的保护伞。与法国的金钱交易主要通过以里昂为中心的美第奇银行完成，与之友好的贝托利尼银行（Bertolini-Bank）在其中牵线搭桥。

教皇与法国王室的密切关系推动了法意间的艺术交流互鉴，许多意大利文艺复兴时期的优秀艺术品流向法国。美第奇赠给法国的国礼中最珍贵的有拉斐尔的几幅油画，后者是当时毫无争议的文艺巨擘。赠给王后的《神圣家族》、赠给国王的《圣米歇尔》均于 1517 年完工。此外还有意大利富商为法国教堂捐赠的祭坛画。[10] 从艺术品位看，法国瓦卢瓦王朝的成员更贴近这位文艺复兴教皇，而保守的哈布斯堡家族在发掘新的艺术表现形式时总显得畏首畏尾。

互赠艺术品的由头通常是洗礼或婚礼，利奥十世对此尤为看重。他的亲法政策让美第奇这个传统的商人家族顺利打入欧洲的上流贵族圈。在弗朗索瓦一世登基后不久，教皇的弟弟朱利亚诺·德·美第奇和弗朗索瓦的姨母萨伏依的菲利贝塔的婚事立即敲定。几个月后，朱利亚诺不幸去世，1518 年 5 月，新的联姻开始了：乌尔比诺公爵、皮耶罗之子也即教皇的侄子洛伦佐二世·美第奇在昂布瓦斯迎娶波旁公主玛德莱娜·德·拉图尔·德韦涅（Madeleine de la Tour d'Auvergne）。尽管这段婚姻也随着二人于 1519 年先后死去而结束，但他们留下了刚出生的卡塔琳娜·德·美第奇。她在两位美第奇教皇的看护下长大，1547年嫁给弗朗索瓦一世的儿子亨利，先是以王后身份参与朝政，后又因子嗣未成年而摄政，前后执掌法国朝政长达40年。利奥十世推动美第奇家族崛起的计划无疑是非常成功的，他甚至促成了与哈布斯堡家族的婚姻：1536年佛罗伦萨公爵亚历山德罗·德·美第奇（利奥十世和克莱芒七世的侄子）迎娶了查理五世的女儿玛格丽特。但二人并未留下子嗣，亚历山德罗在婚后数月即被谋杀。

红衣主教阴谋事件

随着与法国的结盟，教宗的位置和教皇国正式被美第奇家族利益绑架——至少在那些未能从结盟中捞到什么好处，或者原本把赌注压在西班牙和哈布斯堡家族身上的人看来是如此。他们越来越不满意，活跃在意大利的其他势力连同西班牙和哈布斯堡家族想方设法培植反法势力，逐渐成为美第奇家族的心头大患。意大利内部政局也变数重重，利奥十世动用武力驱逐了原本统治乌尔比诺公国的德拉罗韦雷家族，并将爵位赐予他的侄子洛伦佐二世，此举不仅直接激怒了德拉罗韦雷家族及其附庸势力，同时在没受到直接影响的罗马和意大利的圈子中也遭到非议。毕竟当初是德拉罗韦雷家族慷慨准许被赶出佛罗伦萨的美第奇家族流亡乌尔比诺的。1517年局势激化，骁勇善战的弗朗切斯科·马里亚·德拉罗韦雷于1月成功包围了乌尔比诺，并在一个月之后占领了该市，大大威胁到洛伦佐在整个公国的统治。

3月，正当局面变得愈发棘手的时候，教皇的侧近人士截获并解密了一封可疑信件。[11] 收信人是刚满27岁的锡耶纳红衣主教阿方索·彼得鲁奇（Alfonso Petrucci），他声名狼藉，放荡不羁，还疯狂试图让家乡锡耶纳摆脱佛罗伦萨和美第奇的统治。如果说他因为反对教皇的种种言行早已上了罗马的黑名单，那么这封信终于坐实了他对抗美第奇家族的罪名。信的撰写者是彼得鲁奇在罗马的书记官和代表，他在信中告诉彼得鲁奇，佛罗伦萨医生巴蒂斯塔·德·韦尔切利愿意为他做任何事情，但不能跟他碰面，怕教皇的随从起疑，打草惊蛇。当时的背景是，已有多人向利奥十世推荐韦尔切利医治他的血管瘤，只是利奥十世生性多疑，不愿让陌生人看病。

　　韦尔切利立即遭到逮捕和刑讯逼供，他的供词揭开了一个大阴谋：他们策划毒杀利奥十世，推举美第奇的死敌、科隆纳-德拉罗韦雷一派的拉斐尔·里亚里奥（Raffael Riario）红衣主教担任新教皇。这就相当于推翻罗马的现政权，建立新的亲西班牙政权，彻底改变利奥十世治下教皇国的既定政策。为了彻底清剿反对派余孽，利奥封锁了自己已察觉阴谋的消息，向彼得鲁奇假意许诺归还锡耶纳领土，并邀请他来罗马敲定领土归还事宜。教皇许诺保证其罗马之行的人身自由与安全，为安全起见，特意将该安排通报西班牙驻罗马使节。彼得鲁奇于当年的 5 月 18 日抵达罗马，拟于第二天早上面见教皇，还未见到其本人，就在前殿被逮捕，并与同行的红衣主教一起被关进圣天使城堡的地牢。

224
　　红衣主教团即刻召开紧急会议，纷纷对教皇的独断专行表示愤慨，但也只能委屈接受建立调查委员会的建议。罗马顿时流言四起，甚至连一些完全不相干的红衣主教也被怀疑有颠覆教皇统治的嫌疑。意大利以外的政权，尤其是西班牙也对教皇在彼得鲁奇事件上的处理方式大为不满。6 月 25 日，教皇国发起使节特别会议，报告了详细的调查结果，才平息外交风波。整件事让利奥十世坐立难安。长达几周的时间他都不敢踏出安全的教皇宫殿一步。6 月底，他赴梵蒂冈的大教堂出席圣彼得和圣保罗节日庆典时，随行的护卫队武装严密，大教堂四周重兵把守，彻底戒严。

即便如此，美第奇家族也懂得趁乱在多种势力的折冲樽俎中引导时局朝着有利于自己的方向发展。利奥十世本人估计是愿意展示温和，低调处理的。但他的侄子洛伦佐感到自己刚刚获得的乌尔比诺统治权正受到威胁，于是亲赴罗马，要求教皇拿出决断。反对派领袖彼得鲁奇于是首先被裁决。由于红衣主教的血被视为神圣的，不能四溅，所以教廷为展示决绝态度，采取了土耳其人的行刑手段，由一名黑人绞死犯人。为杀鸡儆猴，起到震慑作用，教廷下令在圣天使大桥上对彼得鲁奇的秘书和医生公开施以酷刑折磨，之后吊死并分尸。其他四名间接参与谋反的红衣主教分别和教皇在红衣主教全体会议上进行了长时间的公开辩论，他们最终被其他红衣主教判作有罪，但只是被罚剥夺头衔和俸禄及没收部分财产。不久之后这些没收的财产又陆续被尽数归还，但他们的政治势力已消失殆尽。

上述事件不仅巩固了美第奇的统治，也巩固了早期现代教皇国的势力。直到今天，罗马维托里奥·埃马努埃莱大街旁矗立的文书院宫依旧美轮美奂，展示着文艺复兴早期意大利宫廷建筑的华丽壮观。该建筑最初由反对派的教皇候选人、德拉罗韦雷派的红衣主教里亚里奥下令建造，也是家族权力与地位的象征。在推翻教皇的阴谋被揭发后，尽管里亚里奥并未直接参与颠覆活动，但执政官宫仍被没收为教廷所有，长达几个世纪作为教皇国的行政办公场所，这宣示着谁才是罗马的主宰者。[12]

比排斥异己更为重要的是红衣主教团人员和机构的重组。5月下旬，利奥十世不顾一些红衣主教的强烈反对，开始了既定的改革计划，并于 7 月 3 日完成。新任红衣主教多达 31 个，而教会法规定仅允许有 24 名红衣主教，所以改革几乎是凌驾于教会法之上了，而经历了此前阴谋事件惊魂甫定的红衣主教们敢怒不敢言。排斥异己、任命自己人等一系列手段大大强化了美第奇家族对教廷的控制。与此同时，一些新当选的罗马贵族需要为红衣主教的头衔买单，巨额的现金流刚好可以为利奥十世夺回被占的乌尔比诺市提供急需的军费。这也是一项一反常规的做法，此前的历任教皇为了防止贵族们的无谓攀比，一直避免任命罗马的豪门望族成员担任红衣主教。总体而言，利奥十世的改革尽管多有纰漏，但干预红衣主教团原本独立的人事任免，符合各方对教廷改革、强化教皇优先权的期待。

　　这种对教廷内部的改革带来了存在矛盾的两方面影响。一方面，任命德高望重、信仰虔诚的教士，例如乌得勒支的哈德良（Hadrian von Utrecht）、多明我会修士托马索·德·维奥（Tommaso de Vio/Cajetan）以及奥古斯丁会修士维泰博的埃吉迪乌斯（Ägidius von Viterbo），向外界发出了反对红衣主教生活腐败和作风世俗化的信号。这其实也是顺应越来越高的改革呼声，教廷和红衣主教团此时已无法再继续拖延，不得不寻觅那些学术成就高、信仰虔诚、生活俭朴的候选人。另一方面，此时从罗马到整个欧洲，世俗大贵族的权力不断遭到削弱，诞生了一类"被驯化"的宫廷贵族，他们只关心面子、名声、享乐和财富。这种风气带到教廷，表现为觊觎教皇位置的红衣主教们相互攀比，炫耀财富，加剧了教廷内斗。这种炫富游戏虽然增添了罗马城的光彩，但世人对教会改革的渴望并未得到彻底满足，进而为维滕贝格的宗教改革埋下了种子。宗教改革派纷纷呼吁教会放弃世俗权力和财富，重新思考教廷的宗教使命，受到社会的广泛响应。

二、从头到脚全面改革基督教会

解散第五次拉特兰大公会议

令文艺复兴时期的教皇们无法忽视的是，自中世纪以来时高时低的从头到脚（an Haupt und Gliedern）改革基督教会的呼声，在他们所处的时代再度掀起高潮。并且，许多地区已经迈出了改革宗教生活和教会作风的第一步。但此时教皇和教廷的一众神职人员都相信自己的力量足以遏制变革的苗头，甚或可以加以利用，强化和巩固教皇国的地位和教皇统治。从事实看似乎是如此，1517 年 3 月 6 日，利奥十世在没有向改革派做出任何实质性妥协的情况下，宣布前任教皇尤里乌斯二世在 1512 年发起的基督教第五次拉特兰大公会议结束。在宣读完最后的教皇令后，利奥十世解散了参加会议的神职人员，"这样他们就能不受案牍劳形之苦，免除财务负累，带着更加笃定的信仰，更大的喜悦返乡，我们宽恕了他们和家人的一切罪过，使其在有生之年和死亡之时罪过一笔勾销"。

227

在教会政治方面，第五次拉特兰大公会议的 11 次集会还笼罩在教皇权力与大公会议或者说红衣主教之间长期矛盾的阴影下。在这样的矛盾中，世俗统治者出于在本国或本地区教会追求自身利益的需要，选择站在教皇一方。在罗马，"至高无上的教皇"（保罗·普罗迪）[13] 有两个灵魂：一个是最高等级的神父，决定宗教和教法的一切事务；另一个是早期现代君主，统治着一个国家及其社会生活。教皇甚至是欧洲所有统治者中第一个采取措施削弱贵族——这里指红衣主教——话语权的人。这一时期的教皇们还对罗马教廷进行了对内对外的改革，以使其稳定和完善。

然而问题仍没得到根本上的解决。随着教皇权力的膨胀，人们的要求和期待自然提高。信众更加急不可耐地要求改革，要求给予新的灵魂指导。这在阿尔卑斯山以北地区尤甚，正如上文曾提到的，那里的信众尤其忧心无法获得永恒救赎。此外，教皇的独立地位无可避免地招致内外反对，在内部来自权力被削弱或剥夺的团体，在外部则来自意大利诸公国，他们认为教皇国的壮大侵犯了世俗君主的势力范围。由此一来，教皇国自然卷进了欧洲国家间地位和权力争夺的漩涡，其中意大利又是最为激烈的战场。而那些势力被削弱的主教们也不会甘拜下风。大公会议的幽灵时刻盘旋在教皇国的上空，觊觎着最后一刻的翻盘，将教皇重新束缚于宗教会议的牢笼。

尤里乌斯二世执政末期，罗马的情势急转直下，法王路易十二在教皇国培植了一支强大的反对派力量，打破了教皇国、神圣罗马帝国和西班牙王国组成的同盟。在他的庇护下，1511年比萨召开了未经教皇授权的一次大公会议，参会的大部分是反对教皇的法国主教。他们的目标是束缚教皇日益壮大的绝对权威。为此，他们重申了康斯坦茨大公会议的教令，即将宗教会议置于教皇之上。同时他们还强调要切实落实改革宗教生活和教会机构的承诺。这一举动让罗马和比萨交恶。作为回击，尤里乌斯二世于1512年5月10日在罗马的拉特兰宫召集了新的大公会议，共15名红衣主教、79名主教在场，大部分是意大利人。此次会议在议程设置和工作方式上都一反15世纪反教皇的大公会议传统，重回中世纪鼎盛时期教皇主导会议的模式。大公会议的官员由教皇任命，教令也以教皇训谕的形式颁布。多明我会的教团首脑托马索·德·维奥，即托马斯·卡耶坦（Tomas Cajetan）在《比较教皇和大公会议权威性》（*De comparatione auctoritatis pape et concilii*）一文中为教皇主导大公会议的模式给予了理论和法律支撑。卡耶坦就是几年后在奥格斯堡审讯一位1512年时还默默无闻的德国奥古斯丁会修士并对其没有任何好感的那位红衣主教。[14]

随后的拉特兰大公会议完全朝着有利于教皇的方向进行，因为欧洲多国君主表示支持会议的召开。在尤里乌斯二世1513年2月去世后，法王也改变了立场。比萨和罗马之间由大公会议导致的教会分裂幸而在对教皇造成实质性危害前得以弥合。利奥十世1516年12月与新法王弗朗索瓦一世缔结《博洛尼亚条约》，得到大公会议的确认，与法国的分歧也终于化解。法国和罗马教廷就1438年颁布的反教皇《布尔日国事诏书》也达成了一致的解决方案：法国国王承认教皇的优先地位具有普世性，作为回报，法国在其本国教会中也享有一定特权。这也是罗马教廷亲法外交政策的开端。

229

教皇如此强势，可想而知大公会议的与会者们无法为教会改革提出实质性的解决方案，更别提宗教精神上的革新了。奥古斯丁会的团长（他也是路德的直接上司）、颇有影响力的神学家埃吉迪乌斯曾在大公会议的开幕式上做了感人肺腑、充满希望的致辞："是神圣的信仰塑造人，而不是人塑造神圣的信仰。"1517年春，文艺复兴哲学家乔万尼·皮科的学生和侄子詹弗朗切斯科·皮科·德拉米兰多拉也曾做题为《论改革旧俗》（*De reformandis moribus oratio*）的演讲，呼吁改革。[15]但神学界的严肃呼吁和人文主义者的雄辩之才都没有激起利奥的兴趣。好在这些呼吁改革的倡议也并不是毫无作用的。它反映了路德进行宗教改革前欧洲范围内对教会变革的激烈争论，也对宗教改革后期罗马教廷的革新有推动作用。

利奥十世不是"改革派教皇"。[16]这体现在他委派给三组筹备教令的红衣主教代表团的任务和他在3月的最后一次会议所做的感谢致辞上。他说,(红衣主教团)第一组应研究如何实现基督教世界君主间的和平,弥合各个教会的分歧;第二组要研究教会以及罗马教廷的改革;第三组要详细研究法国《布尔日国事诏书》的废除事宜,以及澄清一些与正确信仰相关的问题。[17]对这个美第奇家族的捍卫者而言,居于首位的问题是教会和外部环境的稳定,他对教会改革的理解主要是精简罗马教廷机构、提高执政和治理效率。"正确信仰的问题"看起来只是附属品,并没有得到更进一步的解释。

230 所以1517年3月颁布的最后一条教令的主要内容也是确定教会机构和罗马教廷精英们的地位。教令规定要保护红衣主教官邸,此前只要教皇人选更迭,红衣主教的官邸便会遭到罗马平民的洗劫。教令一经颁布,此后的红衣主教官邸无论在何时何地都是不可侵犯的,凡有违反者,均将受到教会和世俗法律的制裁。在第五次拉特兰大公会议持续的五年里,个别举措的方向是正确的,例如规定任命主教时应选贤任能,规定优化宗教课堂和布道的质量。但关于布道质量的问题又让主教再次与托钵僧对立,因为后者广撒网式的云游步道是远近闻名的。如果对此次会议给出综合性的评价,还属天主教牧师和专门研究大公会议的史学家胡博特・耶丁(Hubert Jedin)的结论比较中肯:"不得不说,此次大公会议并没有推行足够有力的措施,应对诸如一人身居数职、权力过于集中、官邸过多、神职人员举止放纵等问题。不解决这些问题教会就无法实现成功的转型。阿尔卑斯山以北地区思变的炸弹仍旧没有被拆除。"[18]

但教皇似乎仍然相信,"由于我们无尽的善意和仁慈,上帝对此次召开的大公会议持赞许的态度。正是他授意我们去做想做的事情并为之努力，眼下这就意味着在按我们的意愿处理了一切事务后，宣布此次大公会议的圆满结束，解散与会的神职人员"。[19]

尽管如此，利奥和罗马教廷应该已意识到，会议并没有解决教会改革的诸多问题。我们甚至可以想见，他们很庆幸对教会改革的讨论此次并没有扩大。事实上，在结束拉特兰大公会议的仪式上，大家讨论的主要是土耳其问题。几周以来，利奥都非常忧心如何对付那些"土耳其独裁者"和"没有信仰的野蛮人"。那些对改革翘首企盼的基督徒认为教廷人士口口声声宣扬的土耳其威胁只是了结会议的一番说辞，目的只是按照罗马教廷的设想，舒舒服服地不做任何改变。

那些极个别的改革建议也纷纷落空。改革派不得不在教皇和罗马教廷之外寻求自己的改革道路，甚至不惜完全跳出天主教会这个集体。

没有教皇的改革

在拉特兰大公会议上，一份以西班牙语撰写的改革建议要求："审判要从神的家起首。"[20] 这一倡议并没有上达至教皇，唯有靠各个国家或地区教会视各自情况决定是否以及如何执行。事实上，在天主教双王伊莎贝拉和斐迪南治下整个卡斯蒂利亚-阿拉贡王国政治上形成的同时，西班牙自己的教会机构和神学思想的革新已悄然开始。就在其他地区的教会改革由于触犯不同群体利益而陷入停滞的时候，西班牙的教会改革进程却稳步推进。得益于世俗君主以王室之名定期向各地派遣巡视员，对教会神职人员（包括修士团和在俗教士）进行更严格的社会和道德约束也成为可能。同时由于教皇较频繁地向西班牙下达谕令，世俗国家和教会在各层级保持了比较密切的合作关系。[21] 其典例之一就是经罗马教廷批准于1478年设立的声名狼藉的宗教裁判所。[22] 这场由西班牙国家机构主导，旨在捍卫教义和种族"纯洁性"的运动造成了尽人皆知的悲惨后果。主事者目的明确，官僚机构环环相扣，大家以饱满的热情投身于运动中，为了所谓的"纯洁性"大规模驱逐和迫害改宗者、莫里斯科人，之后拓展到新教徒、同性恋者和"女巫"，一时间人心惶惶。此段不堪的历史与当时荷兰和英国添油加醋散播的西班牙海外殖民"黑色传奇"，令此时的西班牙国家形象蒙上了几个世纪都挥之不去的阴影。他们力促教会革新的努力也因此被这些不光彩的过往盖过风头，逐渐被忽略和遗忘。

值得一提的是，宗教变革的动力并不源自国家命令，而是出于西班牙教会本身的意愿。15世纪末，西班牙教会形成了一股开放而活跃的改革氛围，让人印象深刻。这里包括成立于1373年力主教会改革的圣哲罗姆派修会（Hieronymiten/Jeromiten），到16世纪初，该修会在全国范围内建立了49个牧师集会机构。本笃会内部同样也有一些改革派人士推崇效仿在荷兰兴起的"现代虔诚"（*devotio moderna*）精神。由于教士们精神上自我觉醒，再加上世俗官厅和教会高层协调一致整饬教会内部风纪，西班牙教会在改革热情、道德水平和教士修养上都高于其他国家。

这场改革的主导人物就是此前提到的托莱多大主教西斯内罗斯。1507年起，他出任大宗教裁判官，1517年时正担任卡斯蒂利亚的摄政官，同时也是伊莎贝拉女王的告解神父，是合并后的西班牙王国最有权力的人物之一。西斯内罗斯15世纪起广泛接触并吸收外来的宗教新思潮，其中以萨伏那洛拉、锡耶纳的圣加大利纳和鹿特丹的伊拉斯谟的思想为主。为了使改革思潮传播得更快，西斯内罗斯大力鼓励出版业的发展。此外，他还于1499年发起创立了阿尔卡拉大学，为西班牙人文主义学科提供了一个据点。在接下来的几十年里，康普顿斯（Complutense）——人们以阿尔卡拉在罗马时代的名字称呼这所大学——发展成为西班牙精神和宗教觉醒的中心。西斯内罗斯希望借此将西班牙的基督教信仰建立在科学、人文主义和语文学新知的基础上，使之得到进一步巩固。

西斯内罗斯主导的西班牙教会改革的典型特征是，他们的改革方案与海外开拓者和商人带回欧洲的新知紧密联系。尽管西斯内罗斯将不久于人世，但对于他和西班牙而言，1516—1517年是运数的巅峰时期。1516年，出生于意大利的西班牙宫廷高级教士皮特马特·德安吉拉在阿尔卡拉出版了他本人撰写的《新世界十年记与巴比伦使节报告》。该书主要以十年为一个时间段，记载西班牙探险队发现美洲的前后经过，同时还纳入作者本人1501年出使马穆鲁克王朝亚历山大的游记。1517年春，西斯内罗斯主导的康普顿斯多语种《圣经》的编纂工作完结。这一宏大的《圣经》编纂工程历时约15年，目的是出版一套建立在新语文学基础上的《圣经》全集。为了编纂这部鸿篇巨制，西斯内罗斯动用了很大一部分私人财产。坊间传闻他像所有的红衣主教一样家财万贯，却过着修士般的穷苦生活。1514年，希腊语原文的《新约圣经》第五卷已经出版问世。1517年7月，余下四卷《旧约圣经》的底稿也已完成，只待付梓。这样一来所有的编纂工作基本上大功告成。第一部基于最新语文学发现的多语种对照版《圣经》全集诞生在西班牙。[23] 这几乎可以算作早期现代《圣经》学的里程碑。

然而西斯内罗斯和他的编辑团队无论现世还是后世都没有因此获得世人的广泛认可和赞许。因为在1514年至1520/1521年间发生的版权探案小说式的事件，西班牙人的成就被完全推到了幕后：发行《圣经》版本必须得到帝国和教皇的授权，而当时首先取得授权的不是西斯内罗斯和他的康普顿斯《圣经》，而是伊拉斯谟在巴塞尔编辑出版的希腊文原版《新约圣经》。时至今日，伊拉斯谟仍被认为是那个秉承"回到源头"的人文主义精神，将原版的希腊文福音书同流行几个世纪的拉丁文通俗译本对照出版的先行者。这个戏剧性的巧合让将西班牙的编辑们所做的种种努力只为一小部分《圣经》研究专家所知晓，事实上正是他们先于伊拉斯谟两年完成了希腊文《新约圣经》的编辑工作，并在一个叫阿尔瑙·纪廉·德布罗卡（Arnao Guillén de Brocar）的印刷商那里印制出版。经过艰难的争取，直到 1520 年 3 月，利奥十世才通过一封宗座书函正式批准康普顿斯版《圣经》的发行与传播。但此时伊拉斯谟早已名声在外，无法撼动了。随着路德翻译的德文《圣经》问世，新掀起的宗教争端又让康普顿斯《圣经》淹没在历史的浪潮中逐渐被人淡忘。

而在 1517 年夏天，西斯内罗斯和他的编辑团队还无法预见这后续种种戏剧性的发展。当最后一卷的编辑工作完成后，西斯内罗斯认为这部著作将获得前所未有的成功。他从 15 世纪末就开始潜心搜集各语种的《圣经》手稿，并专门组织了一批专家学者整合素材。这个团队中有当时欧洲最卓越的语文学家，例如拉丁文大师埃尔南·努涅斯·德·托莱多·古斯曼（Hernán Núñez de Toledo y Guzmán）和萨莫拉的阿隆索（Alonso de Samora），后者原是犹太人，后来转信基督教，他也是希伯来语教授。他们进行《圣经》研究和编辑工作的地点就是西斯内罗斯刚刚创立的阿尔卡拉大学。项目的总负责人是年轻的语文学家、来自萨拉曼卡的迭戈·洛佩斯·德·苏尼加，拉丁文名为雅各布斯·斯图尼卡

（Jacobus Stunica）。他主要的工作是协调参加研究的学者们，校对他们撰写的文本，并随时与原文进行比对。其中1517年完工的《旧约圣经》编辑工作尤为繁复。每一页都由三个版面组成，最外侧是希伯来文，中间是拉丁文，最里面是希腊文。而在援引《摩西五书》的时候，页底还增加了第四个版面，用亚兰文加以解释，并配有详细的拉丁文翻译。

没有谁能比斯图尼卡更胜任此项工作，因为他除了掌握当时的人文主义者普遍使用的几门语言外，还通晓亚兰语和阿拉伯语。但他也因此恃才傲物，对组里其他学者态度傲慢，刚愎自用，时常与别人发生争执。伊拉斯谟对此有很直接的感触，毕竟他也是个心高气傲的学者。当斯图尼卡拿到1516年的巴塞尔《新约圣经》时，他拿自己的作品为范本和衡量标准，带着批判性的态度审阅伊拉斯谟的著述，批评伊拉斯谟的版本一无是处。尽管斯图尼卡的同僚也知道伊拉斯谟的作品存在缺陷，但还是基本认可他的工作的。而斯图尼卡则强烈要求出版自己的批评意见，给伊拉斯谟泼冷水。[25] 他为此专门撰写评论，并在附录中一一罗列伊拉斯谟犯下的错误。最后还是西斯内罗斯亲自出面，要求斯图尼卡把错误列表寄给伊拉斯谟本人，而不是广而告之，才制止了他不按常理出牌的做法。

16世纪20年代初，康普顿斯多语种《圣经》终于出版发行。全集总计六卷，四卷《旧约》，一卷《新约》，还有一卷是亚兰语、希伯来语和希腊语字典以及其他语文工具书的合集，其规模之宏大令人称奇。在1517年最后一卷完工后的近五年间，随着宗教改革的推进及蔓延，世界格局和宗教与科学的冲突关系发生了巨大的变化，一定程度上限制了康普顿斯《圣经》的直接影响。虽然这部巨著"注定时运不济"，[26] 但它的多语种属性说明了伊比利亚半岛早在中世纪末期就已产生了一些新的思潮和实践。而在其他欧洲国家，只有等到宗教改革的反叛者和天主教的捍卫者正面交锋，新的倡议才应运而生。西班牙在宗教改革发生前就对教会进行了一系列革新，得以在1517年对路德宗的"异端邪说"免疫。

然而历史是多么讽刺啊！尽管伊拉斯谟的巴塞尔《新约圣经》在学界的名声至今经久不衰，但它才是真正的"时运不济"。因为伊拉斯谟自视为"路德的先导"，福音书重生的先驱，声称要使每一个人，包括女人和农民人手一部福音书。而目睹了1517年10月赎罪券引发的反抗浪潮和宗教改革的大震荡后，伊拉斯谟从1523年开始明显缩减了自己的《圣经》后续编纂工作，最后乃至彻底放弃。路德和他的维滕贝格同僚接管了他的《圣经》计划，并赋予其一种摧毁一切和平和秩序的激进色彩，让这位敏感的学者大为惊骇。为了明哲保身，伊拉斯谟不得不与民间掀起的"《圣经》热"划清界限。因为此时在罗马教廷眼中，每一个宣扬《圣经》自由力量的人都有"异端"嫌疑。[27]

路德引发的基督教两极分化也使西班牙之外的地区迸发出教会改革的火花，罗马亦是如此。1517年，法国使节纪尧姆·布里松内曾在罗马遇见一个名为"圣爱会"（Oratorio del Divino Amore）的改革组织，成员兼具神秘主义的虔诚和质朴的博爱精神，令布里松内很是着迷。他不久之后担任巴黎圣日耳曼德佩教堂主管，便将圣爱会的改革理念引入和推广到法国。[28] 这个名为"圣爱会"的组织是热那亚兄弟会的分支机构，其成员是一些高级教士和受过良好教育的世俗人士，此前一直在圣城罗马举办集会。他们像路德一样对当下的宗教生活感到不满，希望找到作为基督徒新的、鲜活的、诚实的存在方式。

早在 15 世纪晚期，意大利就有一批高级教士和世俗精英提倡福音教派观念，将福音书作为衡量宗教生活的准绳。[29] 但与 1490 年佛罗伦萨的萨伏那洛拉和德国的路德不同，这些人无意反抗以教皇为首的天主教会。他们更看重革除现有的弊端，重回最初的使徒生活，从而巩固天主教会的作用。他们追求的核心不是有助于自身灵魂救赎的功课，例如虔诚礼拜、斋戒和朝圣，而是一种在日常点滴中身体力行、触及心灵的"关怀"，他们认为这样的姿态才是上帝的恩典。这种观点与天主教呼吁教徒虔诚做功课是有区别的，路德的《九十五条论纲》不久之后也提出了类似观点。但在具体落实到日常宗教生活的问题上，两派选择了不同的道路。意大利改革者依靠的还是高级教士本身，他们通过提高自身的教育水平、信仰虔诚度和纪律作风，与世俗人士在组织上更加紧密，从而使基层布道的教士群体更加专注于布道，信仰也更加纯洁。路德则在其恩典论的基础上论证了所有受过洗礼的人都可以布道的观点，从而使得原本负责在人和上帝之间沟通传信的教士阶层变得多余。[30]

三、旨在对抗奥斯曼人进攻的欧洲和平

从 1517 年 2 月开始，奥斯曼帝国相继攻陷开罗和阿拉伯半岛，让欧洲霸主们大为震动。[31] 巴尔干半岛和地中海沿岸的普通基督徒也感到格外不安。1453 年，君士坦丁堡陷落后，欧洲的基督徒就视这些信仰伊斯兰教的土耳其人为强大而残酷的世仇。在巴尔干半岛上，他们似乎势不可遏。1517 年，土耳其军队抵达伊斯特拉（Istrien），控制了威尼斯的正对岸。攻下埃及后，有流言称

苏丹正在亚历山大集结战舰，预备从海上对意大利发起进攻，不禁勾起意大利南部的人们关于 1480 年夏奥斯曼舰队突袭并血洗奥特朗托的惨痛回忆。当时奥特朗托被俘的 800 多名基督徒拒绝皈依伊斯兰教，土耳其人便对其大开杀戒，场面极为血腥，给意大利人留下的战争创伤直到 1517 年仍未愈合。

像前任教皇一样，利奥十世也感到自己有义务应对土耳其人的攻势。捍卫基督教世界的存在，不仅要在宗教精神和灵魂关怀238上居于主导地位，更要通过结盟和实权来实现。3 月 16 日，在拉特兰大公会议闭幕式上，他在圣约翰大教堂中向基督教世界的统治者们庄重肃穆地呼吁弥合利益冲突，共同对抗外敌：

> 为了捍卫热忱的信仰，我们在神圣的大公会议许可下，决定……向那些无信仰之徒宣战……这是我们与我们的先驱尤里乌斯教皇……一直以来都计划、承诺进行，并与世俗的国王和领主们公开讨论的事业。

他还表示，自己将不舍昼夜地祈祷这场战事顺利结束，号召基督教的善男信女们也为此虔诚祷告，承诺教皇国愿为此提供后勤和财政支持。他还迫切告诫

> 马克西米利安皇帝、国王、领主和其他当权者……谨记耶稣用自己的血肉使教会得到解脱，他们有义务同样用自己的生命保护和捍卫基督教世界的完整。他们应当暂时搁置彼此间的仇恨，本着对上帝和圣徒的崇高敬意，至少是在共同对抗土耳其的战事中维护欧洲国家间缔结的和平，以便在主的帮助下防止和平这份来之不易的珍宝再次被分裂和争端所破坏。[32]

在接下来的几个月，罗马教廷忙于落实拉特兰大公会议的决议，动员欧洲君主们尽快派出相应规模的军队组成统一战线。为了让世俗君主及其廷臣意识到问题的紧迫性，罗马教廷将贝加莫的天军之战解读为土耳其人将发动总攻的预兆，并明确表示"不能再说空话，而是需要采取实质性措施"。[33] 夏天，教皇组织专家委员会，研究军事行动和夺取胜利需要的资金、后勤和政治条件。11 月，委员会发布了一份详细的备忘录，并派遣外交使节将这份备忘录送达欧洲各大宫廷。[34]

备忘录分六个要点具体阐述了此次战事的合法性和执行：军事行动的正当性和性质（保卫战还是攻击战），联盟问题，最高指挥权，教会和世俗人士的资金支持，军队和舰队的招募和组成，行军和航行路线。备忘录的最后，还对所征服的领地和其他预期战争成果的分配作出了规定。

战争的合法性问题只是在备忘录中一笔带过，毕竟这很显而易见，"我们永恒且强大的敌人不摧毁整个基督教世界决不会善罢甘休。既然自我防备如此迫在眉睫，自然不需要再征求意见"。可想而知，这场无法避免的军事行动必然只能是场战略防御战。战争参与者是教皇庇护下缔结的"君主神圣兄弟会"，核心力量是欧洲西部和中部国家。匈牙利和波兰国王从旁协助，因为如果"从他们的方向进攻土耳其"，将大大减轻主力部队的征战难度。战争的最高指挥权属于"两位统帅"，"他们受上帝庇佑，位高权重，通过彼此的信任而紧密联系，毫无疑问神圣罗马帝国的皇帝陛下和法国人民最神圣的国王是最合适的人选"。这里仍未提到哈布斯堡的查理，他在十年后将作为"基督的骑士"（*miles christianus*）承担抵抗土耳其人战争的主要任务，但他眼下还忙于分阶段巩固其在西班牙的统治。当时也没有提及这是一场"十字军东征"，最多是在备忘录结尾沿用几个世纪前十字军东征的说法，向这些"尊贵的国王和领主"许诺，通过这场战役"上帝将心满意足，君主们将不仅收获更多土地，同时还将获得世人永远的赞颂，他们的名字将永远载入天国的史册"。[35]

1517年12月，法国国王弗朗索瓦一世对该倡议的积极支持被送达罗马，这也是美第奇教皇亲法政策的果实。而第二个总指挥的人选还在斟酌之中。马克西米利安专门组建了一个委员会，逐条研究教皇的备忘录，直到1518年2月才给予正式答复。两位君主对教皇的倡议都有些自己的疑虑和设想：教皇乐观地认为所有基督教国家都会承担一部分战争成本，而法王对此持怀疑态度。此外，教皇对于战争成果的分配建议大多被法王否决。

马克西米利安皇帝打击土耳其人的策略与教皇完全不同，他计划用三年时间分步开展攻势。总指挥应当由神圣罗马帝国的皇帝担任，而弗朗索瓦一世和英国国王在战事初期暂时不用出场，取而代之的是葡萄牙国王曼努埃尔，因为在马克西米利安看来，打击敌人应当从他取得最大战果的地方开始。为此，伊比利亚的舰队应将德国的骑士、西葡的步兵运送至非洲北部海岸，从那里打击奥斯曼人，将其赶出埃及和叙利亚。"皇帝陛下和葡萄牙国王无论在水上还是陆上都应彼此寸步不离。"到了战事的第二年，其他的欧洲国王才应加入进来，弗朗索瓦一世从巴尔干半岛、波兰国王从欧洲东北部进攻君士坦丁堡。第三年，所有基督教国家的军队将在君士坦丁堡集结，并在神圣罗马帝国皇帝的指挥下将东罗马重新并入基督教世界。[36]考虑到马克西米利安此时年事已高，我们不禁怀疑他此时是否真的严肃考虑御驾亲征？鉴于法国和哈布斯堡王朝之间的竞争关系，我们猜想他提出的作战安排可能只是拖延时间，为了使孙子查理在西班牙的统治彻底稳固。

　　尽管设想不同，但两位君主都对教皇的倡议表示原则上的同意。在法国，国王愿作为"基督的骑士"讨伐土耳其的想法如此强烈，以至于 1517 年巴黎出现了一篇名为《耶路撒冷大征战》（*Grant voyage de Jhérusalem*）的报道，[37] 追忆了十字军东征时期，骁勇善战的法国军队冲在一线对抗穆斯林军队的场面。1517 年末 1518 年初，英国国王亨利八世、新登基的西班牙国王查理和葡萄牙国王曼努埃尔陆续表示愿意加入战斗。自 1453 年君士坦丁堡陷落以来，一次由欧洲多国共同参与的反土耳其军事行动从未显得如此箭在弦上。

　　于是乎，利奥十世更加坚信了自己是捍卫和平的教皇、基督教世界精神领袖。1518 年 3 月 3 日，他派遣红衣主教团最有政治经验的四名红衣主教作为教皇特使分赴欧洲主要大国，为推动东征做政治和军事动员。3 月 6 日，教皇公布一道谕令，再次强调土耳其威胁迫在眉睫，宣布欧洲进入特殊紧急状态，各国五年之内必须停止一切战事，违反者将受到教会的严厉惩罚。

　　如果利奥十世不给他的外交和政治行动增加一些充满仪式感的宗教渲染，那么教皇就不是教皇了。3 月中旬，他在罗马策划了一场宗教庆典，既是为谦卑恭敬地向上帝请愿，也是为展示基督教世界在此次军事行动中的力量和决心。请愿队伍在罗马城各个教堂间往来游行，持续数日。为首的是教皇及红衣主教，随后是修道院和世俗修士，兄弟会以及普通信众。[38]

　　然而高涨的热情和饱满的期盼只持续了几个月。就像红衣主教恩尼亚·西尔维欧·皮科洛米尼（Enea Silvio Piccolomini）在 1453 年君士坦丁堡陷落时发表的著名土耳其演讲一样，[39] 欧洲国家现在的种种举动也不过是在基督徒的脑海中固化了土耳其作为"没有信仰的蛮夷"的敌对形象。[40] 由于资金和后勤问题太大，各国的具体利益又天差地别，最终还是没能形成真正的政治联盟。那些受到土耳其直接威胁的人们期待以最快的方式确保自己的安全，而这样的担保唯有直接通过土耳其人取得。这样的例子除巴尔干半岛外，尤以威尼斯为典型。他们展开与奥斯曼帝国的一连串外交谈判，1514年正式缔结了一项和平条约，即便在教皇号召组建反土联盟的关头也不愿舍弃这层保护。大敌当前，威尼斯人反倒迫不及待地与土耳其人延长了和约，令罗马教廷火冒三丈。[41]

利奥十世一心想要打造的"君主神圣兄弟同盟"也没能抵住欧洲国家间权力斗争的洪流。1519年1月，马克西米利安皇帝去世，欧洲格局在哈布斯堡家族和瓦卢瓦王朝之间重新洗牌。同时，1517年末，以维滕贝格为中心的宗教改革运动一发不可收拾，其反抗罗马的规模之大、纲领之彻底在接下来的几年使教廷和世俗君主内顾不暇。于是在利奥十世治下，基督教世界和奥斯曼帝国势力不对称的局面仍未改变。接下来的几十年，欧洲人屡遭穆斯林侵扰，且对此无能为力。协调一致抵抗外敌的军事行动仍只是一个美好的幻梦，奥斯曼苏丹对此毫无惧怕的必要。[42] 1526年，当奥斯曼人在摩哈赤战役中大败匈牙利军队，彻底拿下了通向欧洲中部的桥头堡，土耳其舰队长驱直入地中海西部时，欧洲也只有零星几个国家试图进行一致的反土行动。而这时，哈布斯堡家族成为抵御土耳其的主导力量，那些受到土耳其人威力震慑的帝国贵族在巴尔干阵线给予了策应。

四、文艺复兴的辉煌和圣彼得的废墟

在尤里乌斯二世和利奥十世治下，尽管威尼斯、佛罗伦萨、那不勒斯及一些意大利小宫廷在文艺领域颇有建树，但当之无愧的欧洲宗教中心和文化之都仍非罗马莫属。无论在当时还是现在看来，罗马都是 16 世纪前 20 年的欧洲文艺风向标。[43] 早期文艺复兴发祥地那不勒斯和佛罗伦萨在 16 世纪初纷纷陷入王朝斗争的漩涡，此时文艺复兴的重心已转移到台伯河畔。当时的欧洲君主和城市的当权者竞相发展本国艺术和科学，以提升自己在欧洲的地位，这是当时欧洲国家的"新常态"。国家开始集中权力，积极干预公共生活，以保证社会秩序和子民在俗世的永恒福祉。[44] 而拥有宗教领袖和世俗领主双重灵魂的天主教教皇，则以圣城罗马为舞台，开启了融古代经典和基督教精神为一体的文艺复兴工程。

像 15 世纪中期以降的各任教皇一样，利奥十世宣示统治权的地点有三处：圣城罗马、梵蒂冈宫和圣彼得大教堂。文艺复兴的罗马是兼具内容和形式的完整艺术品，罗马的街道、城市中轴线、教堂、教皇官邸及宫廷贵族的别墅和花园呈几何形状分布，和谐统一，整座圣城建造的理念也是以天堂的耶路撒冷为蓝本，代表着基督教至高无上的真理。

早在 15 世纪中叶，尼古拉斯五世教皇就认识到要让梵蒂冈和罗马诸教堂的布局更具都市感，他把这种理念以文字形式记录下来。当时的少数精英学者有机会在书本中一瞥教会的权威思想：

> 大部分民众看不懂书籍，没有受过教育。必须用伟大的工程让他们感到心灵的震撼，否则他们会彻底失去原本就基础薄弱和摇摆不定的信仰。要建造美轮美奂、规模宏大的建筑，使其看起来像是上帝本身的造物，只有这样才能坚定民众的信仰，并获得基督教学者的认可。[45]

　　尽管利奥十世在某种程度上继承了前任教皇的衣钵，但他是第一位有自己宏伟计划（即系统整理和融合迄今所有的罗马城市建设方案）的教皇。他尤以美第奇家族祖传的商业头脑为落实大部分计划创造了必要的物质条件。在1516年登上圣座之后，他下令一切建材均不得涨价。11月2日他又颁布教皇谕令，宣布罗马交通网络的规划扩建属教廷特权。但对那些获教廷授权的投资人，他也给予了改建、扩建、拆除和新建房屋的自由权。1517年9月2日，教廷首位文物保管专员马里奥·德·佩鲁奇满意地表示，"所有人都能看到，大家建设罗马热情高涨，跃跃欲试，这些新的建筑和人群将提升罗马的地位和品格"。[46]

　　为了翻新罗马城，教皇利奥十世于1517年10月11日专门下了一道指令，传达他对圣母玛利亚教堂北侧入口和道路设计的想法。在此基础上，拉斐尔和小安东尼奥·达圣加洛（Antonio da Sangallo）为北大门前的人民广场设计了两条有尖转角的道路，这也是后来罗马城北口入城道路的蓝图。罗马其他贵族的宫殿也是如此，例如法尔内塞家族，他们借着利奥十世大兴土木的东风，在1516年和1517年顺势买入土地，营建宫阙，巩固自己的地盘，这些建筑在接下来的几个世纪都向世人昭示着法尔内塞家族的地位和荣誉。在罗马城近郊，贵族们纷纷营建别墅花园，推动了罗马周边现代景观的形成。例如台伯河的右岸，玛达玛庄园就是1517年拉斐尔在教皇表亲、红衣主教朱利奥·德·美第奇的委托下设计规划的。如果说德拉罗韦雷教皇大兴土木是为了展现其赤裸裸的权力意志，那么利奥则希望通过这些建筑来表现"良治"，将他们服务臣民审美和精神福祉、提倡和平和睦的治理观念永远定格在这些石头建筑上供后世观瞻。[47]

此时在梵蒂冈宫，拉斐尔和朱利奥·罗马诺（Giulio Romano）正忙于绘制宫殿二层连排房间的设计样图。[48] 这一排房间是教皇日常学习、私人会见、接待外宾、签署文件的工作和私人活动区域。这里曾是许多著名教皇谕令的诞生地，例如打压路德和宗教改革派的谕令。同时，即将在这里开始的工程也将从美学和哲学角度彰显教皇至高无上地位，所以无论是绘制圣像还是甄选参与工程的艺术家，都是一等一的国家大事。

　　当尤里乌斯二世将梵蒂冈宫房间壁画的装饰工作交给拉斐尔时，后者还只是一个在圈内小有名气的青年才俊。绘制壁画的设想来自尤里乌斯教皇和他的一位顾问。壁画要表现的是宗教庆典和教皇作为宗教领袖和世俗统治者的无上尊贵。这也是教皇突出其在基督教统治者中领导地位的手段。至于如何在壁画中表现不同的主题和故事，艺术家们可以自由发挥。于是拉斐尔在设计尤里乌斯的书房和工作室——"签字厅"的时候驰骋想象，大显身手。

　　当利奥十世担任教皇的时候，拉斐尔的名气已盖过了一切同时代的艺术家，因此也受教皇委托继续担纲此项工作。但在设计余下的壁画形式以及故事内容上，利奥十世有自己的想法。据推测，拉斐尔及其工作室从 1517 年开始设计制作埃利奥多罗室和火灾厅的壁画。壁画上的形象参考利奥十世及其青睐的红衣主教，展现的题材是历任教皇所经历的重大历史事件和教廷在现世及未来的统治。在埃利奥多罗室前厅（名字取自房间内最主要的壁画《埃利奥多罗被驱逐》），壁画展现了利奥一世于公元 452 年在曼托瓦和匈奴国王阿提拉交锋的情景，寓意精神领导高于世俗权力。画中的利奥一世人高马大，面容一看就知道是参考利奥十世的形象，而利奥一世旁边的两位红衣主教是利奥十世侧近贝尔纳迪诺·卡瓦哈尔和弗雷德里科·迪·圣塞韦里诺的形像。从一幅

246

保留下来的壁画草图上可以推测，教皇身边的随行者本有一位是上文提到过的彼得鲁奇红衣主教。但由于3月发生的谋害教皇事件被算在彼得鲁奇头上，这个位置自然要找其他人替补。卡瓦哈尔和圣塞韦里诺在尤里乌斯二世时期由于主张对法友好政策，支持反教皇的比萨大公会议而大受冷落。在利奥当选后他们又因为亲法成为教皇眼前的红人，不仅协助打造了与法国的联盟，还支持和平教皇利奥宽恕了比萨大公会议的红衣主教。这也是他们能在壁画中占有一席之地的原因。[49]

　　隔壁的火灾厅是教皇的私人餐厅，利奥十世完全撇开前任教皇的设计草图，按照自己的想法布局壁画。他与拉斐尔密切沟通，有时甚至每天都要碰头讨论。命名该厅的壁画展现的是公元847年发生在圣彼得大教堂所在区域博尔戈（Borgo）的大火灾。传说当时的教皇利奥四世赐福于世，遏止了火势的蔓延。在这个中世纪早期的故事中，主人公形象也参照利奥十世。可以看到教皇远远地站在梵蒂冈宫的窗前，甚至没有拿水桶，单凭祷告的力量就熄灭了熊熊大火。

　　火灾厅第二个主题更明显地反映了这位美第奇教皇的政治利益，表现他打造基督教反土耳其军事联盟的大计。图中画的是公元849年利奥四世（同样是利奥十世的形象）端坐在奥斯蒂亚港边的宝座上。当时正值意大利南部国家结成的同盟取得了抗击萨拉森人的海上胜利。与关于火灾的壁画一样，该画作强调的也不是盟国的军事行动，而是教皇的神性。不是世俗国家的利剑战胜了来犯的萨拉森人，而是教宗祈求上帝降下狂风巨浪冲散了敌军的战舰。熟悉历史的人——当时基本上是有头有脸的人——不难再次感受到教宗的地位高于世俗国家的君主。因为历史的真相是加洛林王朝没能成功守卫圣城罗马，导致异教徒萨拉森人直逼

图中端坐在奥斯蒂亚港边的利奥四世参考了利奥十世的样貌，他借助上帝的帮助战胜了萨拉森人的舰队。拉斐尔绘制的壁画让观赏者很容易联想到利奥十世联合欧洲君主坚决对抗土耳其人

罗马，甚至将圣彼得大教堂里珍贵的圣像雕塑和宗教礼器洗劫一空。[50] 此外，观赏壁画的人不难发现 1517 年土耳其人的威胁和 9 世纪萨拉森人的进攻如出一辙。

火灾厅的第三、四幅壁画向观赏者，特别是前来拜会的各方使节展现出，无论是在公元 800 年查理大帝加冕仪式上还是加洛林王朝皇帝向教皇利奥三世立下净化誓约（现实范本为法王弗朗索瓦一世和利奥十世）时，这位美第奇教皇给自己的定位始终是基督教世界的首领，与世俗封建主们并驾齐驱。尽管这幅壁画的设计者无心，但在完工几个月之后，画中的故事还是"预示了 1518/1519 年与路德事件联系紧密的神圣罗马帝国皇帝选举问题"，[51] 这与宗教改革的爆发紧密相关。当时利奥十世希望法国的弗朗索瓦一世成为神圣罗马帝国皇帝，因而不惜一切代价阻止查理五世继位。

1517 年，除了绘制梵蒂冈宫的壁画，拉斐尔还绘制了两幅画作，从内容和表现形式上都是美第奇艺术风格的最好范例：一幅是利奥十世和侄子朱利亚诺·德·美第奇、路易吉·德·罗西（玛丽亚·德·美第奇的长子）的肖像画；另一幅是不朽的画作《耶稣显圣容》(*Verklärung Christi*)。第一幅肖像画展现了正处在荣誉和权力巅峰的美第奇家族。教皇坐在正前方，仪态高贵而强势，手中拿着的放大镜既说明教皇的近视问题，也突出表现了他细心观察基督教世界的任何细节。他身后的两位侄子绝不是陪衬，而同样是画作的主角，象征着美第奇家族在罗马将永世长存。画中的朱利亚诺是不久后的新任教皇克莱芒七世，他将带领美第奇家族走向新的巅峰。

祭坛画《耶稣显圣容》是朱利亚诺在 1517 年委托拉斐尔创作的，也是这位文艺复兴大师的最后一件作品，直到他 1520 年去世，他都在为此倾注心血。画面宏大辉煌，表现美第奇教皇推动艺术和宗教融合的努力。而在此时的维滕贝格，宗教改革派断言教皇实是基督教的大反派。这幅画中有《旧约圣经》里的先知，有跪在天国的圣徒，有前景中的使徒，有《圣经》故事中请求救世主救助患病孩子的夫妇。所有人都看向身着白袍、升向天空的耶稣。即使是着魔的年轻人也高举手臂指向耶稣。[52] 这是文艺复兴鼎盛时期耶稣中心主义的最好写照，在今天的基督教神学家看来，这与同一时期的宗教改革其实有很大的相似性。

西斯廷小礼拜堂的拉斐尔挂毯也以使徒故事为主题，同样具拉斐尔的最后一幅祭坛画再次表现了宗教与艺术的融合，在接下来的几个世纪，有些人视它为美第奇教皇的珍贵遗产，而新教徒认为这正说明文艺复兴时期的罗马教廷为了权力出卖宗教，用艺术的手段玷污宗教

有很浓厚的宗教色彩。利奥十世在 1514 年和 1515 年就让拉斐尔着手绘制挂毯的纸板画草稿。1516 年末，拉斐尔从教皇那里拿到最后一笔佣金，1517 年画稿被运至布鲁塞尔，那里是欧洲挂毯编织业的中心。著名艺术织造大使彼得·范阿尔斯特和贝尔纳德·范奥利在 1517 年夏天开始组织工匠生产挂毯。1519 年 12 月，完工的挂毯被安置在见证许多世界历史宗教事件的西斯廷小礼拜堂内。[53]

然而利奥十世最重要的建筑和艺术工程既不是罗马城的改造，也不是梵蒂冈宫的壁画装饰。当他上任的时候，古老的圣彼得大教堂废墟像一处亟待治愈的伤口，满目疮痍地矗立在梵蒂冈宫旁。它与梵蒂冈宫不同，其存在不是为展现教皇的世俗权力，而是彰

显他在宗教世界作为圣彼得继任者的领导地位。1517 年，长埋着这位圣徒遗骨的墓穴教堂是一件由废墟遗址、临时礼拜场所和前人局部修造物组成的拼接物。君士坦丁大帝时期的公堂式教堂亟待加固和修葺。15 世纪中期，尼古拉斯五世开启了这项整修工程，但没有完工。16 世纪初，教堂已是断壁残垣，需要在原址上重建。尤里乌斯二世教皇一上任，就委派经验丰富的建筑师多纳托·布拉曼特（Donato Bramante）负责重修事宜，后者立即全身心投入修葺工程。此时的教堂主体部分已是"危房"，布拉曼特下令拆除了大部分结构，只留四面墙壁。之后他深入这座古典主义晚期风格教堂的"软组织"部分，在原址上建造十字交叉的巨型立柱，可以想见建成之后的教堂规模之宏大。然而尤里乌斯二世和布拉曼特先后于 1513 年、1514 年去世，唯一建成的只有这四根柱子。在临时加固的唱诗班区、祭坛以及圣彼得墓穴上方，人们搭建了一个用以庇护的小屋子，给来罗马的朝圣者和当地人提供一个参加弥撒的简陋空间。

251　　在基督教世界最神圣的地方，"文艺复兴的两张面孔"[54] 一览无遗——一面想要致敬古典，另一面则是毫无顾忌地摧毁旧事物，为自己巧妙的新创造"另起炉灶"。不难想象此处的烂尾工程招致了怎样的怨言和批判。1517 年夏天，人文主义者萨莱诺的安德烈亚·瓜尔纳（Andrea Guarna da Salerno）在对话集《猿》（Simias）中进行了尤其尖锐的批判。像伊拉斯谟的《尤里乌斯被拒于天堂门前》一样，该书主要描述主人公西米亚斯带领死者的灵魂在天堂门前与圣彼得争辩。圣徒彼得和刚刚死去的布拉曼特之间的辩论尤其滑稽。圣彼得严厉斥责布拉曼特拆除了自己在人间的安息地。布拉曼特则以文艺复兴式的自大做派，妄称他甚至252　计划拆掉整个天堂，重建一个更华丽的。有谁胆敢拒绝他，他便

在兜售彼得赎罪券的集资手段失败后长达几十年的时间里，圣彼得教堂都是废墟一片。1536 年，荷兰画家马尔滕·范海姆斯凯克（Maarten Van Heemskerck）用素描记录了废墟的沧桑，让人们铭记 16 世纪欧洲天主教经历的重重危机

要把自己的建筑才能献给地狱。[55]

罗马民众表达不满的方式更加直接，他们在牌匾上大书"破坏大师多纳托·布拉曼特"，把牌匾挂在教堂废墟一处雕塑的脖子上。他的建筑师同行也撰写了《死亡解剖》讽刺他，书中还画了一幅设计图，夸张地扭曲布拉曼特留下的设计方案。[56]

但建筑工程并没有因此中断。[57]相反，利奥十世像他的前任一样热爱艺术，并将艺术作为炫耀实力的工具。他接过前任教皇留下的修筑工程，任命拉斐尔和之前布拉曼特的建筑工程师弗拉·焦孔多（Fra Giocondo）为新的总建筑师，继续修建未完工的圣彼得教堂建筑群。他还将之前的建筑委员会扩员成一个由多国建筑师组成的专家团队，他们以近乎现代的工作方式共同策划和推进项目，同时对施工人员进行有效组织和监督。利奥十世还凭借自己精明的金融头脑，迅速筹集到大兴土木急需的资金。他将赎罪券作为最重要的融资手段，为修筑教堂而筹款的名头看起来也符合教廷作为灵魂关怀者的角色定位。从某些角度看，赎罪券[58]甚至是广泛发动群众参与教堂修葺工程的方法，毕竟它给每一个基督徒参与修缮宗教圣殿的机会，类似今天人们为了修缮某重要文化建筑，往往会象征性地向个人出售建筑上的石块。

尤利乌斯教皇时期，专为修建圣彼得教堂服务的"彼得赎罪券"仅仅在德国之外的地区发行。到利奥十世时，他先是在1514年将彼得赎罪券的覆盖范围拓展到德国北部、西部和南部教区，发行时间为三年。而后在1515和1516年，将美因茨和马格德堡也纳入收缴范围。1517年夏天，范围继续扩展到奥地利一些此前从未流行过赎罪券的地方。美因茨和马格德堡教区发行赎罪券的总管事者是美因茨选帝侯、勃兰登堡的阿尔布雷希特大主教。莱比锡的多明我会修士约翰内斯·台彻尔（Johannes Tetzel）负责组织发行活动，他运用机智的营销策略，绞尽脑汁把赎罪券推销给每一位善男信女。

尽管扩大了彼得赎罪券的出售范围和销售力度，但1517年底，罗马教廷仍然没能筹齐所需的资金。而且早在路德的反赎罪券运动开始前，人们就已逐渐厌倦了中世纪晚期各类名目、铺天盖地的赎罪券。单是16世纪的头15年，德国就已有过不下七场动员大家购买赎罪券的营销活动，名目也是五花八门，有修筑荷兰水坝的，有重建被烧毁的教堂的，有在奥格斯堡或美因茨盖新建筑的。[59]所以路德事件以后大家矛头所指的彼得赎罪券实在只是代表了当时整个赎罪券发行活动的冰山一角。随着兜售的种类越来越多，人们对赎罪券不仅没了兴趣，还渐渐转为持怀疑态度。

此外，罗马教廷从彼得赎罪券中获得的收益还因为中间被截流而减少，不少都进入了德国赎罪券的经营者，特别是阿尔布雷

253

希特大主教的腰包。这种财富积累手段从教会法上说本是不允许的，但这也给了利奥赚钱的机会。得知此事后，他要求阿尔布雷希特掌管的两个教区偿还一大笔钱以免于责罚。阿尔布雷希特于是从奥格斯堡的银行家族富格尔那里借贷，再用新发行的赎罪券收入偿还本金和利息。这种罗马—奥格斯堡—美因茨的三角交易又给利奥十世带来了足以弥补赎罪券损失的大笔收入。当然，这一切尽管暂时避人耳目，却无法让教皇和主教免于赎罪券带来的后续祸端。

利奥十世在继续圣彼得大教堂修筑工程时还犯了另一个错误，他将主管工程的任务交给了一直以来他信任有加的艺术天才拉斐尔。后者广受青睐，但手头的艺术工作繁多，于是将在布拉曼特基础上设计和规划教堂的任务交给自己的建筑协调人小安东尼奥·达圣加洛。[60] 1517 年这一年，教堂的重建工作几乎没有任何进展。

254

当 1517 年末路德讨伐赎罪券的运动渐成燎原之势时，修建圣彼得大教堂的资金链终于断裂。不再有人愿意购买彼得赎罪券。据教皇派驻德国的使节希罗尼穆斯·阿莱安德（Hieronymus Aleander）估计，十分之九的德国人加入了宗教改革的浪潮。而在 1519 年马克西米利安皇帝去世后，选举新皇不容耽搁，教皇和罗马教廷面对的问题都是严肃和急迫的，圣彼得教堂的修筑再次被搁置。接下来的几十年，那里矗立的四根朝天巨柱究竟象征着罗马教廷重新获得的权力和荣耀，还是标志着它在德国北部反对浪潮的冲击下分崩离析，评论莫衷一是。马尔滕·范海姆斯凯克在 1530 年为圣彼得教堂所作的速写不久后被制成铜版画流传，而这个对基督教世界如此重要的问题却依旧无解。

五、1517——美第奇教皇的一年

对利奥十世而言，1517 年是动荡不安甚至险些丢了性命的一年。1 月，弗朗切斯科·马里亚·德拉罗韦雷对曼托瓦发起进攻；2 月又传来土耳其攻陷叙利亚和埃及的消息；3 月，彼得鲁奇阴谋毒杀教皇的计划被曝光，接下来是长达数月的审讯、诉讼和处决。此外，利奥还要持续操心教廷和教皇国的财政问题。但最后，利奥和罗马教廷都得以从动荡中脱身，并比之前的地位还要牢固。他顺利结束了前任教皇尤利乌斯二世为应对比萨反罗马大公会议而召开的第五次拉特兰大公会议，没有给教廷带来损失，也避免了与改革派的正面交锋。在合力应对土耳其方面，利奥将自己定位为推动基督教世界一致行动的和平教皇，他的外交倡议和活动在欧洲宫廷受到了肯定和尊重。他还用创新的融资模式使教皇国免于破产。而美第奇家族的经济和政治地位也更加稳固。9 月，与弗朗切斯科·马里亚·德拉罗韦雷的和解条约确保了美第奇家族在乌尔比诺公国的统治地位。与法国王室联姻也为美第奇家族打开了进入欧洲顶级王室俱乐部的大门。

拉斐尔在梵蒂冈宫的壁画和祭坛画，尤其是挂毯上的那些记述圣彼得和圣保罗故事的画作在实质内容和艺术造诣上都超越了同时代的其他宫廷艺术作品，让罗马教廷在艺术和统治上都立于不败之地。圣彼得教堂的翻新工程反映了罗马教廷希望永久彰显其世俗和宗教权力的野心。这是对东正教的一记回击，因为东罗马的索菲亚大教堂建于 50 年前。再加上当时欧洲的君主们为了体现自己的统治地位，在艺术和建筑上争相攀比，圣彼得大教堂更是教廷至高无上地位的最好象征。

1517年，利奥十世和教廷上下还没能预见基督教内部将形成一股势力，短时间内打破文艺复兴的一派祥和，摧毁了教廷表面上无可撼动的统治。所以当10月31日，在偏远萨克森的犄角旮旯，在欧洲文明的边缘地带，一个修士竟企图用《九十五条论纲》挑战教皇的权威时，罗马教廷的态度十分不屑。尽管他们不得不承认赎罪券策略失败，但凭借美第奇教皇的经济头脑，教廷完全可以想出用以筹款的替代工具。一向谨小慎微的德国人中能出现一个类似意大利的萨伏那洛拉般的改革人物，罗马教廷是万万没有想到的。

那么从宗教层面又如何褒贬罗马教廷这一时期的活动？与前任相比，利奥十世斥巨资促进奢华艺术的发展不是没有招致反对的。西方基督教世界对苦行的宗教理想有太深的执念。宗教改革中应运而生的新教使教皇在欧洲许多地区失去了统治的合法性。在接下来的几个世纪，教皇都不再兼具宗教和世俗的领导权。欧洲新教地区容不下一个使用文艺复兴艺术手段烘托权力地位的教皇。但作为精神领袖，给予灵魂关怀的教皇尚有一席存在之地。此外，新教徒也与文艺复兴刻意保持距离，在他们看来，文艺复兴教皇崇尚的宗教和古典艺术的融合只能让异端产生，基督教瓦解。

500年后的今天，我们不会像路德和宗教改革者们一样戴着有色眼镜审视利奥十世和罗马教廷的艺术活动。在艺术和艺术史界，也有专家学者站出来，强调文艺复兴的宗教合理性。[61]

因此我们必须区分欧洲近代初期基督教的两种形式：一个是美学形式的文艺复兴基督教，具有高度的美学化和精神性，在利奥十世执政时期达到了顶峰，也有哲学的谨慎思辨，从梵蒂冈宫签字厅的拉斐尔壁画《圣礼之争》(*Dispat des Allerheiligsten*

Sakraments）中可见一斑；另一个是纯粹神学的基督教，追求教徒身份和信仰的返璞归真，也是路德所倡导和践行的神学出发点，它是文艺复兴宗教的对立面，追求福音教最原始的形态和宗教生活。从这个纯粹神学的角度看，意大利文艺复兴大师作品中的宗教元素降低了基督教本身的精神层次，使作品变为哲学和艺术混杂的花瓶般的存在，有时甚至被新教徒视为反基督教的存在，是撒旦和教皇的畸形产物，当然这在今天看来是不太公允的评价。宗教存在主义者路德将信仰的重点放在永恒的灵魂救赎上，放在对每一个基督徒来说都是最重要的事情上，因此他很容易获得广大民众的支持。普通民众虽然对罗马那些宗教精英倡导的文艺复兴式宗教及其艺术颇感震撼，但内心并没有参与感和认同感。而宗教改革派倡导的福音其实也曾通过丢勒和克拉纳赫的艺术手段得到呈现，例如丢勒的《四使徒》（*Vier Apostel*），这一点几乎完全被人忽略了。[62]

第七章　维滕贝格的修士——文明边缘地带升起新教的朝霞

一、1517 年的维滕贝格——"文明边缘地带"的觉醒

　　在阿尔卑斯山以北地区，独立于教皇和罗马教廷的改革思潮早已悄然滋长。就在利奥十世在拉特兰大公会议上宣布教会改革的同年，在遥远的德国小城，一场运动盖过了迄今为止所有的改革尝试，最终发展为轰轰烈烈的宗教改革。宗教和政治的深度互嵌也引发了世俗世界的深刻变革。

　　第一块多米诺骨牌倾倒的地方是 10 月 31 日易北河北岸的维滕贝格。推倒这块骨牌的奥古斯丁会修士路德把这里戏称为"文明的边缘地带"（Grenzen der Zivilisation）。与罗马相比，维滕贝格毫无疑问是乡野之地，或许因此人们才可以心无旁骛地研究人的宗教性问题并自由思考解决方法。这一方面是几乎让路德陷入绝望深渊的个人关切；另一方面，如果从灵魂救赎和学术角度探寻人与上帝的正确关系，正视其带来的人性折磨，那么他深入钻研的问题以及之后找到的答案又具有普适性。乡野与个体和广泛与普适间的矛盾关系正是 1517 年 10 月 31 日那场改革运动起源和后续影响的秘密。这场随后发展为宗教改革的运动影响一直持续

至今。

我们不能将"文明的边缘地带"错误地理解为乏味僵化或愚昧封闭。正相反，这个城市 [1] 不仅是萨克森选帝侯官邸所在地，也是大学城，在当时的背景下正处在封建君主统治的上升期，正有对外炫示权力地位的需要。维滕贝格当时的市政长官和大领主是选帝侯智者弗里德里希。他博学多才，是位擅用权术的文艺复兴君主，神圣罗马帝国的顶梁柱之一。有如此雄厚的背景，他自然想在自己的官邸所在地维滕贝格以某种方式彰显自己的荣誉。萨克森资源丰富，矿业发达，地方财政充裕，兴建工程的资金自然有保障。像在罗马一样，大领主的建筑活动加速了维滕贝格城市面貌的改善，变化速度之快甚至超过其他许多欧洲中心城市。[2]

最为突出的是几项大的建筑工程，例如翻新和扩建选帝侯宫，重新完善 1502 年建立的维滕贝格大学，后者是选帝侯的形象工程，也是他最看重的营建项目，不久便吸引了大批人群求知求学。仅用了一代人的时间，维滕贝格常住居民数量就从 16 世纪初的 2 000 人增长到 16 世纪 30 年代的 4 000 多人，社会结构更趋多元，规模越来越接近德国南部和西部的中型城市。校园里学术之风盛行，许多大的科研项目规划实施，很像之前我们提到过的西班牙阿尔卡拉大学，但维滕贝格大学的后续影响远超前者。

萨克森选帝侯宫是一个很现代、富丽堂皇的三翼建筑，在阿斯坎尼时代简陋、不舒适的老城堡基础上改建而成，1517 年还有部分区域未完工。选帝侯弗里德里希年轻时曾观摩过马克西米利安皇帝的宫殿，深受感染和启发，便参考其建筑和艺术元素打造自己的官邸，所以维滕贝格的选帝侯宫建筑风格总体比较保守，属于晚期哥特式建筑。但其中也不乏上德意志和意大利的文艺复兴元素，尤其能看出奥格斯堡和威尼斯建筑的影子，这说明宫殿

260

主人希望自己的住所具有跨区域性的高水平。[3] 弗里德里希雇用了一批国际知名的文艺复兴艺术家，例如在 1496 年和 1498 年委托丢勒为其画肖像，委托阿德里亚诺·菲奥伦蒂诺为其制作半身铜像。来自意大利北部的雅各布·德·巴尔巴里在 1504 年至 1505 年、老克拉纳赫从 1505 年起，也在维滕贝格从事艺术活动。[4] 这时的维滕贝格还是一派中世纪的城市风貌，随着新建筑的落成，易北河畔过渡时期的建筑风格也在维滕贝格有所显现，与 1517 年前后德国和欧洲其他地区的标志性建筑类似。例如 1503 年落成的王宫教堂和 1510 年德国石刻和建筑大师布克哈德·恩格尔贝格（Burghard Engelberg）仅用几个月时间完工的唱诗班区，后者被称作 16 世纪初神圣罗马帝国最精美的纪念性建筑之一。[5] 这一唱诗班区的建成使得维滕贝格也拥有了一处建筑奇观，与奥格斯堡的富格尔家族圣安娜礼拜堂等量齐观。据推测恩格尔贝格也参与了圣安娜礼拜堂的修缮工作。当艺术史学家评价圣安娜教堂为德国文艺复兴时期最早且最完整的纪念碑时，[6] 他们早已将维滕贝格忘到了九霄云外。这并不令人感到意外，因为唱诗班区在七年战争的时候已被普鲁士人夷为平地。[7]

1517 年，尽管维滕贝格大学建校方 15 个年头，但像 20 世纪后期德国的高等教育经历建设与重组浪潮时一样，学校的改革事业已如火如荼。1517 年 9 月，弗里德里希巡视维滕贝格大学，此行类似今天的项目评估。起因是有人抱怨大学的法学教授授课不专心。对此弗里德里希高度重视，责令大臣一一汇报每个学术改革项目的进展，选帝侯密使格奥尔格·斯帕拉廷（Georg Spalatin）负责督办并在神学院建立改革委员会。在 1517 年到 1518 年的冬季学期，委员会经常在院长安德烈亚斯·博登施泰因（Andreas Bodenstein）家密集集会，并很快在 1518 年 3 月就制定好了改善教学质量的详细建议。[8]

　　尽管选帝侯弗里德里希扩建维滕贝格的计划雄心勃勃，但维滕贝格始终无法与罗马同日而语。与梵蒂冈宫的富丽堂皇相比，选帝侯宫自然黯然失色。维滕贝格大学虽然吸引了众多学者和学生前来进行科研，但远远不如罗马和意大利的文艺复兴思想家和人文主义者那么声名远播。此外，与罗马和欧洲西部南部不同，位于易北河中游的维滕贝格与广泛传播的新世界知识几乎完全隔绝。虽然也有维滕贝格人听说过地理大发现，但他们丝毫没想过用新发现的世界知识扩充自己的视野。

　　对于此后名声大噪的维滕贝格奥古斯丁会修士路德而言，情况也是如此。大约在1511年到1512年，路德曾赴罗马处理一些奥古斯丁修道院的事务，在那里他应该听闻了西班牙、葡萄牙的航海发现，但这些新见闻并没有影响他的生活，更别提影响他的思想了。

　　维滕贝格强于罗马的一点在于财政稳固。这主要得益于厄尔士山脉储量丰富的银矿，且开采权只掌握在当地领主手中。这里没有圣彼得教堂那样亟待修葺的废墟，领主无须像利奥十世和罗马教廷那样被迫施展金融杂技以筹集经费，以至于之后为此付出高昂代价。维滕贝格虽然不起眼，文化上也处于边缘地带，但这里并非一无是处。在充斥着内部积弊的大城市罗马，教皇需要"十指弹琴"，这使他多少有些力不从心，而路德和其他志于宗教改革的同道则可以集中精力处理一件事情。此外，维滕贝格市内及与周边城市的沟通网络密集发达，能够很快传递信息、交换想法和协调意见。城内只有一条几百米长的主干道，日常重要的信息就在这条道路上往来传递。像路德这样一个从大城市爱尔福特来的神学教授，或像来自德国南部的希腊学学者梅兰希通，也许会抱怨易北河畔小城维滕贝格生活条件简陋。[9]但如果在这样一片还未得到完全开发的土地上掀起一股新思潮，其爆炸性和影响力将是文化饱和的世界中心罗马所远不能及的。

随着路德在1517年发表《九十五条论纲》，这座易北河畔的城市几乎骤然跃升为欧洲第一档的城市。这当然不是指它的人口数量，而是从宗教影响力和文化代表性方面做出的评价。宗教改革的反对者则立刻站出来，贬低路德不过是个无关紧要的小城市的产物。到1525年之时，约翰内斯·科赫留斯（Johannes Cochlaeus）仍在他的传单文章《圣城罗马对德国的基督教训诫》中嘲讽路德是"一个可怜、贫穷的小城镇"的偶像，"……（这个城镇）和布拉格相比几乎不值一提，不配被称为德语区的一个城市"。[10]但这也没能阻止维滕贝格在几年之间成为继罗马之后的第二个基督教中心。罗马的支持者也意识到这一点，例如波兰人文主义者和政治家丹蒂斯库斯（上文提到此人之后出任瓦尔米亚主教）1523年结束在西班牙的使节生涯，返回波兰的途中特意在维滕贝格停留，因为"人们都觉得，如果没有在罗马拜会教皇，没有在维滕贝格拜访路德，那他这辈子就什么也没看过"。[11]

二、奥古斯丁会修士和德国对永恒救赎的恐惧

这个在1517年将《九十五条论纲》带入公众视线，让众人目光聚焦维滕贝格的人是何方神圣？他就是奥古斯丁会修士马丁·路德，1517年他身兼数职，活动范围并不局限于维滕贝格。他是奥古斯丁修道院的教区牧师，负责萨克森-图灵根地区十所奥

263

古斯丁修道院的宗教、道德，特别是财政和法律事务。担任这一职务使得他不得不经常辗转于各地区的修道院之间。而作为《圣经》教授，他还要在大学授课、组织考试和学术论辩。他还定期在维滕贝格的圣母教堂布道，听取一小部分信众的告解。他曾在书信中向爱尔福特的朋友约翰·朗自嘲道：

> 我是个忙碌的人。我每天的任务几乎就是撰写各种信函，甚至需要两位书记员。我是修道院的牧师，在桌边办公的牧师，但每天都有人要求我去教堂里布道。我既是大学老师又是负责十所修道院事务的牧师，凑齐了就是 11 个职位了。我今天在莱茨考接受信众送的鱼，明天又在托尔高为那些赫尔茨伯格修士处理法律事务，后天又去大学里做关于圣保罗的讲座，为祈祷诗搜罗素材。我几乎没有一个小时的完整时间可以不受打扰地做祷告。[12]

　　1517 年夏末，路德又多了一项职务——维滕贝格大学神学院改革委员会成员。选帝侯弗里德里希的密使斯帕拉廷特意甄选他加入委员会。如果我们深入这位未来宗教改革家 1517 年的日常生活就会发现，当时的大学改革和宗教改革交集重重，彼此在内容上有千丝万缕的联系。9 月和 10 月，路德在奥古斯丁修道院阁楼房间的书桌上一定堆满了关于学术改革和圣经讲座，关于赎罪券的摘录、草稿、辩论记录的种种文书。他与同事和朋友的书信以及面对面的交流可能也有双重的内容，既包括学术改革，也包括教会改革。可以说，宗教改革的起源在大学。

　　与人文主义者倡导的大学教育理念不同，维滕贝格大学改革方案的核心不是授课模式和方法等形式上的改变。[13] 路德改革维

264

滕贝格大学的主要动力是希望学生更好地从内容上理解神学问题。他觉得传统经院神学的授课模式无法达到这种效果，于是便致力于寻找科学工作的新方法和途径。早在 1517 年初，他就曾致信爱尔福特的奥古斯丁修道院，要求其大幅改变原有的神学课程和研究方法。经院神学推崇的是亚里士多德等古代先哲的名言警句。而按照路德的想法，这些不应当是授课和研究的核心对象，研究应当转向基督教的源头，即《圣经》本身和先哲（尤其是奥古斯丁）留下的一手资料。但他的建议并没有被爱尔福特的同僚采纳，于是他便在维滕贝格另立家门，5 月就有了初步成果："在上帝的帮助下，我们的神学研究和圣奥古斯丁的思想得到了推广，在我们的大学里落地生根。"在路德看来，与奥古斯丁相比，亚里士多德和他的名言警句日渐式微，只有那些直接引用《圣经》或古代神学家言论的人，才能找到听众。

1518 年 3 月，改革委员会制定的方案由路德亲自呈递给斯帕拉廷，进而上达至选帝侯。尽管路德改革方案中过于激进的反经院神学要求没有被接受，但政府据此推行的一些整改措施还是较有指导性的，例如增加维滕贝格大学的哲学和语文学课程，设立希腊语和希伯来语教职。这些都是很重要的改革举措，不久后也对宗教改革起到推波助澜的作用。对路德来说更为走运的是，年轻的梅兰希通被任命为希腊语教授。1518 年 8 月，后者在王宫教堂所做的就职讲座《年轻人，回到源头》(*Ad fontes, juventute*)，发出了改革语文学和教育学的强烈信号，获得了各方关注。此后长达几十年中，维滕贝格的希腊研究在德国都是数一数二的。更重要的是，梅兰希通还以其广博的知识和严谨的作风成为路德在推进宗教改革过程中的同道中人和得力助手。[14]

事实上，宽广的学术领域和庞大的人际关系网成为路德在宗

1517 年 10 月 31 日，路德（左）开始了他的行动，宗教改革最初仅限于他在维滕贝格的同事圈，核心人物除路德外还有古希腊学者和神学家梅兰希通（右）

教改革中的制胜法宝。当《九十五条论纲》使他招致严厉批评，带来大量的额外工作负担时，他在维滕贝格学术界的人脉就成为他可信的依靠和支持。维滕贝格大学改革委员会的核心成员有：与路德同年的修道院副院长和神学教授文采尔·林克（Wenzel Linck），尽管他刚好在 1517 年被调去了纽伦堡；神学院院长和神学教授博登施泰因，人们也以其出生地城市叫他"卡尔施塔特"（Karlstadt）；主教教堂教士会成员和教授尼古劳斯·冯·阿姆斯多夫（Nikolaus von Amsdorff），他同时也是迈森贵族家庭的后代，路德导师施陶比茨（Staupitz）的侄子；法学院的希罗尼穆斯·舒尔福（Hieronymus Schurf），是世俗法和教会法的双料博士，多次担任大学校长；此外还有纽伦堡市法律顾问克里斯托夫·朔伊尔（Christoph Scheurl），他不仅是路德在维滕贝格的同

266

事，与路德关系密切，路德也依靠他在维滕贝格的学术圈里往来通信。

　　大学改革、学术工作、修道院事务和布道活动只是路德思想和活动的外壳而不是内核。政治或教会的荣耀、权力及表面的光鲜对他来说可有可无。新发现的大陆和人种也是如此，尽管这些航海大发现让基督教世界和罗马教廷无比振奋，但路德持事不关己的态度。西班牙红衣主教和教会改革者西斯内罗斯的改革热情与其对新知的渴慕是相辅相成的，这在此前的章节已有陈述。[15] 而路德这个萨克森修士近乎偏执地醉心于神学问题。如果说他曾对欧洲以外的世界有过论述，那么也是在特定的神学语境中。例如16 世纪 20 年代，他提出《圣经》对使徒使命的描述中有前后不一致的地方，一处说"他们的声音传向全世界"，而另一处又说"我们时代曾发现很多孤岛，现在还没有人在上面布道"。[16] 再例如 20年后，他编制了历史图表《世界年代纪》，里面简短提到了由海外传入欧洲的疾病，认为这些疾病是"世界尽头的标志"。[17] 由此我们可以看到，除了与传教历史和末世论相关的话题，路德对欧洲向外探索世界是不感兴趣的。

　　他孜孜不倦追求的是关于彼岸世界的知识，想要寻找仁慈的上帝，获得永恒的灵魂救赎。因为 1517 年的他还在被十年前促使他进入修道院的那个关乎存在的问题所折磨。十年前那个闪电交加的夜晚，他在荒郊野外祈求"圣安娜，庇佑我，我愿成为一名修士"，[18] 这不仅出于人类惧怕死亡的天性，最主要的是当时德国中部地区人们对于突然死亡的普遍担忧，因此他们向圣安娜寻求庇护。修道院的生活和 1507 年他在爱尔福特大教堂接受的神父授职礼都没能消解他对突然死亡的担忧，他仍旧倍感折磨。路德观念里的上帝是一个毫不仁慈、不留情面的世界法官。灵魂深处的恐惧不断袭来，当他作为司仪神父主持基督教节日弥撒时，他感觉自己有罪的灵魂直面上帝，无处藏身。他几乎每天都要面对上帝，穿越维滕贝格墓园的大门时，巨型浮雕中的上帝手执利剑，嘴衔百合，头戴王冠，铁面无情。他端坐在彩虹之上，掌控着世界的一切。[19]

　　尽管路德对上帝惧怕到受折磨的地步，但这种对无法获得永恒救赎的担忧不仅仅让这位奥古斯丁会修士一人感到羞愧。之前已描述过，当时的欧洲许多地区粮食歉收，疫情频发，干戈乱离，天作异象，许多人因此长期生活在恐惧中。此种情形在德国尤甚，因而在宗教上更明显地表现出来。大家满心担忧如果无法获得拯救该怎么办。死后的命运甚至比现世的生活更重要了。毕竟一生的时间终有尽头，而彼岸却是永恒，要么是永恒折磨，要么是永恒欢愉。而决定死后命运的一刻就在"审判之日"（*dies irae*），上帝对一个人一生的行为做出最后判决的时刻。

　　这个问题在德国人的日常生活中无处不在，从奥拉河畔诺伊施塔特的圣约翰教堂里克拉纳赫的一幅祭坛画中可见一斑，要知道这只是个坐落在图灵根森林中，远离大城市喧嚣的小教堂。祭坛建于1512年，祭坛的左右两翼描述的是施洗者约翰的故事。中间一人高的位置上画的是一个巨大的世界审判庭。每一个前来祷告的信众都一眼能看见这个正在做判决的耶稣，他考察人类灵魂的功过决定它将属于天堂还是地狱。这并不是教会或官厅为宣扬基督教戒律而命艺术家创作的宣传画，而是市民们在1510年莱比锡博览会上主动向克拉纳赫订购的，也就是说他们要么参与决定了祭坛的样子，要么是从克拉纳赫博览会的展品中主动挑选的。[20]

图林根州奥拉河畔诺伊施塔特的教堂祭坛画为克拉纳赫所作，向教区信众展示了实行最终审判的基督决定人死后的灵魂将得到解脱还是放逐——这幅画创作完成的几年后，不远处的维滕贝格，一名奥古斯丁会修士公开了他关于上帝恩典的新认识

　　这个中世纪晚期的教堂完全关注到此时人们担忧灵魂救赎的普遍情绪。它给信徒提供了一整套预防措施以供参考，大家也热情高涨地照做，例如禁食、苦行及其他自我惩戒的方法，还有通过宗教游行、徒步朝圣等方式进行圣人崇拜，圣安娜和圣克里斯多夫在15世纪末是基督徒热衷崇拜的对象。有些行为在今天看来可能缺乏理性，显得荒诞不经，但当时的大部分人觉得这是完全理智的行为，是通过虔诚的仪式来减轻上帝惩罚、缓解恐惧的方式。这种虔诚在16世纪初的德国达到顶峰，尽管大家都对教会的等级制度颇有微词，但没有人蔑视教会，更别提蔑视天主教了。1517年陪同罗马教廷红衣主教达拉戈纳游历德国的意大利人安东尼奥·德贝亚蒂斯就惊讶地在日记里这样写道：

　　　　德国人非常重视弥撒和教会，到处都在新建教堂，再看看我们意大利，那么多教堂因为没钱修缮即将荒废，我真是羡慕德国这样的国家，不禁在内心深处感到痛楚，看看宗教在意大利多么没有存在感啊。[23]

这种对教会的虔诚在厄尔士山脉和哈茨山矿区尤为盛行。许多新兴的萨克森矿业城市都以圣安娜或圣玛利亚的名字命名。但这些蔚然成风的宗教仪式并没有缓解人们内心的恐慌。大家越是勤勉地履行教会义务，时时进行自我惩戒，就越发担心为了解救灵魂是否做得还不够。

路德也处于这种矛盾的折磨中。早先在爱尔福特修道院时，他曾做过无数赎罪性的活动。1509 年担任维滕贝格大学教授后，他对上帝的追寻进入了新的阶段。他不再一味苦行，而是开始系统和科学地研究赎罪问题以及人如何在上帝面前自我辩护。他所选的工具就是《圣经》，衡量的标尺也只有《圣经》：

> 没有过多解读和诡辩的《圣经》才是太阳和永恒之光，所有学说都从《圣经》中汲取光辉而不是相反。[24]

阿尔卡拉大学的编辑团队出版的多语种《圣经》本可以同样在扉页上写这么一笔，但这种新的神学观念不是在西班牙，而是在德国取得了突破。在追求真理上，西班牙的《圣经》学者们没有谁能比路德更执着于真理。而且在经过古罗马漫长文明浸润的伊比利亚半岛上，也没有像萨克森那样的自由风气和创新精神，毕竟这里在古代就是化外之地。[25] 此外，这一神学突破还要归功于路德的人格和天性，在与其他学者激辩的巅峰时刻，他突然意识到：

270

　　　　　　　　　1517：全球视野下的"奇迹之年"

我生来就是要与魔鬼一较高下的，所以我的文字激荡澎湃，硝烟十足，我要斩断一切荆棘，填平水洼，我是粗犷的森林统治者，要破除并整顿禁令。[26]

在很多年的时间里，路德一直默默忍受着这种与上帝保持距离，对真理上下求索的煎熬。正是这种不屈不挠的坚韧毅力让他打开了信仰之心，认识到只有上帝的恩典本身才能救赎灵魂。他的意志坚定不可动摇，没有什么事情、什么人能改变他的信念，他决心将之作为福音真理实现最后的胜利。这一切都深深扎根于路德的人格之中。对于教会革新工作，他永远孜孜不倦。他传播自己学说的方式也不是锣鼓喧天的宣传运动，而是耐心地向民众解释，呼吁人们给予支持。

就在 10 月 31 日后仅仅几周，路德便着手撰写《关于赎罪券效能辩论的释解》，他在其中详细阐述了《九十五条论纲》并为其辩护，其中的核心要义就是劝导人们踏实、勤勉地追求关于上帝的真知。他安慰那些渴求救赎的同时代人，尤其是那些认为自己远离上帝的人：

人们不知道如何为自己辩护，所以才害怕被放逐地狱的命运不久将来临。人们不相信上帝的仁慈，而是怒火会泼洒向他的头颅。如果他承受住这样的试炼，他就会变得幸福。就在他以为一切都无法挽救了的时候，他才会像启明星一般重生。[27]

路德潜心研究上帝的问题，焚膏继晷地追寻《圣经》中启示的通向永恒救赎的道路。所有这些工作都是在维滕贝格大学完成的。他夏天从早上 6 点、冬天从早上 7 点开始做两个小时的神学讲座，1516 年的夏季学期开始后，他甚至从下午 1 点起又要授课。在讲座中，他运用人文主义语文学的先进方法详细阐释了《圣经》的内容，尤其爱讲《诗篇》和圣保罗的书信，因为将他从恐惧中解救出来的上帝真知正是通过"不顾一切向圣保罗取经"[28] 得来的，他在 1545 年发表的第一部拉丁文著作全集前言中如是说。

1517 年 3 月，路德完成了《加拉太书》释义。在接下来的夏季学期里，因为还有除学术之外的诸多义务，他暂时停下了手中的研究工作。到了秋天，他一边撰写《九十五条论纲》，一边继续为希伯来文的圣保罗书信做释义。路德潜心研究多年的"辩护学"已取得重大突破，宗教改革新神学的基础也已基本奠定。一方面，人与上帝的关系被赋予了新的定义，另一方面，以此为基础的基督教生活也有了新的原则。[29] 此时的路德并不觉得自己是宗教改革家，更不是什么福音教派的创始人。但在关于圣保罗希伯来书信的讲座中，路德关于人类自我辩护的观点已十分清晰和具体，且渐成体系。用现代神学历史学家的话说就是，"通过信仰接受的应许之词得到基督的公义"。[30] 这个 1517 年晚期形成的观点起初并不存在于路德的旧神学观念中，但它为 1520 年路德发表振聋发聩的改革宣言铺平了道路，也为宗教改革取得最终突破奠定了基础。

三、10 月 31 日——向教会高层呈递探寻真理的《九十五条论纲》

在路德于 1518 年 5 月写给其导师和灵魂关怀者约翰内斯·冯·施陶比茨的一封信中，他讲述了之前驱使他孜孜不倦研究《圣经》

集注和文献释义的动力。[31] 当他对上帝深深绝望，用各种方法折磨
自己以求忏悔时，正是施陶比茨开导他忏悔的深意不在苦行和自
我折磨，人要抱有"对正义和上帝的爱"。从那时起，路德开始系
统性地在文献中搜索关于"忏悔"的内容，并从中获得了关于自
身的不完美、悔罪和上帝正义的新理解。他突然意识到，在忏悔
自己的带罪之身时，重要的不在于行为，而在于思想意识的彻底
改变。这一科学认识为路德指明了走出灵魂折磨的道路。而在之
后，当他面临关于悔罪与称义的现实问题时才意识到，这一观点
与所有人相关，必须向整个基督教世界宣布。在给施陶比茨的信
中他激动地写道：

> 当我的思考广泛传开的时候，你看，在我们周围突然开
> 始响起新的赎罪券的号角，将真正忏悔的理论抛到一边，不
> 再倡导悔罪，甚至不再考虑进行忏悔活动，而是夸夸其谈地
> 赞美这最小部分的赦免。

这到底是怎么回事？——当路德醉心于研究圣保罗希伯来书
信和悔罪与恩典的关系时，离维滕贝格不远的其他城市，用以筹
建圣彼得教堂的彼得赎罪券发售活动正如火如荼地进行。负责组
织售卖活动的台彻尔是一个出生于萨克森皮尔那（Pirna），曾在莱
比锡大学进修的多明我会修士。多明我会恰好是路德所属的奥古
斯丁会的竞争对手。台彻尔十分熟悉当地教会和政治情况，1517
年，他选择了路德出生的城市艾斯莱本（Eisleben）作为赎罪券
发行运动的首站。2月，范围拓展到莱比锡。这得偷偷摸摸地进
行，因为萨克森的格奥尔格公爵当时正在发行已向教皇申请批准
的圣安娜堡矿业赎罪券，台彻尔在美因茨发行的赎罪券与此相冲

第七章　维滕贝格的修士——文明边缘地带升起新教的朝霞　　　249

突。*由于维滕贝格的弗里德里希公爵兼选帝侯是格奥尔格的表亲，他也不希望萨克森的钱流向美因茨，因而台彻尔也不能在包括维滕贝格在内的萨克森选帝侯属区发行赎罪券。因此台彻尔发行赎罪券的区域仅局限于霍亨佐伦家族统治的马格德堡、哈尔伯施塔特和勃兰登堡，3月末4月初他在哈勒和采尔布斯特（Zerbst）展开营销攻势，从4月10日起，他的活动范围拓展到维滕贝格以北几个小时路程的于特博格（Jüterbog）。

台彻尔发行的赎罪券由美因茨大主教阿尔布雷希特签名，带有教皇印章，上面用拉丁文繁缛地书写着赎罪券的具体性质。这些赎罪券类似表格，填上购买者、购买地点和日期，几乎可以作为一种收据，证明购买者以合法途径获得。可能有不少的买者心里暗自盘算着日后可以拿着这一纸收据向上帝请求进入天堂。

在这些赎罪券中，古老的教会机构再次展现出层出不穷的法律手段和控制人心的伎俩。赎罪券上的内容过于繁杂细碎，世俗人士很难理解文字的意思，尤其是当时很多普通人不懂拉丁文。一张1517年7月1日台彻尔在哥廷根发行的赎罪券上如是写道：

> 通告，我们神圣的利奥十世请求所有善男信女为建造圣彼得大教堂伸出援手。你们除了可以赎清一切罪过，获得恩典，仁慈的教皇还将允许你们自由选择合适的告解神父。在他认真听取了你们关于品行不端、前后不一等罪过（包括罗马教廷有特殊规定的相应罪过，教会所禁止的行为，及只有罗马教廷才能宽恕的罪责）的告解后，将一次性给予你们彻

---

* 从15世纪开始，恩斯特和阿尔布雷特家族共同占有萨克森，前者拥有包括维滕贝格在内的选帝侯属地和图林根大部分地区，后者拥有德雷斯顿等公爵属地，此处的格奥尔格公爵与上文提到的选帝侯弗里德里希处在同一时期。

底恩典。你们可以在生时的某一刻，也可以在行将就木之时通过这种途径表达忏悔之意。此后，一切罪过将被赦免，一年四季都可以向教会捐助（复活节和死亡之时除外）。

利奥也允许，上述行善者及他们挚爱的父母离世后将永久享受到教会里发生的一切祈祷、功课、施舍、斋戒、弥撒、祷告课及其他一切表达灵魂善意的行为的好处。

因为现在这些虔诚的人，米歇尔·罗特的遗孀、彼得·罗特和亚当·罗特为上述大教堂的修建贡献了自己的财产……展现了他们的感恩之心。我们以这张赎罪券给予他们上述善意和恩典，允许他们使用赎罪券，他们可以因此而欢欣鼓舞。[32]

赦罪[33]，拉丁文是 *indulgentia*，原意是"宽容""温和""保护"。中世纪晚期，尽管没有系统性推广，也没有神学理论论证，"赦罪"一词还是不知不觉深深在宗教生活中扎根。在中世纪末，这一术语在信徒中越来越有人气。很有代表性的就是中世纪中期参与十字军东征的赎罪行为，它建立在告解和忏悔行为的基础上，那些参加十字军远征夺回耶路撒冷的人，教会允诺赦免他们此前按照教会法被判的一切罪行。到了中世纪晚期，还出现了"炼狱"和"教会功德库"之说。炼狱是介于天堂和地狱间一种漂浮的存在。据说死时忏悔功课或俗世的惩罚还没有完全结束的人都将经过炼狱，生时没有完成的灵魂洗涤必须在炼狱中继续完成。人们对于炼狱折磨有千奇百怪的想象。为了缓解人们对炼狱的恐惧，教皇可以治愈心灵或减轻恐惧，主要方法就是用之前圣人或虔诚的基督徒通过善行积累的"教会功德库"，在条件允许的情况下缩短或彻底免除炼狱折磨。这对已经死亡（即正在炼狱中受折磨）

275

的人也适用——只要他们在世的亲眷能够为其求得这样的减免。其工具就类似赎罪券，但购买赎罪券的人还不能自动获得赦免，而是要配合思想上的自省和修行，虔诚地祷告、朝圣和布施。

显而易见，这套复杂的体系看似是在督导人们虔诚信教，勤勉礼拜，清心寡欲，而事实上将宗教生活无比简单化和粗略化了。到后来，大部分购买赎罪券的人只是想通过花钱买一份高枕无忧，不用担心死后受罚，也不必履行神学和教会法规定的附加义务。在美第奇教皇治下，当这一解救灵魂痛苦的神学工具与早期现代教廷的金融技术不祥地结合并被大量发行时，它就变成了一种以利润为导向，不重视实质内容的集资手段，或者用现代的话说教会就成了营销企业。台彻尔和他的营销团队在兜售赎罪券时是否真的使用了"钱在箱子里响起，灵魂从炼狱中升起"的宣传语，我们不得而知。但可以确定的是，他们一定采用了一些现代的游说和施压手段，强迫许多人不情愿地购买了赎罪券。或许他们自认为营销伎俩很符合罗马教廷和阿尔布雷希特主教的期待。但这种强迫的方式和对赎罪券低俗的解读掩盖甚至扭曲了惩罚和忏悔的意义。路德也清楚地看到，这将使购买者跌入永恒的不幸，这是台彻尔一干人做梦也不会思考的事情。可能这对他们来说也无关紧要，毕竟这是教廷和大主教的营生，从教会法的角度看罚不到他们头上。

这只是关于赎罪券一方面的情况。另一方面是赎罪券及其买卖在民众中的接受度。15 世纪初，赎罪券还很吃香，销路广泛。但到 16 世纪初，人们对此越来越抱持疲惫甚至怀疑的态度，这可谓竭泽而渔的后果。各种名目的赎罪券纷至沓来，有些地区甚至276掀起一波接一波抗议赎罪券的浪潮。[34] 德国中部地区由于长期通货紧缩，1517 年人们手头都很紧，每花一分钱都要掂量很久。[35]这或许能解释台彻尔激进的销售策略以及为什么买方要求承诺

"产品"的可靠性。一些对赎罪论本就持怀疑态度的神学家对此更为警惕。托马斯·闵采尔（Thomas Müntzer），一个后来与路德反目的激进宗教改革者，在1517年6月中旬，也就是路德的《九十五条论纲》发布前几个月就收到一封来自不伦瑞克人文主义者和学校校长海因里希·汉纳（Heinrich Hanner）的信，在这封急切的信中，后者向闵采尔咨询了有关市里发行的教皇赎罪券在神学和教牧上的建议，甚至包括逐条解释赎罪券的文本。[36]

闵采尔和他的不伦瑞克神职同仁私下所讨论的，或许还有其他人也进行过这种交流，此类内容将在几个月后由维滕贝格的修士兼教授公开道出。路德激进的神学解读是以他当时潜心钻研的对《圣经》中保罗书信的文本释读为基础的。他做梦也没想到，这会造成他与教会高层乃至教皇的根本性冲突。他太自信地认为美因茨和罗马的教会高层会真正重视悔罪和赦罪的问题，不会允许台彻尔的做法。1517年10月，他当然不知道，也无法想象这些人把经济利益放在首要地位。他撰写《九十五条论纲》，初衷不过是让教会上层了解到赎罪券的滥用，希望他们出面阻止，给信徒们解释赎罪的真正意义和做法——并且是按照路德认为的《圣经》中的正确说法。然而德国的教会高层和罗马教廷都没有满足他的期许，他认为是自己太过短视：

> 我一开始只是想揭露赎罪券的滥用，甚至不是批驳发行赎罪券这件事本身，更不针对教皇，不想伤他分毫，因为我们那时也都是教皇的坚定支持者。[37]

复活节前后，路德在给人做告解的时候听说了台彻尔对赎罪券的解释，他偶尔会去教堂代替牧师主持忏悔室。一些维滕贝格的市民在采尔布斯特或于特博格购买赎罪券后就向告解牧师索要教皇的证明，以确保真的免于惩罚，也不再需要苦行。[38] 鉴于路德自身的苦行忏悔经历以及研究保罗书信所获见解，他认为只有本人苦行、思想上悔过和上帝的恩典才能让基督徒真正获得救赎，也因此对台彻尔赎罪券的神学逻辑感到警觉。这种灌输只用花钱，无须苦行、反省和请求上帝恩典的救赎观念蒙蔽了路德认为的正确理念，只会让基督徒万劫不复。

他首先是在做布道时发表对赎罪券的看法，间或与维滕贝格法学院的同事交流罗马教廷赎罪论的神学和教会法基础。1517 年夏天，他决定用科学的方法——尤其是学术辩论的方式研究这个问题，类似研究生与导师之间的论文答辩，或知名学者之间就某一争议性问题进行争辩。[39] 为了准备一场学术辩论，首先要提出一些论纲，当时通常要在前期像海报一样印制张贴出来，挂在公众能看见的地方，这在维滕贝格是一种很常见的学术流程，维滕贝格大学的学校章程里对此就有明确规定。此外，维滕贝格市当时的印刷业已很发达。1517 年春天，路德的同事卡尔施塔特撰写了 152 条辩论论纲并公之于众——一封信中称之为 "affixi"。[40] 这发生于 4 月 26 日，恰逢选帝侯的圣物被送往圣地的前一天，很多人都前去看维滕贝格的圣人遗骨展览，因此论纲也吸引了很多人阅读。由于路德的《九十五条论纲》刚好是在万圣节前一天公布，有些宗教改革的历史学家称路德和卡尔施塔特有意选择这些日子，目的是吸引更多关注。[41]

278　　不久将蜚声各地的《九十五条论纲》其实最初只是欧洲大学和维滕贝格大学学术圈日常辩论程序的一部分。在这个被后世作为"宗教改革日"庆祝的一天发生的事件细节我们不得而知。直到最近，神学家们才再次就路德的论纲是怎么在公众间广泛传播的掀起一股讨论的热潮。研究宗教改革的老一辈学者总会嗟叹这个话题似乎"永不过时，每有一种新的论调出现，就会再增加一层神秘色彩"。[42] 客观地说，其实维滕贝格这一天的前后经过不详也并不是什么奇事，因为张贴论纲只是稀松平常的学术流程，并不值得浓墨重彩地在史书上记下一笔。

《九十五条论纲》问世的那一天——甚至不确定能否使用"出版"这个动词[43]——只是在回顾时才变得有意义和值得铭记。几个世代后，人们才说这个事件具有"全球性的影响"。路德也是在很久之后的书信和饭后闲谈中才聊到这一天，以至于1517年的10月31日即便在他的自白里也沉浸在被加工过的时代光芒中，那已是路德作为大宗教改革家的时代。而作为后来宗教改革奠定近代基础这一神话叙事所依据的事件，其相关支撑材料所受到的检视显然是有待商榷的。

唯一可以确定的是两封落款为10月31日的书信，每一封信中都附有一张《九十五条论纲》的样稿。路德将这些信函寄给了他的教会上级，美因茨大主教、红衣主教阿尔布雷希特和勃兰登堡主教希罗尼穆斯·舒尔茨，维滕贝格就位于他们所辖的教区内。后来留存下的是给美因茨大主教的那一封。书信不是以一个敢与天公试比高的改革者的口吻写就的，我们看到的是一个语气委婉、谦卑恭敬的修士，但他的决心坚定："我，最微小的一员，见识浅薄，胆敢有向地位高于一切的您写信的想法。"[44] 路德在信中向教会上级陈述了他对赎罪券具体操作的质疑，请求教会出面干涉。笔触波澜不惊，没有任何革新的要求，但已展现了撰写者的自由思想和即将撼动整个基督教世界的自由行动的决心。值得一提的是，路德的德文写法原为Luder，在信中他第一次转为Luther，在书信中也间或使用Eleutherius这个拉丁文写法，意思是"自由

至今仍未发现当初在维滕贝格印制的《九十五条论纲》。据推测，路德张贴的论纲很可能是印刷的版本，因为他在大学授课的教学材料大部分已使用了印刷技术

的人"或"被解放的人"。可以说，这个不久之后将成为伟大的宗教改革者的路德在 10 月 31 日实现了自己的真正解放。[45] 可能正是这种身心挣脱桎梏的体验给了他日后面对教皇和整个教会，以及1521 年后的帝国皇帝和封建主等强大对手时，捍卫和践行新神学理论的力量。

　　保存下来的《九十五条论纲》既不是路德手写，也不是从维滕贝格的印刷场印制出来的，至少现存图书馆和档案馆的版本并非此类。由于路德在讲座中所使用的课件资料大部分已是印刷品，很有可能《九十五条论纲》也是印刷品。[46] 1517 年曾生活在南德的梅兰希通和路德的秘书格奥尔格·罗勒尔（Rörer Georg）直到几十年之后才透露，当时的论纲是钉在教堂大门上的，但两人也都没有亲眼看见。罗勒尔记录的笔记与梅兰希通的是相互独立的，且记录时间是路德在世的最后几年，说明应该经过路德本人审阅，所以很有可能像他们所称的那样，当时《九十五条论纲》张贴的地方是教堂大门。

路德"抢着锤头的改革者"的形象显然没有任何依据。因为根据罗勒尔的记载，当时很多教堂的门上都钉上了《九十五条论纲》。设想路德像贴现代海报那样从一个教堂到另一个教堂钉上自己的论纲，这是不符合实际的。作为教授他日程繁忙且早已不是热血青年。可能是学校的校务管理员或其他后勤人员代为公布了论纲。

无论如何，并不是维滕贝格的《九十五条论纲》，而是该论纲在其他城市的印制散发，让路德对教会的批判产生了广泛深远的影响。由于民众对《九十五条论纲》兴趣浓厚，读者众多，所以在路德不知道的情况下，很多出版商和印刷场看到了其中有利可图便争相印制。这样一来事情的发展态势就不再受路德本人的控制。1517 年末就已经流传着三种拉丁文版本的《九十五条论纲》，分别发行于纽伦堡、莱比锡和巴塞尔。据一封相关的书信记载，圣诞节前就出现了首个德文版本，但后来没有保存下来。

从 1518 年 3 月开始，随着路德本人发表了他对赎罪券批判的德文版本，论纲的内容像燎原之火广泛传播开来。他的《论赎罪券与恩典的讲道》（*Sermon von Ablaß und Gnade*）在 1520 年的时候就已再版不下 23 次，坊间流传着约 25 000 册。成千上万的人了解了他的论纲，因为其形式简洁、结构清晰、口语化的语言非常适合在公开场合或私底下大声朗读。[47] 路德对真理的呼唤和辩词的震撼人心，不仅让学者，也让普通老百姓感到了冲击。[48] 路德想要揭示赎罪论究竟在多大程度上反映了真理，要求每一个与他一样有意愿、有能力的人参与对真理的探寻：

因热切爱慕真道，渴望能弘扬真理，文学及神学硕士和常任神学教授马丁·路德神父将于维滕贝格主持关于下列论题的争鸣。诚望不能参与口头辩论之士，可用书面形式发表意见。

奉我主耶稣之名，阿门。

尽管整篇论纲在学术细节上很难为普通受众彻底理解，但其核心意旨大家都能看懂。例如开场白就明确地呼吁：

当我们的主耶稣基督说"你们应当悔改"（《马太福音》4：17）的时候，他期望信众终生悔改。

论纲第 36 条如是说：

每一个真诚悔改的基督教徒，即便不靠赎罪券，也有权获得罪咎与刑罚的总赦。

即便经过翻译，路德语言的感染力和幽默风趣也能牢牢抓住读者的心，其核心要义得以在老百姓间口口相传。例如析义于《马太福音》（13：25）的论纲第 11 条：

将教条法规的刑罚篡改为炼狱的刑罚，显然是当主角们酣睡时仇敌撒下的稗子。[49]

1518 年春，情势的发展是路德始料未及的。论纲已传遍了全德国乃至全欧洲，甚至早已超出了学术圈、教会圈。这是因为路德发表的德文版《论赎罪券与恩典的讲道》直接面向普罗大众。

尽管原先计划的学术辩论没有召开，但它引发了一场公共讨论，其内容自然不局限于对赎罪券的批判。当然，有些神职人员和学者没有参与这场讨论，例如伊拉斯谟，他们觉得路德向所有人发出的民粹主义式呼吁是有失体面的。但这与路德用通俗易懂的语言博得的公众关注相比简直不值一提。

路德进而顺理成章地走上了宗教改革者的道路。除了印刷术的发展外，教会高层在这件事上的反应也推动路德更加坚定地沿着这条道路走下去。无论是德国还是罗马，教会高层在很长时间里都把它当作一起惹人嫌的乡里纠纷。其对事态严重性的低估和无视令人瞠目，他们竟没有意识到，随着《九十五条论纲》的广泛刊印和流传，众人的目光最终都会向大主教和教皇聚焦。当阿尔布雷希特大主教终于在 11 月末在阿沙芬堡的官邸收到路德的信时，他立刻意识到这将使其陷入怎样的政治和经济困境。路德的论纲对赎罪券进行了如此劈头盖脸的彻底批判，以至于本就滞销的赎罪券再无多卖一张的可能，他更无法筹集还清欠债所需的款项。他首先想到的是采取法律手段，具体来说就是发布禁令，禁止路德再散布有关的批评言论。但他丝毫没有打算仔细研究这份论纲的神学内容。他觉得这是教皇的任务，于是在 12 月初将这封信转给了教皇。

罗马教廷首先想到的是自己的权力地位有没有受到威胁。12 月 17 日，美因茨大学对《九十五条论纲》的内容进行了鉴定，提出其中的几条内容对教皇发布赎罪券的权限提出了质疑。于是，利奥十世在 1518 年 2 月命奥古斯丁修道会团长说服这个维滕贝格不安分的教会兄弟恢复理智。至于是否要对这份论纲的神学观点表明自己的立场，利奥认为多此一举。与花心思对付这个远在易北河畔犄角旮旯的反叛修士相比，他显然有更重要的事情需要处理。更何况半年之后，马克西米利安皇帝驾崩，神圣罗马帝国皇帝由谁继任这个高度敏感的政治问题亟待解决。在此背景下，一切神学和与灵魂救赎相关的问题都被搁置。

　　一代大权在握、荣耀加身的独立教皇为此需要付出的代价是惨重的，而为这高昂代价买单的再一次是整个基督教世界。由于罗马教廷懒于正视路德批判的神学问题，更别提予以研究，欧洲基督教世界没过多久就分裂成多个派别，彼此仇视，几乎陷入信仰战争的地狱。1519 年 6 月，神圣罗马帝国新皇帝终于得以选出，罗马教廷终于有了闲暇应付路德的事情，然而此时教派分裂已成定局。他们甚至根本不再尝试弥合分歧，而只是在 1520 年颁布的教皇禁令中要求"批评、抵制和丢弃一切（路德）的拉丁文或德文书籍、文稿和布道"。

　　然而攘除路德异端言论的尝试均以失败告终。与 100 年前的波希米亚人扬·胡斯不同，路德此时的著述、书稿已在世界范围内发行了成百上千册。罗马面对的是传媒业的革命，与此相比一切的教皇禁令都黯然失色。随着书籍、传单、小册子等纸媒的印刷技术不断发展，第一批《九十五条论纲》刊印之后，几乎每月都有各种版本的论纲印制发行，路德的支持派和反对派间的激烈辩论立刻冲破了传统学术圈，扩散到整个社会。第一批近代"公众"产生，城市或乡村的男男女女都是这"公众"的一部分，他们觉得自己也是参与辩论的一分子。他们是否识文辨字都无关紧要，集市广场上或酒肆店铺里有大把的朗读者愿意代劳。

　　从 1517 年开始，欧洲各地印刷品的数量急速上升。仅在 1519 年的德国，印刷品的数量就从前些年的每年 200 件上涨到 900 件，接下来的几年涨势更加迅猛。印刷场一拿到路德支持者或其反对者的书稿（反对者们也深谙印刷宣传之道），就立即印制，欧洲的书刊行业和市场迅速扩大。出版商和印刷场老板赚得盆满钵满。印刷品的覆盖面越来越广，甚至深入人口稀疏的欧洲北部和东部边缘地带。

1519 年初，欧洲著名出版大亨、伊拉斯谟的出版商约翰内斯·弗罗本从巴塞尔写信到维滕贝格说，他在上次法兰克福书展上从一个莱比锡书商那里得到几件路德的书稿，之后立即拿去翻印：

> 我们向法国和西班牙发了 600 件印好的成品，现在一部分已经开始在巴黎发售。帕维亚著名书商、学识广博的卡尔乌斯也让人带了不少去意大利发售，所有印出来的书稿卖到最后只剩了 10 本，我以前从来没卖过这么畅销的书。[50]

尽管从 16 世纪中期开始，基督教国家加强了对出版文物的审查，一度造成印刷活动和读者群体缩减，但书业规模已远大于宗教改革前的水平。更重要的是，书籍有了一直持续到今天的新功能。在 1500 年前中世纪和古版印刷的时代，无论手写还是印刷的书籍都是传递和保存知识的载体，只局限于小部分精英群体。随着 1517 年 10 月《九十五条论纲》的发表，书籍和传单成为"公众舆论"的传播媒介，基本上是面向所有人的，包括那些此前并不了解背景情况的人。与大众对话的功能毫无疑问是书籍从近代开始才有的特征，这一特征此后也再未消失。

四、新教改革，而非徒劳轻率的教会批判

路德对教皇和教会的批评在当时并不是非比寻常的，也不是

前无古人的。伊拉斯谟同样批评过罗马教廷的腐败现状，甚至比路德的措辞更加严厉尖锐，只不过他是关起门来在一个小圈子里批评。路德公开叫板罗马的勇气是伊拉斯谟不具有的，更别提主导教会改革的决心。当有人透露1517年夏匿名问世的讽刺对话集《尤利乌斯被拒于天堂门前》出自伊拉斯谟之手时，[51] 他立刻撇清干系为自己开脱：

> 我喜欢在酒桌上和朋友们自由嬉笑怒骂，承认经常玩过了头。想想我们当初是如何打趣，让尤利乌斯黄袍加身，让马克西米利安皇帝变身教皇。又如何在修士和修女间乱点鸳鸯谱，并让他们结婚生下的孩子组成一支军队去攻打土耳其人，或者去新世界的岛国殖民。我们在觥筹交错中打翻了整个世界。但我们并没有把这样的内部决议镌刻在金属板上，而是饮尽杯中酒后抛至九霄云外。

对于有些人批评他于1509年在英国写了《愚人颂》，伊拉斯谟以同样的伎俩予以回击：里面的观点不代表作者本人，那是书中愚人的观点。

批判教会，然而只是私人圈子里谈笑逗趣的文艺嘲弄。在巴塞尔，伊拉斯谟和朋友们不仅拿教会和神职人员开玩笑，还嘲讽教会的核心要义。他们没有采取实际的改革措施，也没有公开呼吁变革，而是在思想层面上游戏[52]——甚至设想官方颁布法令强制修士与修女胡乱结合。尽管这种方式显得怪异且不正经，但其批评的烈度却不容小觑。然而，伊拉斯谟并没有想过采取实际的举措踏入反罗马的雷区。他的友人托马斯·莫尔也只满足于乌托邦式的畅想。

就像嘲讽修士和修女间的姻缘，对土耳其人发动圣战，占
领遥远的新大陆岛屿，伊拉斯谟于 1514 年在伦敦撰写的对话集
《尤利乌斯被拒于天堂门前》也只是面向一小部分人文主义者群
体。书中对教皇的尖锐批判立即引起一片哗然。勃艮第的大宰相
让·勒·绍瓦热也跟身边的近随拿着这份对话集手稿取乐。一些
高级别的政客，甚至一些领主们也为伊拉斯谟在书中对穷兵黩武
的教皇的公然指责暗暗叫好，但也清楚伊拉斯谟不想公开批评或
是致力于将观点纳入执政纲领。[53]

帝国骑士胡腾则是另一派作风。他压抑不住内心对自由和学
术独立的渴求，在意大利采取了公开反对教皇、反对教会人士的
路线。他认为有义务将《尤利乌斯被拒于天堂门前》公开出版。[54] 不
过，出于对伊拉斯谟匿名意愿的尊重，他并没有公开作者的名字。

随着彼得·舍费尔在美因茨刊印了第一册尤利乌斯对话集，
1517 年夏天，批判教皇和教会的伊拉斯谟终于无法再躲在暗处。
以伊拉斯谟之名，有史以来 "最尖锐而最谦卑的讽刺"（约翰·赫
伊津哈[55]）进入世人的视野。1517 年对话集先后在斯特拉斯堡、
安特卫普和巴黎出版，在市面上出售的数量在接下来的几年里不
断上升。对舍费尔刚办起来的出版社而言，这本畅销书是很好的
经济来源，更何况还是出自大名鼎鼎的伊拉斯谟笔下。欧洲人纷
纷站出来对教皇和教廷过多干预世俗事务表达不满。但整体而言，
这里所指的欧洲人还仅限于受过教育的人文主义者圈子。他们和
作者谁也没有想过要以行动表达不满甚至奋起反抗。

毫无疑问，《尤利乌斯被拒于天堂门前》的出版发行大获成
功，为后来《九十五条论纲》在民众间的快速流传铺平了道路。
但路德与伊拉斯谟的关键不同在于，路德不仅批判现状，更是制

定了改革的一整套方案。批判迅速融为一股宗教运动的力量，摧枯拉朽，不光震撼了学术界，更是席卷了民间。直到 1517 年秋，伊拉斯谟及其人文主义者圈子活跃的巴塞尔还是秘密反对罗马教廷的中心（参见西尔瓦娜·赛德尔·门基）。现在，维滕贝格成为备受关注甚至令人心生畏惧的反罗马桥头堡，并且不是藏着掖着，而是敲锣打鼓地公开反对。随着 10 月 31 日《九十五条论纲》的发行，原本只存在于人文主义学者圈子里的学术嬉戏转变成一场严肃的改革，人们迫切要求改变现有的教会和基督教生活。对教皇主导的教会体系给予致命一击的不是人文主义者，而是一位《圣经》教授，人文主义只是他实现彻底的宗教变革的武器。宗教改革的发源地也不是传统的学术中心，而是一个偏远、不起眼的小城市。

　　阅读了路德的论纲后，伊拉斯谟也站出来支持重新定义教宗的职能："我认为教会仍应由本质是神父的教皇主导，但如果这样一个一心向圣的人只顾钻营和追名逐利，是非常不体面的。"[56] 与大部分同时代的人不同，伊拉斯谟并不附和路德对改革的呼吁，而是渐渐地降低批评的调门，最后转为呼吁大家防止过激和错误的言行，以保持现有宗教体系的稳定。他不能也不愿选择支持批判教皇的强硬派，这既是出于学者的谨小慎微，也因为他在和平论里就已表达，坚信欧洲的宗教和文化统一是珍宝。此外，还应当看到，伊拉斯谟尽管作为文人一贯低调，但比作为修士的路德更加入世——他有明显的虚荣心，追求社会尊严，1517 年教皇利奥十世免除他私生子的身份正好顺应了他的愿望；[57] 此外，布鲁塞尔方面提出可以为他提供那不勒斯主教职位，使其在教会体系中占有一席之地的希望变得可及。这一切都可以合理地解释，为什么在路德选择与罗马一刀两断的时候，伊拉斯谟狂热地倡导教会统一，以使欧洲不至于自我肢解。

如果是为了宗教真理，路德可以既不在乎个人好处，也不害怕破坏统一和和平。当他看到教会高层不愿对他的《九十五条论纲》予以研究时，他便将破除建制的矛头对准了"罗马的反基督徒"。如果说以前路德认为赎罪券建立在旧基督教的基础上，因而将希望寄托于学术界和宗教界的澄清和整改，那么现在他从事的就变成完完全全的"路德的事业"。群众对改革期待之切、响应之广，尤其是神圣罗马帝国辖区的人民一呼百应，教皇和皇帝都无法再控制局面。1517 年底反赎罪券浪潮在短短几个月内就激化为对以罗马为首的教会体系的根本批判。中世纪晚期的改革诉求汇聚为一场新教的改革运动。

路德成功的决定性因素不是他对赎罪券的批评，毕竟赎罪券的安排早已失去人心，根基已被动摇。即使是路德最激烈的反对者也没有站出来为赎罪券辩护："赎罪说彻底站不住脚，埃克几乎在所有事情上都同意我的观点，赎罪券的捍卫者遭到嘲笑和讽刺。"这位维滕贝格人如此胜利地宣告。起决定作用的也不是路德反教皇和神职人员的主张，尤其是后来斥责其"反基督"的口号，尽管这些主张也确实在德国受到了热烈回应。[58] 当教皇使节阿莱安德早在 1520 年就不得不向罗马报告说，"德国上下民心沸腾"，"十分之九的人都在高喊路德"时，[59] 可以看出路德发出的宗教改革讯息已深入人心，其改革内容受到广泛的接纳才是真正收服人心的关键。路德提倡的因信称义给予那些生活在恐惧中、担心死后无法获得救赎的人信心。像丢勒这样的大艺术家也感到突然从恐惧中挣脱而释怀。一股精神的新风刮过每个教区。对上帝作为世界法官的畏惧消散，取而代之的是对上帝作为解救者的信心，他的仁慈让基督徒不再害怕。奥拉河畔诺伊施塔特的克拉纳赫祭

288

坛画曾反映人们因担心最后判决而活得战战兢兢的情形，这幅画现在也见证了宗教改革带来的变化。当该市和教区转向新教后，人们不想在周日去教堂做礼拜时看到这个失去神学正确性的世界法官。教堂主事于是让人用一幅题材为"最后的晚餐"的画作盖住以前的那幅。耶稣基督不再是慑人的法官，而是宗教改革中应运而生的解救者，每个基督徒都可以享用他仁慈的宴席。

结　语

1517——作为近代开端的奇迹之年？

疏离与接近

　　1517年发生的事件距离我们已长达500年。我们看到的是一个十分陌生的1517年，但有些当时的情景在今天看来又似曾相识。今天的我们已无法想象基督商人和占领者们发现的新世界、新空间在那时的面貌，同样陌生的还有当时的欧洲。无论是对欧洲还是对新世界，我们都需要以一种近似于人种学研究的方式去探索那个时代人们的生活条件，理解他们如何思考、如何行动以及如何感知。尤其令我们感到陌生的是，宗教那囊括一切、吞没一切的力量，以及人们无论受过教育与否，都以魔幻的方式、从宇宙论的角度解释世界上的现象。在过去几百年，启蒙运动和自然科学的发展使得人们的观念、体验和理解越来越世俗化。无论是个体，还是政治、社会，我们都认为可以从自然规律的角度给予理性解释，人类可以加以干预和操控。我们绝不会想到地外力量直接发生作用。历史事件也不再有魔幻的面纱，没有耶稣基督的力量，我们会分析其内在的固有逻辑，例如动机、利益、因果联系、长期影响等，常常某一历史事件的长远影响与最初发起者的意愿相悖。

不陌生的是 500 年前的世界也并不太平，充满暴力，例如 1516 年至 1517 年土耳其苏丹塞利姆攻占叙利亚和埃及；不久之后受尽屈辱的阿兹特克贵族在"血染之夜"对西班牙人的进攻，以及科尔特斯随后的血腥报复；最后，欧洲也是如此，1517 年诞生的教派敌对导致基督教在后续一个多世纪的时间里自我毁灭，并伴随着恐怖袭击、肆无忌惮的谋杀，以及对异见人士的残忍迫害。回顾如此这般的历史背景，今天世界上发生的暴力冲突，例如逊尼派和什叶派的水火不容，由此产生的宗教暴力冲突不仅震惊世界，更像是昨日重现。如此看来，贝加莫天军之战引起的惊惧可能比路德让人释怀的自由呼声更接近当下的社会心理。

政治的力量

设若从更长远的维度思考，就会发现 1517 年的内政外交政策直至今天影响仍存。随着奥斯曼土耳其入主叙利亚、埃及和阿拉伯半岛，哈布斯堡家族世界性帝国崛起，近代欧洲权力架构基本形成，并囊括了土耳其这个非基督教国家。与此同时，政治和社会的世俗化进程加速，早期现代国家的政治组织形式诞生。这两种发展趋势都源自欧洲，但从一开始就远超欧洲的范畴。这是"世界历史的转折点"[1]，将给直到今天的世界政治、文化、社会发展和个体的生活带来种种正面和负面的影响。因为"国家"和"权力格局"的概念将在接下来的几个世纪向全球拓展，直到世界所有地方所有的政权结构和彼此间的关系都置身在这两个概念的范畴之下。直到 21 世纪的今天，社会才开始逐渐转型，欧洲从中世纪向近代的过渡中产生的秩序结构遭到质疑。在国家内部，独立主权的表现形式越来越灵活；在国家间，近代形成的国际体系日益受到国际法之外的非国家行为体冲击。

在16世纪初的几十年，早期现代国家的形成到达顶峰，其标志特征就是"主权"这一概念集合了迄今为止的一切统治权，并将这集合起来的统治权交由君主一人掌握。同时，这也意味着传统政权内部结构的剧变。教会、贵族、城市等各阶层分级参与执政的格局退居次要甚至被彻底推翻。这一发展态势始于15世纪，在西班牙查理的祖父母天主教双王斐迪南和伊莎贝拉统治时期尤甚。16世纪早期，这一进程面临两种去路，要么继续发展并不断整合更多力量，要么允许普通民众参与执政并将集权的势头打破。矛盾对冲的结果是社会结构严重动摇，这种局面最先出现在1517年之后的西班牙，新政府一经成立便立即侵损了惯行的地方法规。

同样，国家间关系和欧洲政治格局也充满张力，近东和北非亦成为权力争夺的舞台。像对内整饬纲纪一样，加冕神圣罗马帝国皇帝的查理五世对外动作频频，数年间将他继承下来的阿拉贡、卡斯蒂利亚、哈布斯堡、勃艮第家族的政治遗产打造为覆盖欧洲大部分区域，甚至势力延伸至美洲殖民地的哈布斯堡王朝。它主导了欧洲基督教国家的力量博弈近百年，其间一直有其他国家站出来挑战这一主导地位，最初是法国的瓦卢瓦王朝，在16世纪末是荷兰和英国。在欧洲大陆的东南部和地中海沿岸，查理五世力抗土耳其，形成了基督教的哈布斯堡和穆斯林的奥斯曼帝国二分天下的格局。这两大早期现代国家的双雄对峙影响的远不止欧洲，因为伴随着他们的力量角逐，来自东亚殖民地的货物贸易路线发生了重大改变。

在此后长达150年的时间里，尽管势力范围的交界处间或有

292

293

这样那样的变化，哈布斯堡和奥斯曼土耳其基本保持均势。当西班牙17世纪中期越来越脱离欧洲内部事务，转而将目光重心投向大西洋西岸时，奥地利主导的哈布斯堡王朝扛起大旗一步步将东方的土耳其击退。但是直到20世纪的第一次世界大战，奥斯曼帝国才彻底瓦解，这一历史事件造成的地区局势失控在今天的阿拉伯半岛和北非乃至欧洲东南部都依然可见。

　　与军事和政治博弈同样影响深远的还有宗教：随着奥斯曼土耳其占领开罗，其苏丹宣布建立象征伊斯兰教最高统治权威的哈里发。这在世界史上的转折意义与宗教改革不相上下。因为它巩固了以土耳其为首的逊尼派势力，他们从此掌握了伊斯兰教的真正解释权，因此可以名正言顺地约束境内的什叶派。与什叶派波斯人的地缘冲突也赋予了土耳其哈里发特别的合法性。继任的苏莱曼大帝享受着这伊斯兰教的最高荣耀和心安理得的合法地位，并在与欧洲基督徒的对抗中将自己打造成末日统治者，与欧洲神圣罗马帝国皇帝和教皇平起平坐。[2]

　　要厘清1517年在近东的世界史意义，只需做一个不切实际的假设：第三章曾讲到，在奥斯曼土耳其包围开罗的同时，葡萄牙的一支舰队突袭阿拉伯港口城市吉达，目的是将该市和周边区域纳入葡萄牙的控制。我们想象一下，倘或这次行动成功，那么阿拉伯半岛这一重要贸易区位将落入欧洲人的手里，通向穆斯林圣城的钥匙就会掌握在欧洲的手中。那么阿拉伯半岛及圣地的庇护者将不是土耳其的穆斯林，而是欧洲的基督徒。这无疑会改写近代史的发展轨迹，今天近东和欧洲的权力和宗教格局也将大为不同。

　　占领开罗对于伊斯兰文明的意义就像路德的《九十五条论纲》之于基督教世界的意义。今天，这两个历史事件又引发了新的讨论。一系列精心设计的庆祝活动将以《九十五条论纲》发行及其

头戴环形王冠的奥斯曼大帝苏莱曼——伊斯兰世界的统治者自信能挑战天主教世界的神圣罗马帝国皇帝和教皇权威

后的 500 年影响为中心。全世界的新教徒和西方文明将回顾过去 500 年的发展历程，寻找他们共同的精神根脉。与此相比，奥斯曼土耳其帝国 500 年前结束阿巴斯哈里发统治的精神基础几乎完全消失，然而仍有人庆祝这一历史事件，不是以文化纪念的方式，而是通过宗教激进主义的暴力行动。1517 年，土耳其推翻阿巴斯哈里发的地方就是当代“伊斯兰国”活动的区域，他们的目标正是在这片土地上重新唤醒政教一体的哈里发国统治。

　　与上述内政外交事件紧密相关，同样重要且预示未来的第三件大事是欧洲对外扩张主导权的更替。1517 年，探索并占领新世界的光环还笼罩在葡萄牙王国头上，让我们回忆一下来到罗马的新公民——大象哈诺和犀牛奥德赛，它们是葡萄牙国王曼努埃尔赠给罗马教皇的礼物。但在 16 世纪 20 年代结束时，葡萄牙里斯本贸易中心的地位已日渐式微。[3] 随着 1517 年秋王位继承的顺利完成，西班牙果断抓住葡萄牙发展停滞的机会，一跃成为欧洲海外殖民的龙头老大。对外扩张的心脏地带和早期现代世界贸易的中心进而从里斯本迅速转移到安达卢西亚的港口城市塞维利亚，这也具有世界史意义。因为这是欧洲将重心从亚洲转向美洲的开端，这一重心转移的趋势在余下的整个 16 世纪表现得越发明显，且葡萄牙居于更加不利的处境。在查理五世 1556 年退位后，儿子菲利普二世和弟弟斐迪南分别继承了西班牙和奥地利的哈布斯堡属地，海外扩张便不再是奥地利哈布斯堡家族的事业，而属于哈布斯堡西班牙支系。德国也只是间接地、很边缘化地参与了近代早期的殖民扩张。

和平、币值稳定和社会乌托邦

现实世界的变化让人们对于国家和社会良治的思考也发生变化。托马斯·莫尔以新发现的岛屿为灵感，用乌托邦的另一种图景反衬欧洲的混乱僵局。自此近代出现了独立于历史现实的乌托邦式秩序思想，直至今天仍生动地存在于政治理论中。但这种关于社会秩序的构想并没有对当时的政治现实产生作用，正如同一时间哥白尼对于货币价值问题所做的分析。波兰和普鲁士之后出台的货币政策也没有参考哥白尼的分析和观点。这一理论随后被人淡忘，直到几十年后英国的格雷欣再度提出。

拉斯卡萨斯关于人权和自然权利的思考尽管没有被遗忘，一直存在于欧洲法律哲学中，逐渐成为人们行动的伦理和法学基础，但也并未影响殖民活动的继续开展，甚至无法阻止最糟糕的情况发生。伊拉斯谟轰动一时的《和平的控诉》也难免终被忽视的命运，战争的力量是伦理道德的呼号难以驯服的。正相反，在接下来的几百年里，和平有充分的理由大声控诉。近代早期简直可以说是系统性好战主义的年代。[4]人文主义者以基督教思想为基础的和平主义不符合战事主导的时代潮流。直到我们所在的今天，伊拉斯谟不合时宜的思想才找到了用武之地。他的乌托邦式的建议和理想虽然在 16 世纪前 30 年无法实现，但今天却成为教会和国家制定政治方针的准绳，至少在欧洲是这样。这也可以解释为什么我们会对伊拉斯谟等人文主义者比对路德或耶稣会的创始人罗耀拉更熟悉，因为后两者更注重划清教派信仰的界线，由此也更多地谈及战争而非和平。

不能忽视的是，让欧洲人的世界观变得多元，从而推动自由发展和世俗化进程的并不是伊拉斯谟，而是路德，他刚好与伊拉斯谟相反，认为基督教世界的统一是一场大骗局，愿意为了实现宗教自由而放弃统一，孜孜不倦追求宗教真理。尽管推动欧洲世俗化并非路德的初衷，但正是他释放了社会变革的关键活力，使欧洲得以有今日的面貌。

以宗教和魔幻诠释世界

如果纵观世界历史，我们能发现拉丁—基督教欧洲对恰当的人神关系的探索，与同时期其他文明对世界的宗教性解释，有奇妙的相似性。当时的人是以一种在我们今天看来实难理解的正经态度，有时甚至近乎痴迷地在各种信号中揣测上帝或神祇的旨意，并从中找到对人类个体和集体生活的指引，避免身前身后招致祸端。用路德的话来说就是"他们都在寻找仁慈的上帝"。

无论是在贝加莫、墨西哥还是中国，人们都倾向于认为当前的事件受到某种超自然力量的左右，赋予它们某种隐含的意义。路德在施托滕海姆郊外遭遇的雷电驱使他寻找圣安娜的庇护，某种程度上也反映了路德的世界观。即便在开启宗教改革的转折之后，路德也未脱离启蒙运动前的非理性状态。除了上帝，魔鬼、撒旦、女巫也都是日常生活的一部分。他始终坚信，在1505年那个雷电交加的夜晚，上帝向他发出了呼唤。只是1517年之后他对上帝的信息有了新的解读，认为上帝不再指引他在修道院中寻求救赎，而是让他发现教廷的弊端和歧路，让他通过走歧路时的巨大陌生感，发掘通向救赎的真正正确道路，即恩典。他后来觉得当初向圣安娜寻求庇护也是上帝冥冥之中有意为之。他在回顾当初的错误时写道"安娜的意思是'通过恩典'"，希伯来语中Channah/Hanna隐含的意思就是恩典。[5]

宗教改革并没有改变人们以魔幻的眼光解读现象和事件的做法。即使是从赎罪券批判中诞生的福音教派也仍然保有这种魔幻思想且遍布全球，例如17世纪末在新教北美所发生的臭名昭著的塞勒姆女巫审判。宗教改革只是在对世界的祛魅，以及在向我们今天看来理所当然的理性、科学地解释世界这一范式转变的漫长过程中，做出了间接的贡献。路德和他的大多数追随者与莱辛（Lessing）及其"戒指寓言"之间的差距几乎可以用光年来衡量。对他们而言，犹太人像女巫一样是魔鬼力量的化身，将使基督徒偏离救赎的正道，基督徒必须彻底将他们消灭。

就在欧洲基督教世界因罗马和维滕贝格闹得不可开交时，中美洲的文明也经历着相似的危机。路德在沃尔姆斯帝国会议发言的半个世纪后，西班牙人攻入阿兹特克人的圣城和首都特诺奇蒂特兰。在新世界，决定社会和文明冲突是缓和还是激化的最终也还是宗教。就像路德认为暴风雨是上帝的呼唤，阿兹特克人也有自己解读天象的一套体系。他们对科尔特斯的队伍充满敬畏，几乎要俯首称臣，这并不是因为国王蒙特祖玛和贵族们惊恐于西班牙人的铁质武器、枪械、大炮和战马[6]——他们是多么英勇无畏，不害怕这些陌生事物，不久之后的神庙血战就是最好的证明。

　　阿兹特克人信奉的宗教最终导致了自己的灭亡。是对神的信仰弱化了他们原本强大的斗争意志，让他们的统治者过分友好地对待登岛的陌生人。正是因为这样，科尔特斯才能肆无忌惮地发挥自己的军事优势。早在西班牙人到来的几年前，一些奇异的自然现象就开始让阿兹特克的国王、贵族和民众感到不安，就像贝加莫的天军之战让从农民到市民到教皇的全体基督徒战栗一样。更何况按照阿兹特克人的历法，西班牙人到达的那一年正好是上古时代离开的祭司国王回归的一年。蒙特祖玛因而认为西班牙人是来自东方的神，他应臣服于他们，以避免给子民带来灾祸。1520 年 5 月 23 日，西班牙人袭击了庆祝托什卡特尔节的无辜百姓，当阿兹特克人终于意识到热情好客并不能保证他们的宗教信仰自由，而是威胁其存在时，捍卫本土宗教的强烈意识又驱使阿兹特克人重新拿起武器迎战。

　　尽管阿兹特克人有着不一样的文化和信仰，但就像基督教世界一样，在他们的宫廷，人们追求的也无外乎是救赎。但与欧洲或者路德所追求的不同，阿兹特克人考虑的不是死后被判决上天堂还是下地狱，他们关注的是神给予人们现世的善报或由于人们不服从而降下的恶报。当墨西哥乃至整个中美、南美都臣服西班牙人后，基督教的神祇观念化解了当地人对上帝怒火的恐惧，因而他们不再需要人祭。这也是被征服地区快速且长久地接受基督教信仰的重要前提，尽管本地的一些咒术仪式依然零星存在。

在东方，葡萄牙使节和中国宫廷官员打交道时，宗教及世界观也发挥着重要作用。在中国人的观念中，世界和神灵遵循永恒不变的运转规律，宗教、文化、政治和社会受到这不变规律的主宰。在这样的基础上不可能出现所谓神的问题或因此像路德一样请求上帝恩典。在中国，一切新事物都需要符合或屈从于永恒不变的宇宙运行规律，所以当葡萄牙的世界观和宗教与中国本土的世界观不兼容的时候，外来的陌生事物必须被攘弃。

几个世纪之后，欧洲和世界的其他地区才开始逐渐以科学的方法揭开世界的神秘面纱，这时超自然的、形而上学的世界观就失去了吸引力。这一论述适用于对魔法的迷信，也适用于建立在彼岸基础上的神学，来世在今天的神学中几乎不再扮演什么角色。但这并不意味着人们的生活从此轻松百倍，在人们心中威胁依然存在，甚至有所增加。500 年前，人们将希望寄托于彼岸，希望在那里找到安慰和救赎，从此抛下一切烦恼。而今天的人们只能依靠自己的力量。现代人一方面亲手锻造了丢勒式的世界末日景象，一方面又努力像在乌托邦中那样约束不公、暴力、贪婪，而这些丑恶的现象又来自人类本身。

宗教改革的觉醒，教派的势不两立，社会的多元化和世俗化

与中国人相对封闭的宇宙观或美洲印第安人集体服从祭司对神灵旨意的解释不同，欧洲的基督教世界从一开始就对改革和转型持开放态度。这赋予它一种调节和应对的能力，或者通过改变

来介入外在世界，或者接受外在的变革潮流，改变自己以适应新的环境。在16世纪，居于主导地位的是两项原则：其一是对神圣文本进行科学尤其是语文学研究和处理，包括通过历史批判的方法探讨文本接受的历史；其二是由"新虔敬运动"或神秘主义的虔诚中发展出来的灵性生活，建立在个人的神圣体验之上，虽高度重视教会的集体意义，但仍将个体及个人的灵魂救赎置于核心位置。几个世纪以来找寻上帝的努力和世俗人士的虔诚态度使欧洲基督徒面对教会的管控和约束时，依然能承担起独立寻找上帝和救赎的责任。

所以教皇们也许可以在一定程度上打压基督教世界的改革萌芽，但无法将其完全扼杀。打开改革突破口的是维滕贝格修士路德。他将两种变革的潮流，即学术性和精神性的加以融合。他将此前相对模糊的改革诉求集中在核心问题上，即上帝的恩典，[7]这是其大获成功的关键。罗马教会从此丧失了覆盖整个欧洲的宗教解释权和统治权。新教的神学观点在很短时间内使得教皇和神父在欧洲大片地区失去了合法性。路德振臂高呼每一个受过洗礼的人都是自己的神父。宗教改革的三个"唯独论"以一种可以理解的方式向每一个基督徒开启了通向永恒救赎的道路，在此过程中不需要神父和圣人上传下达。"唯独基督、唯独信心、唯独恩典"，这三个"唯独"好比神学界的哥白尼转折，让上帝与人的关系建立在新的基础上。

尽管新教神学体系直到1520年《教会的巴比伦之囚》《致德意志基督教贵族的公开书》《论基督徒的自由》三部改革著作诞生才算正式创立，但真正改变基督教世界风向标的事件是在1517年10月31日，一股势如破竹的变革浪潮席卷欧洲，决定了欧洲接下来几个世纪的发展方向，其外溢效应甚至延伸到遥远的异国。事实上，对赎罪券的抗议并不必然导致教会分裂。路德宗和天主教会晚近发表的《称信称义联合声明》*表示，即便是宗教改革派最核心的观点也并没有分裂教会的意思。分裂和敌对是一系列决策和错误决策造成的。路德成为破除旧体制的改革者，而在罗马的改革派则致力于稳定现有的教会体系，福音教改革派对应的是罗马教会致力于革新的改革派，尽管双方针锋相对，但亦有千丝万缕的联系。路德越是激烈地攻击以教皇为首的罗马教廷，罗马改革派就越是要坚定地通过在新成立的修会中倡导虔诚信仰来巩固教皇的地位。在此过程中诞生的天主教教派有戴蒂尼会和不久之后的耶稣会。在之后召开的特伦托大公会议上，罗马改革派公布了自己的改革方案，作为对维滕贝格挑战的回应。如此反反复复到 16 世纪中期就形成了教会内部的敌对局面，[8] 进而影响了欧洲近代的文化、政治和社会。伊拉斯谟等人文主义者虽然想走中间路线，却不得不在越来越激烈的斗争中选边站队，哪怕只是做做样子。

推动欧洲世俗化和现代化的并不是路德的神学本身，而是路德宗教改革运动引发的教派分裂。与以往反罗马教廷的种种尝试不同，宗教改革最终得以站稳脚跟，获得胜利，从此欧洲基督教不再是一个单一教会的集体，而是在内部产生了多个信仰的分支，例如罗马天主教、路德教、其他改革派和英国圣公会。对基督教而言，这种分裂局面直到今天都是令人心痛的。但从人类历史的发展角度看，它为人类文化和社会的多元发展提供了巨大的推动力，也为现代多元文明的诞生打下了基础。

303

---

* *Gemeinsame Erklärung zur Rechtfertigungslehre*，又称《成信称义联合声明》，于 1999 年 10 月 31 日由天主教会和路德宗（信义宗）共同签署发表。

宗教改革的另一个重要意义在于，它打破了欧洲传统的社会结构，即神圣与世俗、宗教与社会、教会和政治相交织的局面。尽管路德本身是支持政教一体的，认为世俗世界应当与宗教生活保持一致，他也不愿看到城市、领主邦国和民族国家里同时存在不同的信仰流派。但正是因为他的宗教改革成功打破了罗马天主教以及教皇的统治地位，人与人之间共存的基础变得不再单一，越来越多样，世俗化的进程才得以启动。

这种世界观的多样性是宗教改革中相互角力的任何一个教派都不愿看见的。每一个教派都声称只有自己掌握唯一真理。每一个教派都要求"保有正确信仰的"国家机构运用权力范围内的一切手段捍卫其地位。宗教是社会凝聚的黏合剂，没有宗教，人与人之间的和平相处就无法实现。在帝国法学家亨宁·阿尼萨乌斯（Henning Arnisaeus）看来，这句无上准则不仅适用于德国，更适用于所有基督教国家，无论天主教还是新教。[9]通向宽容、多元和现代意义上的自由的道路因而注定伴随着派系敌对、仇恨、鄙视和血腥暴力。1517年后不久，欧洲迎来长达150年的动荡，根本原因就是不同世界观冲突对抗，其暴力性不亚于今天宗教激进主义者对敌对势力的袭击、暗杀和倾轧。只是当时使用的武器和手段在今天看来并不完美，有时甚至是徒手肉搏。但从长期看，暴力也倒逼决策者采取措施维护和平、促进和解，只有这样才能保证欧洲不在宗教和国家战争的混沌中覆灭。

17世纪中期，《威斯特伐利亚和约》的缔结遏制并最终结束了宗教信仰的极端斗争。[10]这还要感谢自古罗马以来就一直发挥作用的法治力量，既包括世俗的神圣罗马帝国法律，也包括教会法。即便在教派斗争最激烈的时候，中立的教会法也一直指引着各派的法学家们寻找逃离乱斗的出路，避免文明生活毁于一旦。但同时，也是各宗教派系本身依靠心灵的虔诚和对和平的渴慕，最终化解了教条战线上的僵持局面，实现了和解。路德的神学体系区分了人类统治的世俗国家和上帝统治的宗教国家的概念，前者只适用世俗统治工具，后者只适用宗教准则。[11] 如此一来，后来的新教徒们就更容易接受宗教真理在世俗的国家和社会中应当不分派别，保持中立。当然，大部分的天主教国家君主也接受了这样的现实。只有教皇反对这种和平，原因可能并不出于宗教立场，而是因为教皇直至 19 世纪仍作为世俗和宗教世界双重领袖的惯性。

多种信仰和平共存的大门由此打开，且不仅局限于天主教和新教之间。这样一来，主张和平的人文主义观点再次浮出水面，受到重视。和平的观点虽然在文艺复兴时期就已产生，但在随后的教派分裂中不得不隐秘起来，屈尊于非主流的地位。现在，它们一步步进入公众的视野，与不久之后再次受到人们重视的犹太人一起推动欧洲乃至整个世界变得更加多元、自由和包容。

全球化中的欧洲

站在全球历史的角度，我们能发现欧洲中心史观容易忽视的另一种变化。1517 年 10 月 31 日后，罗马几年之内丧失的势力范围不仅通过占领者在新世界的传教得到了弥补，而且新获得的基督教区域和信徒甚至比其在欧洲失去的还要多。《九十五条论纲》引发欧洲教会和宗教分化，与此同时在中美洲，新的基督教取代了旧的本土宗教，西班牙人完全掌握了当地的宗教统治权，将基督教变为西班牙散布在半个美洲大陆殖民地的单一合法宗教，这一局面一直持续了几个世纪。在墨西哥城的阿兹特克人神庙废墟上，一座壮观的哥特式天主教堂"玛利亚升天教堂"拔地而起，象征着旧政权的倾覆、新统治的开始。短短几年时间，美洲文明的内核就被彻底掏空摧毁，起到决定性作用的就是基督徒的传教狂热。与传教的力量相匹配的还有一种早期的自然和人权精神，驱使这些基督徒改变在他们看来残酷的祭祀活动，让原住民摒弃未开化的蒙昧传统。

海外拓殖活动赋予了教皇和圣城罗马新的全球角色，这一改变在世界史上也有重要意义。圣彼得广场上贝尔尼尼的雕塑群"世界舞台"原就是为了彰显教皇作为世界基督教国家统治者的无上地位而建，尽管这一论断从未与实际相符。我们当然承认宗教改革在世界范围内的意义和影响，但覆盖全球的罗马教廷活跃在历史舞台上的时间比新教长好几个世纪，即使是现在也更具影响力。针对马克斯·韦伯称新教是现代化主要推动力的评价，我们可以提出这样一个相对的论点：（文艺复兴教皇）治下的罗马教廷通过十字军东征的经验、对蒙古的探察、向东的意大利贸易政策，以及向西的传教活动或伊比利亚势力的新航路探索等为建立世界性教会所作的布局，对于世界历史的影响可能比宗教改革更加举足轻重，尽管存在数不清的局限、损失和问题"。[12]

无论人们偏向于上述哪一种对教会历史和宗教社会学的评判，有一点可以确定，那就是宗教改革、天主教的革新和由此产生的教派分化都不是引发欧洲社会根本性变革的唯一因素。15世纪中期，欧洲就已觉醒，主要的动力来自崇古的思潮、航海大发现及新知识的传播。因而宗教改革前后的几十年同时也是欧洲知识觉醒的几十年，后者对社会变革的推动力不亚于宗教改革掀起的信仰革命。此外，1517年，欧洲人开始与中美洲和远东的国度打交道，赫伯斯坦出使"陌生的午夜之地"俄罗斯，再次密切了域外同欧洲的联系，进一步增加了欧洲人对世界的了解。所以这种将欧洲历史推向近现代的知识浪潮不单是欧洲的知识，而且也是古典欧洲学问和新世界知识的结合，后者来自欧洲之外的四面八方，这些新的见闻纷纷涌向不久之后将被冠名为"旧世界"的欧洲。

15世纪，第一批海员一步步踏上探索新世界的征程。16世纪初，新的航海发现尽管没有在欧洲引发特别强烈的震动，但随着1517年西班牙占领者登上尤卡坦半岛，通向中南美洲文明的大门被撬开，欧洲人第一次了解到，原来在远离欧洲的陌生国土上还存在着与欧洲社会制度、政治结构和开化程度不相上下的高度文明，那里的奇珍异宝让欧洲人大开眼界。而宗教则迅速让欧洲人找回了优越感，印第安本土宗教的蒙昧和野蛮，尤其是血腥人祭仪式均是欧洲早在古代就已摆脱的文化糟粕。只有在遥远的东方，欧洲人遭到了屈辱的对待，神秘的中央之国认为这些外来人低自己一等，拒绝与他们建立定期的往来关系。

复兴古典、发现新知让欧洲掀起了一股搜集寻觅、归纳整理、解释定义的浪潮，这也催生了近代科学文化的理性观念。继人文主义的哲学、语文学突飞猛进后，利用自然科学的手段丈量世界成为欧洲人新的热情所在。那些陌生的人种、国家、山川、湖泊、动植物都是探索的对象。植物学、动物学、地理学研究在大学里蔚然成风，与之相关的独立学科逐渐形成。那些从域外传入的新世界知识和见闻立刻被用于系统性、理论性的研究，并逐渐被纳入欧洲原有的知识体系，既能为统治阶层治国理政所用，也能便利普通人的日常生活。长远来看，它推动了"世界的祛魅"[13]和与之相统一的欧洲社会世俗化进程。

在17世纪，继西班牙和葡萄牙之后，欧洲北部信仰新教的海洋大国成为对外拓殖的新力量，除开展海外经营和建设活动外，他们也在孜孜不倦地加深对世界的了解。为首的最先是荷兰人。当奥兰治亲王拿骚-锡根的约翰·莫里茨在 1630 年前后扬帆大西洋，作为著名的荷兰西印度公司掌门人前去接管葡萄牙人在巴西的殖民地时，驱动他的首先是对知识的渴望。"到达地球最远端"是他的座右铭。与之相比，贸易公司的商业利益几乎都居于次要地位了。他对这个陌生国度的好奇心几乎遍布动物学、植物学、人种学等每一个领域，当地的风土人情与欧洲那般不同。为此，他专门雇用了一流的科学家、艺术家，记录和描画当地的地理和动植物情况，让传回欧洲的新知识是有根有据的。当莫里茨奉诏回国时，他的团队带回了成卷的油画、素描、精确至分秒的记录以及一大批动植物珍奇标本，将之献给大学供学者进行科学研究。这些关于域外人种、动植物、地理风貌的宝贵材料为荷兰，尤其是荷兰莱顿大学的自然科学迅速发展打下了重要基础。19 世纪，乔治·福斯特和亚历山大·冯·洪堡将再度发扬欧洲人在近代早期对知识上下求索的文化传统，并将其推至新的高潮。

500 年之后

我们不能说 1517 年 10 月 31 日是一个在世界历史上次要甚至无关紧要的日子。这一天毕竟开启了欧洲神学界一切的根本性变革，触发了欧洲国家、社会、文化等诸多方面的连带反应，并与同一时期古典文明再发现和新世界知识的传播一道，对整个世界史的进程产生了深远影响，因而在全球史上占有一席之地。尽管有来自教会传统势力的反抗，但宗教改革倒逼了基督教世界认真审视《圣经》的源头文献，对其进行批判性研究，这一股劲头自此再未消退。人们对《圣经》的理解不再是一成不变，其神学解释也不再是神圣不可撼动的。这毫无疑问是在文艺复兴和人文主义影响下产生的结果，在轰轰烈烈的宗教改革中方才得到具体的体现。例如阿尔卡拉大学出版的多语种《圣经》，伊拉斯谟的和平思想，路德的现代基督教。同时，这种适应调整和变革的力量也加速了欧洲的世俗化进程。革新后的基督教本身就已成为推动世俗化的力量之一，它做到这一点并不是通过自我否定或降低宗教的地位，而是学会在世俗世界中摆正和保存自己的位置并发挥作用。

变革对世界其他地区的辐射当然也不是循着单行道进行的，断然不是世界的"欧洲化"。研究欧洲对外扩张的历史学家沃尔夫冈·赖因哈德（Wolfgang Reinhard）用所谓全球历史"兼收并蓄"（Aneignung）的概念来解释"世界的臣服"（Unterwerfung der Welt）。他认为一个文化圈在诞生和发展的过程中总是与其他的文化圈碰撞、借鉴、融合。这是一个过去及现在都在进行的过程，同时也是双向对等展开的。最后外来的文化不再是异质的，而是成为自身的一部分。[14] 所以 1517 年震惊欧洲的亚洲犀牛早已成为欧洲的犀牛，经由丢勒天才的描绘和艺术性的加工，融入了欧洲文化和知识的宇宙。同样，修士路德在 10 月 31 日掀起的变革思潮也传播到了世界其他地方，不是通过臣服或复制的形式，而是以汲取和融合的方式转化为自身的一部分。

在这样一种全球史观的汲取论中，我们应当摒除经常与路德和宗教改革一并提及的所谓"西方价值"。应当着重强调的是，全球范围内文化间相互汲取吸纳的过程早已开始，某些价值早已不是欧洲独有，而变成人性和自由观念的普遍价值。在这样的观点指引下，也许我们有希望通过汲取的过程制止宗教激进主义的危险暴力，就如 1517 年基督教各派彼此仇视和敌对的局面到 17 世纪中期终于得以弥合。

附　录

注　释

序　幕

1　Littera de le maravigliose battaglie apparse novamente in Bergamasca, 引自 Niccoli, *Prophecy*, S. 65f.。

2　更多有关下述文字的源文献内容及德文译文参见 *Rückkehr der Götter* 一书的参考文献列表，引用内容见第 11—13 页。

3　同上，S. 17。

4　引自 Reinhard, *Geschichte*, Bd. 1, S. 75。

5　见路德 1539 年 7 月 16 日的"桌边谈话"，*WT* 4, Nr. 4707, S. 449，以及 1507 年与 1521 年他写给父亲的信，*WW* 8, 573 ff.; 德语翻译据 Aland, *Luther Deutsch*, Bd. 2, S. 324，对比源文献可参考 Schilling, *Luther*, S. 77ff.。（*WT* 和 *WW* 分别指魏玛版《路德全集》的"桌边谈话"［Tischreden］和"作品 / 著作"［Werke］，下文同）

6　摘自 1517 年的《九十五条论纲》和 1518 年的"释解"（Resolutionen/ Erläuterungen），引自德译本 Aland, *Luther Deutsch*, Bd. 2, S. 52; 56 f.; 49。（本章及第七章正文中所引用论纲及其"释解"的中文翻译参考了上海三联书店 2005 年版《路德文集 . 第一卷》译文。——译者注）

7　Fiedler, *Himmel, Erde, Kaiser*, 援引儒家的 «Buch der Wandlung»（《易经》）, S. 64. Reinhard, *Geschichte*, Bd. 1, S. 75。

前　言　1517——重新审视划时代的一年

1　Adolf von Harnack: *Die Reformation und ihre Vorstellung*, in: Ders. (Hg.), *Erforschtes und Erlebtes*, Gießen 1923, S. 72–140, hier 110.

2　Volker Steinkamp, *FAZ*, 7. 10. 2013, S. 7.

3　参见 Osterhammel, *Die Verwandlung der Welt*; Wills, *1688. 全球时代前夜的世界*。

4　Laslett, *World we have lost.*

5　德国以外的科学基础: Hermann Grotefend: Zeitrechnung des deutschen Mittelalters und der Neuzeit, 3 Bde., Hannover 1891–1898 (mehrere Neudrucke)。可参见维基百科词条 "Neujahr"（新年）和 "Neujahr"（历史年表）提供的概述。

6　数据来自 Glaser, *Klimageschichte Mitteleuropas*, S. 13–50; 101。

7　数 据 来 自 Pelizaeus, *Dynamik*; Büntgen, *Combined*, Tabelle 1; Brázdil, *Climate*, S. 77。

8　关于德国南部，参见 Horst Buszello, «Wohlfeile» und «Teuerung» am Oberrhein, in: Peter Blickle (Hg.), *Bauer, Reich und Reformation*, Stuttgart 1982, S. 25 ff., 34。

9　此处的计算结果来源于 Franz Irsigler, *Zwei Jahrtausende Kölner Wirtschaft* Bd. 1, Köln 1975, 公开的价格记录来源于 Dietrich Ebeling, Franz Irsigler, *Getreideumsatz, Getreide- und Brotpreise in Köln,* 1368–1797, *Kölner Stadtarchiv*, Bd. 65, 1976。

10　Desiderius Erasmus: *The Correspondence of Erasmus. Collected works of Erasmus*, v. 5: Letters 1517–1518, transl. by R. A. Mynors and D. F. Thomson, annot. by James K. McConica, Toronto 1979, S. 67–68, Brief Nr. 623 vom 19. August 1517, Thomas Morus an Erasmus. (übersetzt vom Verfasser)

第一章　两个世界性帝国和第三罗马呼之欲出，反压迫反独裁的风暴正在形成

1　Detailliert Ayton/Price, *The Medieval Military Revolution*; Parker, *Military Revolution.*

2 Newitt, *History*, v. a. S. 102 f.

3 关于这一点，Huizinga, *Herbst* 做了同等的工作。

4 参考他在沃尔姆斯帝国大会上向路德作出的信仰承诺，参见 Schilling, *Luther*, S. 223，更加详细的文字记载参考 Schlegelmilch, Soly, Brandi, Schulin, Kohler。

5 de Laras 给红衣主教 Jiménez de Cisneros 的备忘录，德语译文见 *Quellen zur Geschichte Karls V.*, Nr. 2, S. 32 ff.。

6 Gwyn, *Wolsey*, S. 65.

7 查理的行程见 Gachard, *Collection*, S. 21。

8 Brandi, *Karl V.*, S. 64; vgl. auch Hamann, *Die Habsburger*, S. 78 f.

9 *Quellen zur Geschichte Karls V.*, Nr. 1, S. 30.

10 Vidal, *Premièr voyage*, S. 135; Kohler, *Quellen*, S. 30.

11 更多细节参见 Schlegelmilch, *Jugendjahre*, S. 497 ff.; Kohler, *Ferdinand*, 47 ff.。

12 落款时间为 1519 年 3 月 5 日的信件, *Quellen*, Nr. 4, S. 41。

13 参见 Heinitz, *Duell* 的新文学改编作品。

14 Mak, *Jorwerd*.

15 Zum folgenden Pelizaeus, *Dynamik*, S. 154, 162, 216, 239 f.

16 Naegle/Telechea, *Geschlechter*, S. 597.

17 Pelizaeus, *Dynamik*, S. 325.

18 Zum Folgenden: Blickle, *Kommunalismus* (Tabelle europäischer Unruhen: Bd. 2, S. 248); Neveux, *Révoltes paysannes*; Miller, *Urban Societies*, S. 130, 123 u. a.; Bräuer, *Zwickauer Konflikt*; Bogucka, *Alte Danzig*, S. 50 f.; Hergemöller, *Uplop-Seditio*; Isenmann, *Deutsche Stadt*, S. 190–198，以及这里引用的 Erich Maschke 和 Wilfried Ehbrecht 的详细研究。关于哈布斯堡领地的具体情况见 Pelizaeus, *Dynamik* (S. 69 f. zu Wien)。— Loades, *Politics* (v. a. S. 124 f.); Bloom, *Violent London*。

19 Gwyn, *Kings's cardinal*; Chambers, *Thomas More*.

20 分析见 Schilling, *Exulanten*。

21 Hardtwig, *Genossenschaft*, S. 149.

22 尚无关于济金根年代更近且更详细的传记，此处主要根据 Walter Friedensburg

在 Pflugk-Harttung, *Morgenrot* 中的细节描写，第 557—666 页。Press, *Adel im Alten Reich*, 附大量参考书目。

23 最近发现的一封弗赖堡人写给斯特拉斯堡议会的信证实了这一点，Dillinger, *Bundschuh*, S. 422。

24 参见相应的论述和清单，见 Blickle, *Kommunalismus*, Bd. 2, S. 248 f., 以及 *Blickle, Unruhen*, S. 13 ff., 22 ff.。

25 Blickle, *Bauernjörg*, 论及 "隐性增值税"（versteckten Mehrwertsteuer）, S. 46。

26 Blickle, *Unruhen*, S. 13, 24.

27 以下内容主要基于 Franz, *Bauernkrieg*, S. 68–89。

28 Franz, *Bauernkrieg*, S. 75.

29 Franz, *Bauernkrieg*, S. 77.

30 以下内容基于 Dillinger, *Bundschuh*. Blickle/Adam, *Bundschuh* 中的大部分文章在这两种立场之间采取了中间路线。

31 参引 Dillinger, *Bundschuh*, S. 433。

32 有关王国穷兵黩武及德意志农民战争中伤亡惨重的记录详见 Bickle, *Bauernjörg*。

33 Ranke, *Deutsche Geschichte*, Bd. 2, S. 126; Blickle, *Revolte*, S. 127 ff.

34 Tilman Nagel in: Haarmann, *Arabische Welt*, S. 164–165.

35 Parker, *Miltary Balance*. 地缘战略和经济、宗教联系详见 Brummett, *Ottoman Seapower*。

36 Jorga, Geschichte, Bd. 2, Zitate S. 342, 315. 关于叙利亚和埃及局势的概况见 Barbara Kellner-Heinkele, in: Haarmann, Arabische Welt, S. 325–358。

37 Tilman Nagel: Staat und Glaubensgemeinschaft im Islam. *Geschichte der politischen Ordnungsvorstellungen der Muslime*, Bd. 2, Zürich/München 1981, S. 173. Felix Konrad: *Von der ‹Türkengefahr› zu Exotismus und Orientalismus: Der Islam als Antithese.*

38 关于北非的复杂情况参见 Hess, *Forgotten Frontier*, v. a. S. 62 ff.; Peter von Sievers 精彩的概述: Haarmann, *Arabische Welt*, S. 502–530。

39 根据维基百科 "Selim I"（塞利姆一世）。

40 意大利源文献，引自 Nicolae Jorga, Geschichte des osmanischen Reiches,

Bd. 2, S. 373。

41　Eksigil, *Ottoman Versions*, Zitat, S. 136; Brummett, *Seapower*, S. 12.

42　更详细的内容参见 Schilling, *Neue Zeit*, S. 94–127。

43　关于俄罗斯历史的复杂状况并无更详细的文献记载，参见 Hellmann, *Handbuch*; Pipes, *Russland*; Hildermeier, *Geschichte*; Torke, *Lexikon*。

44　Burke, *Renaissance*, S. 90.

45　引自 Günter Stökl 的德文翻译: Hans Kohn (Hg.), *Russen — Weißrussen — Ukrainer*, Frankfurt a. M. 1962, S. 33. — Kurze Skizze Schilling, *Neue Zeit*, S. 173 ff.; *Handbuch Europäische Geschichte*, S. 1141 ff. 详见 Hösch, *Idee der Translatio*; Kämpfer, *Lehre vom Dritten Rom*。

46　Behringer, *Merkur*, S. 21, 对这一主题进行了详尽的阐述，以下信息也摘自该书。

47　Behringer, *Merkur*, S. 117, Anm. 284; 关于当时邮政系统覆盖范围和枢纽的详细记录参见该书第 69、96、127 页及其他。

48　Behringer, *Merkur*, S. 102.

49　详见 Schilling, *Luther*, S. 100–110。

50　Johann Gottfried Seume 的旅行记录，引自 Gräf/Prove, *Wege*, S. 79。

51　这一称谓见于 Herberstein, *Rerum Moscoviticarum*, S. 17。

52　关于这段行程的详细信息，参见 Herberstein, *Commentarii*, S. 438–496; Adelung, *von Herberstein*。当代的研究文献参见 Pferschy, *Herberstein*; Kämpfer, *Herberstein*; Kämpfer/Frötschner, *450 Jahre*。

53　对比 Rhode, *Polen* 一书中关于雅盖隆王朝及其统治的内容，参考 Schramm, *Polen-Böhmen-Ungarn* 与 Gawlas, *Monarchien* 中关于中东欧近代史王朝结构的详细分析。

54　参见 Schramm 与 Gawlas，前引书。

55　Bayerischer Schulbuch-Verlag 出版的 *Großen Historischen Weltatlas* 可提供概览，详见 *Teil 2: Mittelalter*, München 1970, S. 106 und 107。

56　资料来源参见 Adelung, *von Herberstein*, S. 65 ff.。

57　Herberstein, *Commentarii*, S. 385 ff. 详细描述了这一点及以下内容。

58　Adelung 在 *Herberstein* 一书中尤其突出沙皇给予的高规格礼遇，而将和谈的失败责任单方面推给波兰，可能因为他是在沙皇俄国写成此书并参考了很多俄国文献。

59 Rhode, *Polen*, S. 191 f.

60 如无另外说明，以下赫伯斯坦游记的引述均摘自其1557年出版于维也纳的德文版，这一版本编入了1556年的拉丁文版，见 Herberstein, *Rerum Moscoviticarum*。

61 Adelung, *von Herberstein*, S. 71.

62 Xenia von Ertzdorff in: Kämpfer/Frötschner, S. 28.

63 与此有关的证明文献和更详细内容参见 Schilling, *Aufbruch*, S. 14f.。

64 Herberstein, *Commentarii*, S. 175.

65 Herberstein, *Commentarii*, S. 109–165.

66 Herberstein, *Commentarii*, S. 121–129, 以及后面的引文。

67 Herberstein, *Commentarii*, S. 109, 155.

68 Herberstein, *Commentarii*, S. 373.

69 Herberstein, Commentarii, S. 81 f.

70 包括特殊文献在内的更多信息参见 Schilling, *Staatsinteresse,* v.a. S. 249, 453, auch 316–321, 498ff.。

第二章　以和平与货币稳定之名

1 有关这一过程的详细信息参见 Schilling, *Neue Zeit*。

2 Martin Warnke, Visualisierung der Macht im 16. Jahrhundert, in: Jörg-Dieter Gauger/Justin Stangl (Hg.), *Staatsrepräsentation*, Berlin 1992, S. 63–74; Erwin Panofsky, *Das Leben und die Kunst Albrecht Dürers*, München 1977; Bram Kempers, «Julius inter laudem et vituperationem». Ein Papst unter gegensätzlichen Gesichtspunkten beurteilt, in: Petra Kruse (Hg.), *Hochrenaissance im Vatikan. Kunst und Kultur im Rom der Päpste*, Bonn 1999, S. 15–29, hier S. 16.

3 Kohler, *Expansion*.

4 详情见 Schilling, *Das Papsttum*; Schilling, *The two Papal Souls*。

5 Christoph Galle, Julius II., Leo X. und das Papsttum bei Erasmus von Rotterdam, in: *Julius II. und Leo X.*, S. 19.

6 在浩如烟海的文献中，Hans Baron 的论述最为突出: *The Crisis of the Early Italian Renaissance: Civic Humanism and Republican Liberty in an Age of Classicism and Tyranny*, 2 Bde., Princeton 1955, erweitert 1966; und *The Search of Florentine Civic Humanism. Essays on the Transition from Medieval to Modern Thought*, 2 Bde., Princeton 1988。相关综述见 James Hankins (Hg.): *Renaissance Civic Humanism. Reappraisals and Reflections*, London 2004。

7 *Der Fürst*, hg. von Rudolf Zorn, Stuttgart, 6. Aufl. 1978. — Reinhardt, *Machiavelli*; Wolfgang Reinhard, in Fenske, *Politische Ideen*, S. 241 ff.

8 *Der Fürst*/Il Principe, Kapitel XV. 马基雅维利和现代国家理论的基础参见 Münkler, *Im Namen des Staates*, 亦可重点参考 Meinecke, *Die Idee der Staatsräson*; 另参见 Stolleis, *Arcana imperii*。

9 Machiavelli, *Vom Staat*, § 11, «Von der Religion der Römer», S. 53. — Dall'Olio, *Lutero*, S. 196 f. 也指出了路德与马基雅维利的评价之间的相似之处。

10 Münkler, *Im Namen*, S. 138 f.

11 参见 Seidel Menchi, *Julius exclusus*, S. 45; Bietenholz/Deutscher, *Contemporaries*, S. 325 f.。

12 关于伊拉斯谟的出版成就，参见 Burke, *Renaissance*, S. 129 ff.。

13 此处及下文译自 Gertraud Christian, in: Erasmus, *Ausgewählte Schriften*, hg. von Welzig, Bd. 5, S. 447。

14 同上，S. 398。

15 同上，S. 428。

16 同上，S. 411, 412。

17 同上，S. 429 ff.。

18 同上，S. 394。

19 同上，S. 448 ff.。

20 同上，S. 394。

21 同上，S. 451。

22 同上，S. 442。

23 更多详情请参见 Stolleis, *Pecunia*。

24 以下内容详见 Schilling, *Aufbruch*, S. 36–84; ders., *Die neue Zeit*, S. 296 ff., 资料来源均已注明。

25 Suhling, *Saigerhüttenprozeß*, S. 172.

26 Dies und das folgende nach Rössner, *Geld im Zeitalter der Reformation*; North, *Geschichte des Geldes*, S. 66–69, 70 ff.

27 哥白尼本人在 1543 年的 *De Revolutionibus Orbium Coelestium* 序言中如是说。

28 文本的版本见 Sommerfeld, *Geldlehre*, S. 21–68, 有 1517 年、1519 年两个以及 1526 年的多个不同版本; 亦可参见 Jastrow, *Münz- und Geldtheorie*, S. 738–741; 学术批评版见 *Nicolaus Copernicus Gesamtausgabe*, Bd. V, S. 109–168。

29 详见 Biskup, *Copernicus im öffentlichen Leben Polens*。

30 参考 Wallerstein, *Weltsystem* 的概念。

31 数字来源于 Henning, *Landwirtschaft*, S. 185; 此处与下文亦参见 North, *Geschichte des Geldes*, S. 74 ff., 91 ff.。

32 第一次比较透彻地介绍该情况参见 Rössner, *Deflation*。

33 其历史概述参见 Boockmann, *Ostpreußen und Westpreußen*。

34 Jastrow, *Kopernikus*, S. 735.

35 引自 Jastrow, *Kopernikus* 德文版，第 747 页，拉丁文出处同上，第 738 页，第 738—741 页中的引文内容根据德语正字法做了修订。

36 这是一个来自 1722 年的评价，引自 Jastrow, *Kopernikus*, S. 749。关于其整体情况亦参见 Biskup, *Copernicus*, S. 75 f.。

37 这一评价来自 Jastrow, *Kopernikus*, S. 750, und Sommerfeld, *Geldlehre*, S. 7。

38 Vgl. zum Beispiel Sachsen Rössner, *Deflation*, S. 311, 462 ff.

39 Kleinert, *Geschichtslüge* 论证了这一点。

第三章　欧洲和更远的世界

1 Kohler, *Welterfahrungen*，特别是 Reinhard, *Weltreiche und Weltmeere*，以及最近 Reinhard, *Unterwerfung* 的精彩概述，都对相当复杂的研究情况进行了总结。

2 Mishra, *Aus den Ruinen des Empires*.

3 *Novos Mundos*, S. 130.

4 详细的解释参见 Van der Wee, *Antwerp Market*; 另见 Rothermund, *Pfeffer*。

5 Benecke, *Nürnberg*, S. 218.

6 关于纽伦堡参与海外事务的更多细节，参见 Benecke, *Nürnberg*, hier S. 199.
Auch Metzig, *Maximilian I.*。

7 Metzig, *Kanonen*, S. 273, 286.

8 Zum Folgenden: Novos Mundos; Newitt, *History*; Brummett, *Ottoman Seapower*; Couto, *Revisiting Hormuz*.

9 Newitt, *History*, S. 98 f.

10 Brummett, *Ottoman Seapower*, S. 51 ff., 112 ff.; Couto, *Revisiting Hormuz*, S. 30–55.

11 Brummett, *Ottoman Seapower*, S. 119 f.

12 Parker, *Military Balance*, S. 17 f.

13 Lane, *Venice*, S. 290 ff.

14 以下内容主要基于 T'ein Tse Chang, Malacca and the Failure of the first Portuguese Embassy to Peking, in: *Journal of Southeast Asian History* vol. 3, No. 2 (1962), S. 45 f. und Roderich Ptak, *Portugal in China*, 3. Aufl. Heidelberg 1986。以及 J. H. Parry, *Europe and a Wider World, 1415–1715*, 2. Aufl. 1977, und Reinhard, *Alte Welt*; ders., *Weltreiche und Weltmeere*; Kohler, *Welterfahrungen* 中的概述。

15 Zitiert bei Ptak, *Portugal in China*, S. 16.

16 这是时人所做的描述，引自 Ptak, *Portugal*, S. 19。

17 Chang, *Malacca*, S. 57 中认为，马六甲是葡萄牙使团在中国失败的决定性原因。

18 同上；Fiedler, *Himmel, Erde, Kaiser*, 特别援引儒家的 «Buch der Wandlung», S. 64。

19 So H. H. Bancroft in seiner *History of Mexiko*, 1883, zitiert bei Marshall H. Saville, The Discovery of Yucatan in 1517 by Francisco Hernández de Córdoba, in: *The Geographical Review* 6 (1918), S. 436–448, hier S. 436.

后续引文来自 16 世纪的文献，见于以下发表论文。延伸阅读的一般综述：Hanns J. Prem, *Geschichte Alt-Amerikas*, 2. überarb. Aufl., München 2008; Ulrich Köhler (Hg.), *Altamerikanistik. Einführung in die Hochkulturen Mittel- und Südamerikas*, Berlin 1990; Wolfgang Reinhard, *Geschichte der europäischen Expansion*, Bd. 2, Stuttgart 1985, S. 51 ff.; Richard Konetzke, *Süd- und Mittelamerika I — Die Indianerkulturen Altamerikas und die spanisch-portugiesische Kolonialherrschaft*, Frankfurt a. M. 1965。

20 目前还不清楚西班牙人的具体登陆地点，详细分析参见 Saville, *The Discovery*, S. 442 ff.。

21 资料集 *Rückkehr der Götter* 的评注提供了详细的信息。.

22 Ries, *Azteken*, S. 272 ff. — *Rückkehr der Götter*, S. 139 误导性地提到了 1520 年的 «Osterfeiertag»（复活节）。

23 Bericht *FAZ* Nr. 194, S. 9, 22. August 2015.

24 *Rückkehr der Götter*, S. 142.

25 Georg Braun und Franz Hogenberg, *Civitates orbis terrarum / Städte der Welt*, 1572–1617, hg. von Stephan Füssel, Gesamtausgabe, Faksimile, Köln 2011, S. 132 (Text), 134 (Abb.).

26 关于人文主义重视语言的传统和欧洲人的语言政策，详见 Reinhard, *Sprachbeherrschung*。

27 Bey, «Auch wir», S. 52, 1523 年的演说。

28 Gruzinski, *La colonisation*, Kap. 1; Reinhard, *Unterwerfung*, S. 390 ff.

29 Schwaller, *Expansion of Nahuatl*.

30 更多详情，参见 Gareis, *Wie Engel*; Gruzinski, *Colonisation*, Kap. 5 und 6。

31 这几乎是佛朗哥时代的另一部写照！ Gründer, *Welteroberung*, S. 120. Zum Folgenden ausführlich Neumann, *Las Casas*, Zitate dort S. 41, 55. 维基百科条目 «Bartolomé de Las Casas» 也很出色。

32 Neumann, *Las Casas*, S. 79 ff.

33 参见 Koch, *Indianische Bevölkerung*, v. a. S. 121 ff.。

34 Emmer, *Dokumente*, S. 672.

35 Judith Pollmann, Eine natürliche Feindschaft. Ursprung und Funktion der

schwarzen Legende über Spanien in den Niederlanden, 1560–1581, in: Bosbach, *Feindbilder*, S. 73–93.

36 *Palabras de su Majestad el Rey*, Santa Iglesia Catedral Primada de Toledo el jueves 5 de octobre de 2000, 西班牙王室出版物的官方德文译本。

第四章　文艺复兴和世界新知

1 乌尔里希·冯·胡腾 1518 年 10 月 25 日致威利巴尔德·皮克海默的信，Latein: Hutten/*Böcking*, Bd. I, S. 217; deutsche Übersetzung von Annemarie Holborn, in: Hutten/Ukena, S. 317–340, hier S. 340。

2 此处的关联性经常被忽略，有关分析可参见 Moudarres, *New World and the Italian Renaissance*。

3 见 Metzig, *Maximilian I.*，关于研究方法的介绍可参见 Osterhammel, *Außereuropäische Geschichte*, 其中包括详细的文献附录；此外，Kohler, *Neue Welterfahrungen* 和 Reinhard, *Welt reiche* 也很有帮助。

4 Missinne, *America's Birth Certificate*; ders., *Newly discovered*. 关于 Ringmann 和 Waldseemüller 对 Lehmann, *Cosmographiae* 的总结（仍不了解 Missinne 的作品）。

5 Metzig, *Maximilian I.*, S. 16.

6 Dürer, *Tagebuch*, S. 30, 35, 38, 57.

7 Jochen Sander (Hg.), *Dürer. Kunst-Künstler-Kontext*, Städel Ausstellung 2013/14, München 2013, S. 306 f., 367 ff., 特别是 Christian Feest, Von Kalikut nach Amerika. Dürer und die «wunderliche künstlich ding» aus dem «neuen gulden land», in: Jochen Sander (Hg.), *Dürer. Kunst-Künstler-Kontext*, Städel Ausstellung 2013/14, München 2013, S. 367–375。另见 Kiening, *Wilde Subjekte*, 162 ff.。

8 在丢勒之前及与丢勒同时代的犀牛奥德赛画像还有七幅，见 Sander, *Dürer* 第 306 页，第 307 页还有一张插图及引用的文字说明。

9 Münkler, *Nationenbildung*; Helmrath, *Wege*, v. a. S. 42 ff., 204 ff., 219 ff., vgl. auch Schilling, *Nationale Identität*.

10 此处无可参考的人文主义或文艺复兴历史记录，参见 Burke, *Die Europäische Renaissance*。

11 Nach Chaix, *Renaissance*, S. 57.

12 Burkhardt, *Frühe Neuzeit*, S. 22; ders., *Reformationsjahrhundert*, S. 25 ff. Vgl. auch Chartier, *Culture écrite*.

13 Burke, *Renaissance*, S. 17.

14 Schilling, *Luther*, 272 ff.

15 Friedrich, *Epochen*, S. 315–320; Wikipedia-Artikel «Pietro Bembo».

16 Ebda., S. 315 f.

17 So Schneiders, *Luthers Sendbrief*, v. a. S. 270.

18 Zitat ebda., S. 319.

19 参见 Helmrath, *Wege* 中关于"人文主义的散播"（Diffusion des Humanismus）的文章，其中也包含更早期的研究结果。

20 *Das Corvinus Graduale*, eingel. von Elisabeth Soltész, Hanau 1982, Vorwort, S. 13.

21 Bałus, *Krakau*, S. 48–72; Puchla, *Krakau*; Da Costa, *Höfe*.

22 见评论文集 *Polnische Renaissance* 中的精彩概述；总论参见 Bogucka, *Das alte Polen*, S. 113 ff.。

23 Schilling, *Luther*, 293 f.

24 Burke, *Renaissance*, S. 109, 111 f. 关于英格兰的人文主义与文艺复兴概况，参见 Meissner, *England*。

25 Weilen, *Heinrich VIII.*, Zitat S. 4.

26 Huizinga, *Herbst des Mittelalters*; dazu Burke, *Renaissance*, S. 71; Hermann Kamp 对赫伊津哈关于勃艮第仪式与节日文化解释的批评, in Herbers / Schuller, *Europa im 15. Jahrhundert*。

27 参见 1517 年春于施佩耶尔出版的《蒙昧者书简》, *Briefe*, S. 162 f.。

28 Schmidt, *Veit Stoß*.

29 Wagner, *Riemenschneider*, S. 48. 此处要感谢我的同事 Dietmar Willoweit 指出可以参考维尔茨堡市近来针对里门施奈德及其工作室的有关研讨内容。

30 Lichte, *Werke Riemenschneiders*, S. 287.

31 Weniger, *Bildschnitzer*, S. 274.

32 Scheller, *Memoria*, S. 53 f., 121 f.; Gottlieb, *Augsburg*, S. 363 f.

33 Bruno Bushart, *Die Fuggerkapelle*, München 1994, zitiert nach Georg Paula, Fuggerkapelle bei St. Anna, Augsburg, in: *Historisches Lexikon Bayerns*, URL: http://www.historisches-lexikon-bayerns.de/artikel/artikel_45395(20.04.2012).

34 艺术史上有关格吕内瓦尔德及其画作细节的讨论是充满争议的，参见 Hubach, *Grünewald*。

35 巴尔东·格里恩画作现藏于巴塞尔艺术画廊，施瓦茨作品可见于柏林博得博物馆（Bode Museum）。

36 有关马克西米利安皇帝新画像关键作用的文献参见 Metzig, *Maximilian I.*, Abb. dort S. 42. 43. Vgl. auch Sander, *Dürer*, S. 367 ff.。

37 参见 Sander, *Dürer* S. 320 f. 中的插图和文献注释，Michel/Sternath, *Kaiser Maximilian I.* 收录了较全面的关于马克西米利安皇帝的研究成果。

38 这件保存特别完好的标本现收藏在不伦瑞克市安东·乌尔里希公爵博物馆（Herzog Anton Ulrich-Museum）。

39 《特尔丹克》有关内容主要来自维基百科; Artikel «Maximilian I.» von Stephan Füssel in: Killy, *Lexikon*, Bd. 8, S. 21–25. 文本的翻印与文化史导读见 *Abenteuer*，附延伸阅读。

40 *Paradiso* I, V. 13 ff., 引自 Karl Vossler 的德译本，Zürich 1942, S. 361 f.。

41 关于胡腾加冕桂冠诗人的细节参见 Arnold, *poeta laureatus*; 关于这一时代桂冠诗人的总体性研究见 Mertens, *Sozialgeschichte*; Schirrmeister, *Triumph*.

42 *Polnische Renaissance*, S. 302. 有关加冕诗人的名单详见 Arnold, *poeta laureatus*, S. 241 f.

43 常有人质疑胡腾在帝国大会上受到加冕的事实（如 Schirrmeister, *Triumph*, S. 326, Anm. 946），而巴伐利亚科学与人文学院的历史学家艾克·沃尔加斯特（Eike Wolgast）确认，1517 年的奥格斯堡集会可以被视作帝国大会，因此胡腾是在"最佳形式"（optima forma）上加冕的。此处再次感谢沃尔加斯特的帮助。

44 拉丁文证书内容摘录的德文译文见 Schirrmeister, *Triumph*, S. 236, Anm. 946.

45 Hutten/Ukena, *Deutsche Schriften*, S. 1; 1519 年 2 月的德文译文可能出自胡

腾本人。

46 Zitate nach Hutten, *Schule des Tyrannen*, S. 12 f., 16 f.

47 Herrmann, *Ein New Lied*, S. 18, 8, 6.

48 Dargestellt bei Schilling, *Luther*, S. 71 ff.

49 Holborn, *Ulrich von Hutten*, S. 72.

50 Hierzu ausführlich Wunder, *Er ist die Sonn'*; Ennen, *Frauen*.

51 So im Wikipedia-Artikel «Argula von Grumbach». Ihre Schriften sind ediert durch Peter Matheson, Argula von Grumbach. *Schriften*, Gütersloh 2010; diejenigen von Caritas Pirckheimer in vier Bänden von Josef Pfanner und August Syndikus und in deutscher Übersetzung durch Georg Deichstetter und Benedicta Schrott: C. Pirckheimer, *Denkwürdigkeiten*, St. Ottilien 1983, und C. Pirckheimer, Briefe, St. Ottilien 1984. Zu Katharina Zell: Thomas Kaufmann: *Pfarrfrau und Publizistin*. Das Reformatorische «Amt» der Katharina Zell. In: *Zeitschrift für Historische Forschung*, Bd. 23 (1996), S. 169–218.

52 第二幕第一场，公主对急躁诗人的忠告。

53 Bradford, *Cesare*, S. 365.

54 Christina Henzler, *Die Frauen Karls VII. und Ludwigs XI.*, Köln 2012.

55 Zitiert nach, Bresson, *Marguerite*, S. 52.

56 Tracy, *Holland*, 42 ff.

57 Dürer, *Tagebuch*, S. 98.

58 Zitiert nach Papounaud, *Königskloster*, S. 8.

59 Ebda., S. 10.

60 Vgl. dazu Schilling, *Luther*, S. 223 ff.

61 Papounaud, *Königskloster*, S. 7.

62 更多详情，参见 Schuster, *Frauenhaus*; Bergdolt, *Leib und Seele*; Ennen, *Frauen*; Wunder, *Er ist die Sonn'*。

第五章　集体恐惧与渴望安全

1 宗教史近来也开始深入研究"宗教与魔力"的问题，参见 Frenschkowski,

Magie im antiken Christentum 中关于早期基督教的记载。

2　Thomas, *Decline of Magic*.

3　So Kaufmann, «Türckenbüchlein», S. 62.

4　中世纪土耳其文献记载参见 Döring, *Türkenkrieg*; Kaufmann, *Türkenbüchlein* S. 62 mit Anm. 520。

5　引自 Niccoli, *Prophecy*, S. 81 f.，关于天军之战及其接受情况的基本描述。

6　Niccoli, *Prophecy*, S. 79 f., 83.

7　Fischer, *Grammatik*, S. 194 关于梅兰希通和其他人文主义者，第 192 页；关于西班牙宫廷，第 216 页；关于 1524 年和逃往山区，第 196 页起、第 212 页。

8　Fischer, *Grammatik*, S. 216.

9　有关例证参见 Gerhard Fouquet und Gabriel Zeilinger, *Katastrophen im Spätmittelalter*, Darmstadt/Mainz 2011.

10　16 世纪早期小册子的许多范本引自 Sander, *Dürer-Katalog*, S. 295-305。

11　Aby Warburg, *Heidnisch-antike Weissagungen in Wort und Bild zu Luthers Zeiten*, S. 35.

12　复制品现存于柏林油画画廊。在博斯逝世 500 周年纪念时，其出生地斯海尔托亨博斯（'s-Hertogenbosch）及德国汉堡市布塞留斯艺术馆（Bucerius Kunstforum）均举行了大规模的展览。

13　Sander, *Dürer-Katalog*, S. 84 ff., 299 ff.

14　Brossollet, *Les danses macabres*, zu Bern, S. 59.

15　Fischer, *Grammatik*, S. 197. 1517 年小册子的制作量大幅上涨，例证可见于 Köhler, *Flugschriften* 中的数据曲线图。

16　Fischer, *Grammatik*, S. 200.

17　关于图片的详细信息可参见 Landois, *Gelehrtentum*, S. 278-289。

18　Sander, *Dürer-Katalog*, S. 282 f, 334. 16 世纪早期克利斯朵夫主题的画作十分畅销，例证可见于 Roller 和 Sander, *Fantastische Welten, Albrecht Altdorfer*, S. 233-250。

19　Erasmus, *The Correspondence*, Brief Nr. 639, S. 89.

20　可查阅慕尼黑巴伐利亚州图书馆和萨克森-安哈尔特州大学图书馆数字文档。在慕尼黑的数字记录中，1516 年的出版日期实际上是错误的，更多是为了向 1516 年 12 月致敬而写。

21 Robert Muchembled, *Le roi et la sorcière*, Paris 1993, S. 41.

22 Tschacher, *Nider*; Tschacher, *Malleus Malefi carum*; Behringer/Jerouschek, *Der Hexenhammer*.

23 相关文献几乎数不胜数。Zum Folgenden v. a. der Überblick in Beier-de Haan u. a., *Hexenwahn*; van Dülmen, *Hexenwelten*; Blauer, *Anfänge*; Tschacher, *Nider, Johannes*; Behringer/Jerouschek, *Das unheilvollste Buch.*

24 Baldung Grien, «Zwei Hexen», 1523, heute Städel, Frankfurt a. M.

25 此处引用自 Stengel, *Reformation* 中极具争议的论点。关于路德对女巫的信仰，请参阅 Schilling, *Luther*, S. 519 f. 附进一步的文献。

26 伦理学方面的更深入分析见 Douglas，*Reinheit und Gefährdung*。

27 概览见 Kamen, *Spain* S. 38−44; Schwerhoff, *Inquisition* S. 66−73。

28 Bericht *FAZ* vom 13. 6. 20015: «Späte Heimkehr».

29 Hsia, *Myth*; Hsia, *Trent*; Voß, *Umstrittener Erlöser*; Gow, *The Red Jews*; Ben-Sasson, *Geschichte*, S. 702 ff. 当时污蔑犹太人进行谋杀孩童宗教仪式的论调在欧洲迅速散布，有好事者甚至制作插图表现"宗教仪式"，例如图伯纽斯（Johannes Matthias Tubernius）1475 年创作的木版画，表现一群手持长鞭的犹太人围在一张放置有裸体男童的桌边，他们正在用容器盛装男童的血。（插画存于沃尔芬比特尔市奥古斯特公爵图书馆）

30 信件时间是 1518 年 4 月 5 日和 1528 年 9 月 5 日，收信人是约翰·凯撒利乌斯（Johann Caesarius），引自 Dunkelmänner, *Nachwort von Peter Amelung*, S. 265, 信件均参考此版本。

31 Jüngst: de Boer, *Absichten*; Mertens, *Reuchlin*; auch Price, *Maximilian I.*; Herzig/Schöps, *Reuchlin.*

32 So Johannes Helmrath, *Wege*, S. 47.

33 Schilling, *Luther*, S. 132.

34 关于作者的语言学分析参见 Amelung, Nachwort, in *Briefe der Dunkelmänner*, S. 269 f.。

35 同上，S. 267。

36 1532 年 9 月的桌边谈话 (WT Bd.2, Nr. 2634 a und b)。

37 Schilling, *Aufbruch und Krise*, S. 122.

38 所有引用均选自《蒙昧者书简》德文译本（*Dunkelmännerbriefe*, Nr. 3, 6, 61, 5, 12）。

39 Tewes, *Neuenahr*; Wikipedia, «Herrmann v. Neuenahr d. Ä.»; Herzig, *Savona rola's women*, 252 ff.

40 参见 Ben-Sasson, *Geschichte*, S. 702-883 出色的概述。

41 Hsia, *Ritual murder*.

42 Wolgast, *Juden als Subjekt*; Press, *Kaiser Karl V.*; Press, *Zusammenschluss der deutschen Judenheit*.

43 Debra Kaplan, *Beyond Expulsion*.

44 *Regesten Reichstadt Frankfurt*, Bd. I, 3, Nr. 4113, S. 1082.

45 Dazu jüngst ausführlich Price, *Maximilian I.*

46 Strauss, *Urkunden*; Ben-Sasson, *Geschichte*, S. 704 ff.; Wittmer, *Jüdisches Leben*; von Train, *Tatsachen*; Wenninger, *Man bedarf*; Kirn, *Bild*, S. 84 ff. 有关这个小镇历史的概况参见 Schmid, *Geschichte*。

47 Strauss, *Urkunden*, Nr. 946, S. 335 f.; 相似的还有 1517 年 7 月 17 日时奥地利在因斯布鲁克的统治 Train, *Tatsachen*, S. 137。

48 Strauss, *Urkunden*, Nr. 806, S. 281.

49 Train, *Tatsachen*, S. 131; 关于马克西米利安皇帝晚期政策中对犹太人态度对转变参见 Price, *Maximilian*。

50 Walton, *Margaritha*; Osten-Sacken, *Luther und die Juden*, S. 162-230.

51 详见 Schilling, *Luther*, S. 550-573; 一般性问题参见 Kaufmann, *Luthers Juden*。

52 Kaplan, *Hartlib circle*, S. 191, 210.

53 Brod, *Reuchlin*, S. 271; 带评论的版本见于 Reuchlin, *De arte*, bearb. *Wido Ehlers*。

54 背景参见 Schilling, *Luther*, S. 562 ff.。

55 Burke, *Renaissance*, S. 15 f.

第六章 罗马教皇——意大利的君主，普世的教宗

1 参见 Reinhardt, *Die Medici*。

2 记载于 Ricordi der Medici 等文献，参见 Ciappelli, *Memory*, S. 134。

3 Nesselrath, *Politik und Theologie*, S. 39.

4 Erasmus, *Ausgewählte Schriften*, hg. von Welzig, Bd. 5, S. 447 ff.

5 引自 Hersey, *High Renaissance*, S. 19。

6 例如利奥与其弟弟朱利亚诺的私生子伊波利托的交往；Roberto Zapperi, *Abschied von Mona Lisa*, München 2010。

7 Lach, *Asia*, S. 135-139; Scheid, *Tierwelt*, S. 19.

8 参见上文第四章第一节丢勒的木刻。Bedini, *Elefant des Papstes*, Kap. 6: Das unselige Rhinozeros, S. 139 ff.。

9 含有详细例证和扩展阅读的文献参见 Tewes/Rohlmann, *Medici-Papst*。关于国家和强权政治的关联可参考 Gattoni, *Leo X e la geo-politica*; Kohler, *Expansion*。如果要正确了解教皇一定要阅读 Prodi, *Sovrano pontifice Papal Prince*。此外还可参考 Götz-Rüdiger Tewes, *Die Medici und Frankreich im Pontifikat Leo X.*, in: Tewes/Rohlmann, *Medici-Papst*, S. 11-116, S. 75, Tewes, *Familiäre Interessen*。

10 诸多例证详见: Tewes/Rohlmann, *Medici-Papst* S. 219; Michael Rohlmann, *Kunst und Politik*。

11 关于红衣主教阴谋的更深解读及更多扩展文献详见 Pastor, *Geschichte der Päpste, Bd. 4, Erste Abteilung, Leo X., Neuauflage Freiburg* 1923, S. 101-145。

12 更多细节参考上条注解中所列书目 S. 118-134。

13 Prodi, *Sovrano pontifice/Papal Prince.*

14 更多类似教宗会议决议参见: Wohlmuth, *Dekrete*, S. 593-655; 关于当前研究情况的更详细介绍可参考: Minnich, *Concils of the Catholic Reformation*, S. 47-52, Jedin, *Kleine Konziliengeschichte*, S. 78; 关于改革问题的概览可参考: Klaus Unterberger, Das Päpstliche Rom als Sündenpfuhl?, in: *Julius 2. und Leo X.*, S. 23。

15 Zitate: *Cao, Pico and the Sceptics*, S. 128, 129. — Textedition: Gian Mario Cao, Pico della Mirandola Goes to Germany. With an edition of Gianfrancesco Pico's De reformandis moribus oratio, in: *Annali dell'Istituto Storico Italo-*

Germanico, XXX (2004), S. 463-525.

16 Jedin, *Kleine Konzilsgeschichte*, S. 79.

17 Wohlmuth, *Dekrete*, S. 652.

18 Jedin, *Kleine Konzilsgeschichte*, S. 79.

19 Wohlmuth, a. a. O.

20 Jedin, *Kleine Konzilsgeschichte*, S. 79.

21 Kamen, *Spain*, S. 46.

22 概览参见 Schwerhoff, *Inquisition*, S. 59-95。

23 有关《圣经》印刷品的详细信息参见 *Cambridge History of the Bible*。Theologischen Realenzyklopädie 和 The Oxford Encyclopedia of the Reformation 的《圣经》相关文章中均有概述。Carolen, *Anti-Erasmianism*, S. 74-76. 有关多语种《圣经》详细的编纂过程、参与者及与之相关的专门研究，由于资料来源的情况，研究工作困难而充满细节，参见 Garcia Pinilla, *Reconsidering* 的综述。

24 深度资料可参考 *Basel 1516*。

25 Stupperich, *Erasmus*, S. 147 ff.

26 Gracia Pinilla, *Reconsidering*, S. 61.

27 Seidel Menchi, *How to Domesticate*, 第 221 页引用了这句话。

28 MacCulloch, *Reformation*, S. 43, 138.

29 参见 Paolo Simonencelli, *Evangelismo italiano del Cinquecento*; Marc Venard, *Die Zeit der Konfessionen (1530-1620/30)*; Klaus Ganzer, *Aspekte der katholischen Reformbewegungen im 16. Jahrhundert*。在撰写此处内容过程中，我借鉴了我在柏林洪堡大学的学生玛丽亚·伯默尔的硕士论文《教士改革和迫害异端: 特提亚纳教派的宗教纪元》(Maria Böhmer, *Klerusreform und Ketzerverfolgung: Der Weg der Theatiner in das konfessionelle Zeitalter*, MA Institut für Geschichtswissenschaften 2008)。

30 更进一步的介绍参考 Schilling, *Luther*, S. 153-156。

31 Zum Folgenden Johann Wilhelm Zinkeisen, *Drei Denkschriften über die orientalische Frage*, Gotha 1854.

32 议会法令发表于 Wohlmuth, *Dekrete*, S. 593-655; 参见 Jedin, *Kleine*

Konziliengeschichte, S. 78 f.。

33 I Diarii di Marino Sanuto, vol. 25 (1517), 引自 Niccoli, *Prophecy*, S. 79。

34 德文翻译版见 Zinkeisen, *Drei Denkschriften* S. 38-53。

35 Zitate a. a. O., S. 38, 40, 52, 41, 53.

36 Zinkeisen, *Drei Denkschriften*; Metzig, *Maximilian I.*, S. 20 f.

37 Tewes/Rohlmann, *Medici-Papst*, S. 398.

38 Pastor, *Geschichte*, a. a. O., S. 158 ff.

39 有关 1454 年在法兰克福召开的"土耳其帝国会议"可参见黑尔姆拉特（Johannes Helmrath）编纂的帝国议会档案，第十四卷第二部分，慕尼黑，2013。编纂者关于 15 世纪下半叶土耳其问题的记录及帝国议会的处理办法等内容见第 36 页起。

40 Konrad, Felix: *Von der ‹Türkengefahr› zu Exotismus und Orientalismus: Der Islam als Antithese Europas (1453-1914)*, in: Europäische Geschichte Online (EGO), hg. vom Institut für Europäische Geschichte (IEG), Mainz 2010-12-03. URL: http://www.ieg-ego.eu/konradf-2010-de URN: urn:nbn:de:0159-20101025120 [2013-09.10].

41 Lane, *Venice*; Jorga, *Geschichte*, S. 323 ff.

42 详情见 Brummett, *Ottoman Seapower*, S. 1-15。

43 Burke, *Renaissance*, S. 92-104.

44 Prodi, *Papal Prince*, S. 51.

45 So die Vita Nikolaus V. von Gianozzo Manotti, zitiert nach Aston, *Panorama der Renaissance*, S. 15.

46 Frommel/Rey/Tafuri, *Raffael*, S. 82ff; Tafuri, *Interpreting*, S. 76 ff.

47 Prodi, *Papal Prince*, S. 51; Tafuri, Interpreting, S. 78.

48 Nesselrath, *Politik und Theologie* 关于利奥十世的内容提供了很好的分析和参考资料。

49 此处遵循的是 Tewes Rohlmann, *Frankreichpolitik* 中确切的历史和艺术史评价。概览可参见 Tewes, *Vorabend der Reformation*, S. 23, Amn 38。

50 Regesta Imperii I, 4, 2., Nr. 142 (847/48).

51 Tewes, *Papst Leo X.*, S. 26.

52 Abb. Hersey, *High Renaissance*, S. 102.

53 Hersey, *High Renaissance*, S. 115 ff.; Weddigen, *Tapisseriekunst*.

54 引自 Bredekamp, *Zwei Souveräne*, S. 147。

55 如何将瓜尔纳（Guarna）的对话集在文学作品中归类，研究界观点不一。
更多内容参考 Seidel Menchi, *Julius exclusus*, S. 120, Anm. 543。

56 Huber, *Bramantes Entwürfe*, S. 32.

57 Bredekamp, *St. Peter*; Huber, *Bramantes Entwürfe*; Hersey, *High Renaissance*.

58 2015 年 6 月，以赎罪券及彼得赎罪券为主题，德国历史学会在罗马召开了
为期多天的研讨会，此次研讨会的会议记录在 2016 至 2017 年由 Andreas
Rehberg 出版。

59 列举见 B. Moeller, Die letzten Ablasskampagnen, in: Moeller, *Reformation
und Mittelalter*, S. 64 ff., 并附有相应引证。另参见 Winterhager, *Ablasskritik*。

60 Thoenes, *Renaissance St. Peter's*, S. 83 ff. mit Abb. 81 und 82.

61 有关人文主义与基督教的关系，参见 Helmrath, *Wege*, S. 23 f.。艺术方面可
参见 Traeger, *Renaissance und Religion*, v. a. S. 11–43。Burke, *Tradition and
Innovation*, S. 333 中则计算了宗教和非宗教图像的比例。

62 文艺复兴和宗教改革时期宗教与艺术之间的复杂关系在 Schilling,
Renaissance und Religion 中有更详细的解释。

第七章 维滕贝格的修士——文明边缘地带升起新教的朝霞

1 Schöffler, *Wirkungen* 一书中着重强调了宗教改革历史的这一方面。

2 基础资料见 Bellmann, *Denkmäler*，补充阅读可参考哈勒大学 (Universität
Halle) 研究项目 "欧内斯廷的萨克森"（*Ernestinisches Sachsen*）研究报告，
对比 Lück, *Wittenberg-Forschungen*。

3 此处依据 Helten Neugebauer, *Der Kleine Chor*，并在新的来源分析基础上
对旧的研究进行了修订，特别是在新风格的影响方面。另见 Neugebauer,
Wohnen im Wittenberger Schloss, Lang / Neugebauer: Kommentierter
Quellenanhang, *Wittenberg-Forschungen Bd.3*。

4 Böckem, *Jacopo de' Barbari*.

5 Helten/Neugebauer, a. a. O., S. 344.

6 如 Bruno Bushart, *Die Fuggerkapelle* 第三章文艺复兴中所引述的。

7 Helten/Neugebauer, a. a. O., S. 335.

8 Höss, *Spalatin*, S. 106 ff.; Scheible, *Fakultät*.

9 具体论据见 Schilling, *Luther*, S. 115, Anm. 1 und 2。

10 引述自 Thomas Lang, Nur Stroh und Lehm, *Wittenberg-Forschungen* Bd. 2, S. 265, Bd. 2. 1. S. 147。

11 游记出版时的篇名为 *Inducium mum de Lutero 1523*，引自 Heinrich Bornkamm 的德文译本 , *Martin Luther in der Mitte seines Lebens, Göttingen 1979,* S. 260-262。

12 1516 年 10 月 26 日，德文翻译据 Aland, *Luther Deutsch*, Bd. 10, S. 18。

13 以下为 Köpf, *Universitätsreform* 的详细论述，其引用附有文献记录。

14 Scheible, *Melanchthon*; ders., *Aufsätze*.

15 Oben Kap. VI, 2.

16 *WW* 10, I, S. 21 f.; *WW* 10, III, S. 139 f.

17 Vgl. *WW* 53, S. 169.

18 Schilling, *Luther*, S. 74 ff.

19 沙石浮雕局部现存于维滕贝格城市教堂。此处参考 Albrecht Steinwachs und Jürgen Pietsch, *Die Stadtkirche der Lutherstadt Wittenberg,* Wittenberg 2000, S. 92。

20 Greiling, *Altar*, Abb. 493; Krünes, *Hauptaltar*.

21 关于中世纪晚期德国人的信仰虔诚度参见 Moeller, *Reformation und Mittelalter*。

22 关于德国中部的情况介绍参见 Brumme, *Wallfahrtswesen*，其中有证据表明，在宗教改革前，不仅赎罪券，人们对朝拜活动也开始持反感态度。

23 引自 Umlauf, *Heilige Räume*, 227 页的德文译文。

24 1521 年他在回答批评者时也是如此，*WW* 7, S. 639。

25 此处为 Herbert Schöffler, *Wirkungen*, S. 105 ff. 提出的著名论断。

26 摘自路德为 «Die Epistel S. Pauli zun Colossern durch Philippum Melanchthon» 所写的序言，*WA* 30/II, S. 68, 12-69, 1。

27 《关于赎罪券能辩论的释解》，引自 Aland, *Luther Deutsch,* Bd. 2, S. 43 的德文翻译，根据阿兰德判断，释解最晚形成于 1518 年 2 月，甚至在赎罪券论纲提出的时候就开始酝酿（同上，第 374 页）。

28 *WW* 54, S. 186, Z. 2. 1545 年的序言，据 Aland, *Luther Deutsch,* Bd. 2, S. 20 f.。

29 这是神学历史学最新的研究成果，参见 Stegemann, *Luthers Auffassung,* S. 221-239。

30 So Stegemann, *Luthers Auffassung.*

31 收录于 *WW* 1, S. 525-527, 以下引自 Aland, *Luther Deutsch*, Bd. 2, S. 28-31。

32 德语译文参见 «Buch der Reformation» 的参考文献列表，第 151—153 页。

33 关于赎罪券历史的更多内容可参考 Gustav Adolf Benrath, *TRE* 与 *RGG* 中的词条 «Ablass»，均附有延伸阅读。

34 更多细节参见 Schilling, *Luther*, S. 158 f.。

35 Rössner, *Luther — Ein tüchtiger Ökonom?*, S. 61.

36 Bräuer/Vogler, *Thomas Müntzer*, S. 60-63.

37 1530 年关于先知但以理的序言，参考 Volz, *Faksimile Luther-Bibel*, S. 1530。

38 其中的神学关联详见 Brecht, *Luther*, I., S. 173-230, 与此相关的年代较近的学术讨论内容见 Otto/Treu, *Thesenanschlag*, 尤其是其中贝恩德·默勒（Bernd Moeller）在第 9—31 页中导引性的分析。

39 Reinhard Schwarz 提供了这方面的详细信息，参见 Beutel, *Luther Handbuch*, S. 328-340。

40 Kritisch ediert bei Thomas Kaufmann (Hg.): *Kritische Gesamtausgabe der Schriften und Briefe Andreas Bodensteins von Karlstadt, Teil I (1507-1518)*, Wolfenbüttel 2012. (Editiones Electronicae Guelferbytanae) (http://diglib. hab.de/edoc/ed000216/start.htm)

41 So Moeller, a. a. O., S. 23, 12 u. a.

42 Moeller, a. a. O., S. 10.

43 Bernd Moeller 在 *Otto/Treu, Thesenanschläge*, S. 19 正确地指出，将邮寄信件作为论纲的发表只是看似解决了问题。

44 德文翻译据 Aland, *Briefe*, S. 26。

45 Moeller, «Thesenanschlag» und kein Ende, S. 127.

46 Die Reformationshistoriker sind sich hier nicht einig. So ging man anfangs des 20. Jahrhunderts bereits von einem Wittenberger Urdruck aus, vgl. Buchwald, Kalendarium, S. 5 zum 30. Oktober 1517. Dagegen Brecht, Luther, I., S. 197: Einen «Wittenberger Urdruck hat es wahrscheinlich nicht gegeben». Jüngst dann aber gibt Moeller, in: Ott/Treu, Thesenanschlag, plausible Argumente für einen solchen Druck. Dagegen geht Volker Leppin (Die Legende, S. 106, Anm. 82) von einer «intensiven handschriftlichen Verbreitung der Ablaßthesen» vor den späteren Drucken aus. 宗教改革历史学家在这一问题上意见不一，20 世纪初普遍认为维滕贝格是论纲首次印刷的地点，例证参见 Buchwald, *Kalendarium*, S.5 zum 30. Oktober 1517。而 Brecht, Luther, I., S. 197 指出，可能并不存在维滕贝格原始印刷件，但近年来 Moeller 在 *Otto/Treu, Thesenanschläge* 中又认为有确凿证据，Volker Leppin, *die Legende*, S. 106, Anm. 82 则认为在印刷品流行之前大部分论纲是手抄散播的。

47 Martin Treu, Urkunde und Reflexion, in: Ott/Treu, *Thesenanschlag*, S. 59–67, hier S. 66.

48 为纪念论纲的提出，不同宗教信仰的神学家在帕德博恩（Paderborn）约翰-亚当-莫勒研究所（Johann-Adam-Möhler Institut）合作编纂了关于《九十五条论纲》的非宗教性学术评论集。

49 Zitiert nach der deutschen Übersetzung von Ludolphy, *Die 95 Thesen*; in Bornkamm/Ebeling, *Schriften*, Bd. 1, S. 28, 31, bzw. Aland, *Luther Deutsch*, Bd. 1, S. 50.

50 Martin Luther, *Werke. Kritische Gesamtausgabe*, Bd. II (Tischreden), Weimar 1883/1970, S. 134.

51 深度阅读可参考由 Silvana Seidel Menchi 重新编辑再版的 *Erasmus, Opera* I, 8, 及她在引言中的翔实内容，此外本书关于伊拉斯谟的引用也来自 Menchi 女士在书中囊括的伊拉斯谟拉丁文对话体著述 *Spongiao/Schwamm* 和英文翻译（S.56, Anm, 245），德文译文由本书作者自译。

52 同样参考 Seidel Menchi, *Erasmus as Arminius*。

53 关于手抄传播方式的例证见 Seidel Menchi, *Julius exclusus,* S. 41 ff.; zum

Burgunderhof, S. 44f.。

54 可参考 Seidel Menchi 如上所述著述中所列源文献。

55 Huizinga, *Erasmus*, 1924, 引自 Stupperich, *Erasmus*, S. 114。

56 Christoph Galle, Das Papsttum bei Erasmus von Rotterdam, in: *Julius II. Und Leo X.*, S. 18-20, hier S. 20.

57 Enenkel, *Erfindung*, S. 484 ff.

58 对于宗教改革反教职人员的属性，Dykema/Obermann, *Anticlericalism* 中有详细论述。

59 例证见 Schilling, *Luther*, S. 233, S. 655, Anm. 115。

结　语　1517——作为近代开端的奇迹之年？

1 术语来自 Schramm, *Wendemarken*。

2 Markus Koller, Das Papsttum und die osmanische Expansion, in: *Julius II. und Leo X.*, S. 11.

3 Walter, *Fremde Kaufleute*.

4 Burkhardt, *Friedlosigkeit*.

5 *Luther*, Weimarer Ausgabe, Tischreden Bd. 4, Nr. 4707 mit Anm. 14, S. 440.

6 Konetzke, *Süd- und Mittelamerika* I, S. 19 强调了这一时期文化因素大于军事实力的特点，同样可以借鉴的还有 Reinhard, *Expansion,* Bd.2, S. 52, 提到了"致命的跨文化误解"。

7 关于这一现象参见 Bernd Hamm, *Normative Zentrierung*。

8 Schilling, *Luther und die Reformation 1517/2017* 一书中论证，当时天主教和新教在信仰上的冲突对立并没有在教堂机构和物质环境上造成尤其突出的分化，因而 2017 年也不需要考察 1517 年教堂的差别。

9 此系亲路德派帝国法学家 Henning Arnisaeus（1575-1636）的表述，关于他的文献参见 Dreitzel, *Protestantischer Aristotelismus*, S. 380 ff., 这一信条对于 16、17 世纪国家和社会的意义，可参考 Schilling, *Ausgewählte Abhandlungen,* S. 433-700, v.a. S. 530ff.。

10 以下扩展阅读可参考 Schilling, *Fundamentalismus*; *Konfessionalisierung und*

Staatsinteressen, S.410ff., 565-601。

11 Schilling, *Luther*, S. 476 ff.

12 Klaus Herbers, Alte Welten — Neue Welten. Grenzerfahrungen und Entgrenzungen durch die Europäische Expansion, in: *Zur Debatte*. Themen der katholischen Akademie in Bayern, Sonderheft 1/2014, Freiburg i. Br. 2014, S. 5-7, hier S. 7.

13 马克斯·韦伯语，出自 1917 年著名演说 «Wissenschaft als Beruf»（《以学术为天职》），1919 年出版于慕尼黑。

14 Reinhard, *Unterwerfung*; 此外还可借鉴弗赖堡大学学报 *uni forschen* 对他的采访，2016 年第 2 期，第 4 页。

出处与文献

Abenteuer des Ritters Theuerdank. Kolorierter Nachdruck der Gesamtausgabe Nürnberg 1517, Köln 2003.

Bey, Horst von der (Hg.): «Auch wir sind Menschen wie Ihr!». *Franziskanische Dokumente des 16. Jahrhunderts zur Eroberung Mexikos*, Paderborn 1995.

Briefe der Dunkelmänner, übersetzt von Wilhelm Binder und hg. von Peter Amelung, München 1964.

Buch der Reformation. Eine Auswahl zeitgenössischer Zeugnisse (1476–1555), hg.von Detlef Plöse und Günter Vogler, Berlin (Ost) 1989.

Dürer, Albrecht: *Tagebücher und Briefe*, München und Wien 1969.

Emmer, P. C. (Hg.): *Dokumente zu Wirtschaft und Handel der Kolonialreiche*, München 1988.

Erasmus von Rotterdam: *Ausgewählte Schriften in acht Bänden. Lateinisch und Deutsch*, hg. von Werner Welzig, 2. Aufl. Darmstadt 1990.

Erasmus von Rotterdam: *Opera omnia*, I, 8, S. 1–298: *Iulius exclusus*, hg. von Silvana Seidel Menchi, Leiden 2013.

Erasmus von Rotterdam: *The Correspondence of Erasmus. Collected works of Erasmus*, v. 5: Letters 594–841 (1517–1518), transl. by R. A. Mynors and D. F. Thomson, annot. by James K. McConica, Toronto 1979, Brief Nr. 623/From Thomas More, London, 19 August [1517].

Gachard, M.: *Collection des voyages des souverains des Pays-Bas*, 2. Bde., Brüssel 1874.

Hegel, Georg Wilhelm Friedrich: *Vorlesungen über die Philosophie der Weltgeschichte*, hg. von Georg Lasson, Band 4, Leipzig 1920.

Herberstein, Siegmund von: *Moscouia der Hauptstat in Reissen, durch Herrn Sigmunden Freyherrn zu Herberstain, Neyperg vnd Guetenhag Obristen Erbcamrer, und obristen Erbtruckhsessen in Kärntn, Römischer zu Hungern und Beheim Khü. May. etc. Rat, vnd Presidenten der Niderösterreichischen Camer zusamen getragen*, Wien, bei Michael Zimmermann, 1557 (Digitalisat der Göttinger Staatsbibliothek).

Herberstein, Siegmund von: *Rerum Moscoviticarum Commentarii*. Synoptische Edition der lateinischen und der deutschen Fassung letzter Hand Basel 1556 und Wien 1557, redigiert und herausgegeben von Hermann Beyer-Thoma (unter der Leitung von Frank Kämpfer, Eva Maurer und Andreas Fülberth), Regensburg 2007 (Digital: http://www.dokumente.ios-regensburg.de/publikationen/Herberstein_gesamt.pdf).

Hutten, Ulrich von: *Deutsche Schriften*, hg. von Peter Ukena, München 1970.

Hutten, Ulrich von: *Die Schule des Tyrannen*. Lateinische Schriften, Darmstadt 1996.

Hutten, Ulrich von: *Schriften*, Bd. I, hg. von E. Böcking, Bd. I., Leipzig 1859.

Kopernikus, Nikolaus: Denkschriften zur Geldlehre, in: Erich Sommerfeld: *Die Geldlehre des Nikolaus Kopernikus. Texte, Übersetzungen, Kommentare*, Berlin 1978, S. 17–68.

Kopernikus: *Nicolaus Copernicus-Gesamtausgabe*, Bd. V. Opera Minora, bearb. von Stefan Kirschner und Andreas Kühne, Berlin 1999, S. 109–168.

Kramer, Heinrich, *Der Hexenhammer*, hg. von Wolfgang Behringer und Günter Jarouschek, 5. Aufl. München 2006.

Lang, Thomas und Anke Neugebauer: Kommentierter Quellenanhang, in: *Wittenberg-Forschungen* Bd. 3 (vgl. Literaturverzeichnis), S. 139–294.

Ludolphy, Ingetraut: *Die 95 Thesen Martin Luthers*. In lateinischer und in hochdeutscher Sprache. Hg., übersetzt und mit Anmerkungen versehen von Ingetraut Ludolphy, Berlin 1967.

Luther, Martin: *Weimarer Ausgabe*, Weimar 1883 ff., Nachdruck 2001–2007 (zitiert: WW für die Werke; WB für die Briefe; WT für die Tischreden).

Luther, Martin: *Gesammelte Schriften*, hg. von Karin Bornkamm und Gerhard Ebeling, 6. Bde., Frankfurt a. M. 1983.

Luther, Martin: *Luther Deutsch*, hg. von Kurt Aland, 10 Bde., Stuttgart 1962.

Machiavelli, Niccolò: *Der Fürst/Il Principe*, herausgegeben und übersetzt von Rudolf Zorn, 6. Aufl. Stuttgart 1978.

Machiavelli, Niccolò: *Vom Staat/Discorsi sopra la prima deca di Tito Livio*, Darmstadt 1967.

Nider, Johannes: *Formicarius*, Neudruck 1517.

Polnische Renaissance. *Ein literarisches Lesebuch*, hg. von Waclaw Walecki, Frankfurt a. M. 1996.

Quellen zur Geschichte Karls V., hg. von Alfred Kohler, Darmstadt 1990.

Regesten zur Geschichte der Juden in der Reichsstadt Frankfurt am Main von 1401 bis 1519, 3 Bde., Hannover 1996.

Reuchlin, Johannes: *De arte cabalistica libri tres*, hg. und bearbeitet von Wido Ehlers und Fritz Felgentreu, Stuttgart 2006 (dazu: ders. et alii: Kommentar, Stuttgart 2007).

Rückkehr der Götter. Die Aufzeichnungen der Azteken über den Untergang ihres Reiches, hg. von Miguel León-Portilla und Renate Heuer, aus dem Náhuatl übersetzt von Angel Maria Garibay, deutsch von Renate Heuer, Köln und Opladen 1962.

Strauss, Raphael, *Urkunden und Aktenstücke zur Geschichte der Juden in Regensburg 1453–1738*, München 1960.

Vital, Laurent: *Premier voyage de Charles-Quint en Espagne de 1517 à 1518*, Brüssel 1881.

Wohlmuth, Josef (Hg.): *Dekrete der ökumenischen Konzilien*, Bd. 2, Paderborn 2000.

Zinkeisen, Johannes Wilhelm (Hg.): *Drei Denkschriften über die orientalische Frage von Papst Leo X., König Franz I. von Frankreich und Kaiser Maximilian I. aus dem Jahr 1517*, Gotha 1854.

Adelung, Friedrich von: *Siegmund Freiherr von Herberstein. Mit besonderer Rücksicht auf seine Reisen in Russland*, Sankt-Petersburg 1818 (digital greifbar unter: https://archive.org/details/siegmundfreiher01adelgoog).

Álvarez, Manuel Fernández: *Johanna die Wahnsinnige (1479–1555). Königin und Gefangene*, München 2005.

Arnold, Klaus: poeta laureatus. Die Dichterkrönung Ulrichs von Hutten, in: *Ulrich von Hutten*, S. 237–247.

Aston, Margaret (Hg.): *Panorama der Renaissance*, dt. Ausgabe, Berlin 1996.

Ayton, A. and Price, J. L., *The Medieval Military Revolution. State, Society and military change in Medieval and Early Modern Europe*, London 1955.

Bałus, Wojciech: *Krakau zwischen Tradition und Weg in die Moderne*, Stuttgart 2003.

Basel 1516. Erasmus' Edition of the New Testament, hg. von Kaspar von Greyerz, Silvana Seidel Menchi und Martin Wallraff, Tübingen 2016.

Battenberg, Friedrich: *Das europäische Zeitalter der Juden: zur Entwicklung einer Minderheit in der nichtjüdischen Umwelt Europas*, Bd. I, Darmstadt 1990.

Bedini Silvio A.: *Der Elefant des Papstes*. Stuttgart 2006.

Behringer, Wolfgang: *Im Zeichen des Merkur. Reichspost und Kommunikationsrevolution in der Frühen Neuzeit*, Göttingen 2003.

Behringer, Wolfgang und Günter Jerouschek, «Das unheilvollste Buch der Weltliteratur»?, in: Behringer, Wolfgang und Günter Jerouschek (Hg.), *Heinrich Kramer, Der Hexenhammer*, 5. Aufl. München 2006, S. 9–98.

Beier-de Haan, Rosmarie, Rita Voltmer, Franz Irsigler (Hg.): *Hexenwahn. Ängste der Neuzeit*, Katalog der gleichnamigen Ausstellung am Deutschen Historischen Museum, Berlin und am Musée d'histoire de la ville de Luxembourg, Berlin 2000.

Bellmann, Fritz, Marie-Luise Harksen, Roland Werner: *Die Denkmäler der Lutherstadt Wittenberg*, Weimar 1979.

Benecke, Walter: Nürnberg und die überseeische Expansion im 16. Jahrhundert, in: Helmut Neuhaus (Hg.): *Nürnberg*. Nürnberg 2000. S. 185–217.

Ben-Sasson, Haim Hillel: *Geschichte des jüdischen Volkes. Von den Anfängen bis zur Gegenwart*, 3. Aufl. München 1995.

Bergdolt, Klaus: *Leib und Seele. Eine Kulturgeschichte des gesunden Lebens*, München 1999.

Bergenroth, Gustav R.: Kaiser Karl V. und seine Mutter Johanna, in: *Historische Zeitschrift* 20 (1868), S. 231–270.

Besson, André: *Marguerite d'Autriche*, Paris 1985.

Beutel, Albrecht (Hg.): *Luther Handbuch*, Tübingen 2005.

Bietenholz, P. G. und Th. B. Deutscher: *Contemporaries of Erasmus. A biographical register of the Renaissance and Reformation*, 3 Bde., Toronto 1985–1987.

Bischoff, Franz: *Burkhardt Engelberg und die süddeutsche Architektur um 1500. Anmerkungen zur sozialen Stellung und zur Arbeitsweise spätgotischer Steinmetze und Werkmeister*, Augsburg 1999.

Biskup, Marian: *Nicolaus Copernicus im öffentlichen Leben Polens*, Thorn 1972.

Biskup, Marian und Jerzy Dobrzycky: *Nicolaus Copernicus. Gelehrter und Staatsbürger*, 4. Aufl. Leipzig 1983.

Blauert, Andreas (Hg.): *Ketzer, Zauberer, Hexen. Die Anfänge der europäischen Hexenverfolgungen*, Frankfurt a. M. 1990.

Blickle, Peter (Hg.): *Revolte und Revolution in Europa*, München 1975.

Blickle, Peter: *Unruhen in der ständischen Gesellschaft 1300–1800*, München 1988 (= EDG Bd. 1).

Blickle, Peter: *Kommunalismus*, 2 Bde., München 2000.

Blickle, Peter: *Der Bauernjörg. Feldherr im Bauernkrieg*, München 2015.

Blickle, Peter und Thomas Adam (Hg.): *Bundschuh*, Stuttgart 2004.

Bloom, Clive: *Violent London. 2000 Years of Riots, Rebels and Revolts*, London 2010.

Böckem, Beate: *Jacopo de' Barbari und der «Kunsttransfer» am Hofe Friedrichs des Weisen*, in: *Wittenberg-Forschungen*, Bd. 2, S. 345–353.

Boer, Jan-Hendryk de: *Unerwartete Absichten — Genealogie des Reuchlinkonflikts*, Tübingen 2015.

Boettcher, Susan: *Martin Luther seliger gedechtnis: The Memory of Martin Luther, 1546–1566*, Diss. Phil. (maschinenschriftlich) University of Wisconsin-Madison 1998.

Bogucka, Maria: *Das alte Danzig*, Leipzig 1980.

Bogucka, Maria: *Das alte Polen*, Leipzig u. a. 1983.

Boockmann, Hartmut: *Ostpreußen und Westpreußen*, Berlin 1992.

Bosbach, Franz (Hg.): *Feindbilder. Die Darstellung des Gegners in der politischen Publizistik des Mittelalters und der Neuzeit*, Köln 1992.

Bradford, Sarah, Cesare Borgia. *Ein Leben in der Renaissance*, Hamburg 1979.

Brandi, Karl: *Karl V.*, 7. Aufl. München 1964 (Erstauflage 1937).

Bräuer, Helmut: *Wider den Rat. Der Zwickauer Konflikt 1516/17*, Leipzig 1999.

Bräuer, Siegfried und Günter Vogler: *Thomas Müntzer. Neu Ordnung machen in der Welt*, Gütersloh 2016.

Brázdil, Rudolf, Kotyza, Oldřich, Dobrovolny, Peter, Řezníčková, Ladislava, Valášek, Hubert: *Climate of the Sixteenth Century in the Czech Lands*. Masaryk University, Brno 2013.

Bredekamp, Horst: *St. Peter in Rom*, Berlin 2000.

Bredekamp, Horst: *St. Peter in Rom und das Prinzip der produktiven Zerstörung*, Berlin 2008.

Bredekamp, Horst: Zwei Souveräne: Paul III. und Michelangelo. Das motu proprio vom Oktober 1549, in: Georg Satzinger und Sebastian Schütze: *Sankt Peter in Rom 1506–2006*, München 2008, S. 147–157.

Brod, Max: *Johannes Reuchlin und sein Kampf. Eine historische Monographie*, Stuttgart 1965.

Brossollet, Jaqueline: Les danses macabres en temps de peste, in: *Jaarboek van het Koninklijk Museum voor schone Kunsten*, Antwerpen 1971, S. 29–72.

Brumme, Carina: *Das spätmittelalterliche Ablaßwesen im Erzstift Magdeburg und im Fürstentum Anhalt und im sächsischen Kurkreis*, Frankfurt a. M. u. a. 2010.

Brummett, Palmira: *Ottoman Seapower and Levantine Diplomacy in the Age of Discovery*, Albany 1994.

Büntgen, Ulf et alii: Combined dendro-documentory evidence of Central European hydroclimatic springtime extremes over the last millenium, in: *Quarterly Science Review* 30 (2011) 3947–3959.

Buranelli, Francesco u. a. (Hg.): *Hochrenaissance im Vatikan 1503–1534*, Ausstellung Bonn, Ostfildern 1999.

Burke, Peter: *Tradition and Innovation in Renaissance Italy*, London 1972 (dt. Übersetzung: *Die Renaissance in Italien. Sozialgeschichte einer Kultur zwischen Tradition und Erfindung*, Berlin 1984).

Burke, Peter: *Die europäische Renaissance*, München 1989.

Burkhardt, Johannes: Die Friedlosigkeit der Frühen Neuzeit. Grundlegung einer Theorie der Bellizität Europas, in: *Zeitschrift für Historische Forschungen* 24 (1997) S. 509–574.

Burkhardt, Johannes: *Das Reformations-Jahrhundert*, Stuttgart 2002.

Burkhardt, Johannes: *Geschichte der frühen Neuzeit*, München 2009.

Bushart, Bruno: *Die Fuggerkapelle*, München 1994, zitiert nach Georg Paula, Fuggerkapelle bei St. Anna, Augsburg, in: *Historisches Lexikon Bayerns*, URL: http://www.historisches-lexikon-bayerns.de/artikel/artikel_45395 (20. 04. 2012).

Buszello, Horst: «Wohlfeile» und «Teuerung» am Oberrhein, in: Peter Blickle (Hg.): B*auer, Reich und Reformation*, Stuttgart 1982.

Cao, Gian Mario: Gianfrancesco Pico and Sceptics, in: Gianni Paganinu u. a. (Hg.): *Renaissance Scepticism, International Archive of the History of Ideas*, Nr. 199 (2009), S. 125–147.

Chaix, Gérald: *La Renaissance des années 1470 aux années 1560*, Paris 2002.

Chambers, *Thomas More*, Brighton 1982.

Chang, T'ein Tse: Malacca and the Failure of the first Portuguese Embassy to Peking, in: *Journal of Southeast Asian History* vol. 3, No. 2 (1962), S. 45–64.

Chartier, Roger: *Culture écrite et société. L'ordre des livres*, Paris 1996.

Châtellier, Louis, *L'Europe des dévotes*, Paris 1987.

Ciappelli, Giovanni: *Memory, Family, and Self. — Tuscan Family Books*, Leiden 2014.

Cordes, Harm: *Hilaria evangelica accademica. Das Reformationsjubiläum von 1717 an den deutschen Universitäten*, Göttingen 2006.

Couto, Dejanirah und Rui Manuel Loureiro (Hg): *Revisiting Hormuz. Portugese Interactions in the Persian Gulf Region in the Early Modern Period*, Wiesbaden 1998.

DaCosta Kaufmann, Thomas: *Höfe, Klöster und Städte. Kunst und Kultur in Mitteleuropa. 1450–1800*, Köln 1998.

Dall'Olio, Guido: *Martin Lutero*, Rom 2013.

Dillinger, Johannes: Freiburgs Bundschuh. Die Konstruktion der Bauernerhebung von 1517, in: *Zeitschrift für Historische Forschung* Bd. 32 (2005), S. 369–406.

Döring, Karoline: *Türkenkrieg und Medienwandel im 15. Jahrhundert*, Husum 2013.

Douglas, Mary: *Reinheit und Gefährdung. Eine Studie zu Vorstellungen von Verunreinigung und Tabu*, Berlin 1966 (engl. Original 1966).

Dreitzel, Horst: *Protestantischer Aristotelismus und absoluter Staat. Die «Politica» des Henning Arnisaeus (ca. 1575–1636)*, Wiesbaden 1970.

Dykema, Peter und Heiko Oberman (Hg.): *Anticlericalism in Late Medieval and Early Modern Europe*, Leiden 1993.

Ebeling, Dietrich und Franz Irsigler: *Getreideumsatz, Getreide- und Brotpreise in Köln, 1368–1797* in den Mitteilungen aus dem Kölner Stadtarchiv, Bd. 65 (1976).

Ehrenpreis, Stephan und Ute Lotz-Heumann: *Reformation und konfessionelles Zeitalter*, 3. Aufl. Darmstadt 2011.

Eksigil, Arda: *Ottoman Version of the West (15th to 17th centuries)*, Master Thesis McGill University December 2017 (https://www.academia.edu/12615296/ottoman_verions. (17. 7. 15).

Enenkel, Karl A. E.: *Die Erfindung des Menschen. Autobiographie des frühneuzeitlichen Humanismus von Petrarca bis Lipsius*, Berlin 2008.

Europa und der Kaiser von China, 1240–1816, Katalog der Berliner Festspiele, Frankfurt a. M. 1985.

Feest, Christian: Von Kalikut nach Amerika. Dürer und die «wunderliche künstlich ding» aus dem «neuen gulden land», in: Jochen Sander (Hg.): *Dürer. Kunst-Künstler-Kontext, Städel Ausstellung 2013/14*, München 2013, S. 367–371.

Fenske, Hans u. a. (Hg.): *Geschichte der politischen Ideen*, Frankfurt a. M. 1996.

Fiedler, Frank: Himmel, Erde, Kaiser. Die Ordnung der Opfer, in: *Europa und der Kaiser von China*, S. 62–71.

Fischer, Hubertus: Grammatik der Sterne und Ende der Welt. Die Sintflutprognose von 1524, in: Soziale Welt, Sonderband 6: *Kultur und Alltag*, Göttingen 1988, S. 191–225.

Flügel, Wolfgang: *Konfession und Jubiläum. Zur Institutionalisierung der lutherischen Gedenkkultur, 1617–1830*, Leipzig 2005.

Franz, Günther: *Der Deutsche Bauernkrieg*, 9. Aufl. Darmstadt 1972.

Frenschkowski, Marco: *Magie im antiken Christentum. Eine Studie zur Alten Kirche und ihrem Umfeld*, Stuttgart 2016.

Friedrich, Hugo: *Epochen der italienischen Lyrik*, Frankfurt a. M. 1964.

Frommel, Christian Luitpold, Stefano Rey und Manfredo Tafuri (Hg.): *Raffael. Das architektonische Werk*, Stuttgart 1987.

Gareis, Iris: Wie Engel und Teufel in die Neue Welt kamen. Imaginationen von Gut und Böse im kolonialen Amerika, in: *Paideuma. Mitteilungen zur Kulturkunde* 45 (1999), S. 257–273.

Gattoni, Maurizio: *Leo X e la geo-politica dello stato pontificio (1513–1521)*, Città del Vaticano 2000.

Gawlas, Sławomir: Monarchien und Stände in den Ländern Ostmitteleuropas, in: Marian Dygo u. a. (Hg.): *Ostmitteleuropa im 14.–17. Jahrhundert*, Warschau 2003, S. 21–40.

Ginsburg, Carlo: *Hexensabbat. Entzifferung einer nächtlichen Geschichte*, Berlin 1989.

Glaser, Rüdiger: *Klimageschichte Mitteleuropas. 1000 Jahre Wetter, Klima, Katastrophen*, Darmstadt 2001.

Gottlieb, Gunther u. a. (Hg.): *Geschichte der Stadt Augsburg*, Stuttgart, 2. Aufl.1984.

Gow, Andrew C.: *The Red Jews. Anti-Semitism in an Apocalyptic Age, 1200–1600* (Studies in medieval and reformation thought; Bd. 55). Leiden 1995.

Gracía Pinilla, Ignacio: Reconsidering the Relationship between the Complutensian Polyglot Bible and Erasmus' Novum Testamentum, in: *Basel 1516* (s. o.), S. 59–80.

Gräf, Holger Th. und Ralf Pröve: *Wege ins Ungewisse. Reisen in der Frühen Neuzeit, 1500–1800*, Frankfurt a. M. 1997.

Greiling, Werner u. a. (Hg.): *Der Altar von Lucas Cranach d. Ä. in Neustadt an der Orla und die Kirchenverhältnisse im Zeitalter der Reformation*, Köln, Weimar, Wien 2014.

Gründer, Horst: *Welteroberung und Christentum*, Gütersloh 1992.

Gruzinski, Serge: *La colonization de l'imaginaire. Sociétés indigènes et occidentalisation dans le Mexique espagnol XVIe–XVIIe siècle*, Paris 1988.

Gwyn, Peter: *The King's cardinal. The rise and fall of Thomas Wolsey*, London 1990.

Haarmann, Ulrich (Hg.): *Geschichte der arabischen Welt*, München 2001.

Hacke, Daniela und Bernd Roeck (Hg.): *Die Welt im Augenspiegel, Johannes Reuchlin und seine Zeit*, Stuttgart 2002.

Hamann, Brigitte (Hg.): *Die Habsburger. Ein biographisches Wörterbuch*, Wien 1988.

Hamm, Bernd: Normative Zentrierung im 15. und 16. Jahrhundert, in: *Zeitschrift für Historische Forschungen* 26 (1999), S. 163–202.

Handbuch der Europäischen Geschichte, hg. von Theodor Schieder, Bd. 3: Die Entstehung des neuzeitlichen Europa, hg. von Josef Engel, Stuttgart 1971.

Hardtwig, Wolfgang: *Genossenschaft, Sekte, Verein in Deutschland*, München 1997.

Harnack, Adolf von: Die Reformation und ihre Voraussetzungen, in: Ders. (Hg.): *Erforschtes und Erlebtes*, Gießen 1923, S. 72–140.

Heinitz, Werner, Duell: *Kohlhase trifft auf Luther. Drama nach Kleist*, Berlin 2014.

Hellmann, M. u. a. (Hg.): *Handbuch der Geschichte Russlands*, Bd. 1: Vom Kiever Rus bis zum Zartum (Anfänge bis 1613), Stuttgart 1981.

Helmrath, Johannes: *Wege des Humanismus*, Tübingen 2013.

Helten, Leonhard und Anke Neugebauer: Der Kleine Chor, in: *Wittenberg-Forschungen* Bd. 2, S. 335–344.

Herbers, Klaus und Florian Schuller (Hg.): *Europa im 15. Jahrhundert. Herbst des Mittelalters — Frühling der Neuzeit?*, Regensburg 2012.

Hergemöller, Bernd-Ulrich: *Uplop-Seditio: Innerstädtische Unruhen des 14. und 15. Jahrhunderts*, Hamburg 2012.

Hernández de Córdoba, in: *The Geographical Review* 6 (1918), S. 436–448.

Herrmann, Hans Peter: Subjekt, Nation und Autorschaft. Zu Ulrich von Huttens *Ein Neu Lied (1521)*, in: Cornelia Blasberg und Franz-Josef Deiters (Hg.): *Geschichtserfahrung im Spiegel der Literatur*, Tübingen 2000, S. 1–21.

Hersey, George L.: *High Renaissance Art in St. Peter's and the Vatican*, Chicago 1993.

Herzig, Arno und Julius H. Schoeps (Hg.): *Reuchlin und die Juden*, Sigmaringen 1992.

Herzig, Tamara: *Savonarola's Women. Vision and Reform in Renaissance Italy*, Chicago 2008.

Hess, Andrew C.: *The Forgotten Frontier. A History of the Sixteenth-Century Ibero-African Frontier*, Chicago und London 1978.

Hildermeier, Manfred: *Geschichte Rußlands. Vom Mittelalter bis zur Oktoberrevolution*, München 2013.

Holborn, Hajo: *Ulrich von Hutten*, Göttingen 1968.

Hösch, Edgar: *Die Idee der Translatio Imperii im Moskauer Russland*, in: *Europäische Geschichte Online* (EGO), hg. vom Institut für Europäische Geschichte (IEG), Mainz 2010-12-03. URL: http://www.ieg-ego.eu/ hoesche-2010-de URN: urn:nbn:de:0159-2010102586 (24. 03. 2015).

Hsia, Ronnie Po-chia: *The Myth of Ritual Murder. Jews and Magic in Reformation Germany*, New Haven und London 1988.

Hsia, Ronnie Po-chia: *Trent 1475, Stories of a Ritual Murder Trial*, New Haven und London 1992.

Hubach, Hanns: *Matthias Grünewald, der Aschaffenburger Maria-Schnee-Altar: Geschichte, Rekonstruktion, Ikonographie; mit einem Exkurs zur Geschichte der Maria-Schnee-Legende, ihrer Verbreitung*, Mainz 1996.

Huber, Hans W.: Bramantes Entwürfe für den Neubau der Peterskirche in Rom, in: *Julius II. und Leo X.*, S. 30−32.

Huizinga, Johan: *Herbst des Mittelalters. Studien über Lebens- und Geistesformen des 14. und 15. Jahrhunderts in Frankreich und den Niederlanden*, 12. Aufl. Stuttgart 2006 (Erstausgabe 1919).

Irsigler, Franz: Kölner Wirtschaft im Spätmittelalter. Getreide- und Brotpreise, Brotgewicht und Getreideverbrauch, in: *Zwei Jahrtausende Kölner Wirtschaft*, Bd. 1, Köln 1975, S. 217−319, 519−540.

Isenmann, Eberhard: *Die deutsche Stadt im Spätmittelalter*, Stuttgart 1988.

Jastrow, Ignaz: Kopernikus' Münz- und Geldtheorie, in: *Archiv für Sozialwissenschaften und Sozialpolitik* 38 (1914), S. 734−751.

Jedin, Hubert: Kleine Konziliengeschichte, 4. Aufl. Freiburg i. Br. 1962.

Jorga, Nicolae, Geschichte des osmanischen Reiches, Bd. 2, Gotha 1908 (Nachdruck Darmstadt, Wissenschaftliche Buchgesellschaft).

Julius II. und Leo X. — Renaissancefürsten als Nachfolger Petri. *Zur Debatte*, Sonderheft zur Ausgabe 1/2014, München (Katholische Akademie) 2014.

Kamen, Henry: *Spain 1469−1714*, London 1983.

Kämpfer, Frank: *Das Rußlandbuch Sigismunds von Herberstein: Rerum Moscoviticarum Commentarii 1549−1999*, Hamburg 1999.

Kämpfer, Frank: Die Lehre vom Dritten Rom: pivotal Moment, historiographische Folklore?, in: *Jahrbücher für Geschichte Osteuropas* Neue Folge, 49 (2001), S. 430−441.

Kämpfer, Frank und Reinhard Frötschner (Hg.): *450 Jahre Sigismund von*

Herbersteins «Rerum Moscoviticarum commentarii», Wiesbaden 2002.

Kaplan, Debra: *Beyond Expulsion.* — *Jews, Christian, and Reformation Strasbourg*, Stanford 2011.

Kaplan, Yosef: Jews and Judaism in the Hartlib Circle, in: *Omni in Eo. Studies on Jewish Books and Libraries*, = *Studia Rosenthaliana* 18/19 (2005/06), 186–215.

Kaufmann, Thomas: *«Türckenbüchlein». Zur christlichen Wahrnehmung «türkischer Religion» in Spätmittelalter und Reformation*, Göttingen 2008.

Kaufmann, Thomas: Reformationsgedenken in der Frühen Neuzeit, in: *Zeitschrift für Theologie und Kirche* 107 (2010), S. 285–324.

Kaufmann, Thomas: *Luthers Juden*, Stuttgart 2014.

Kiening, Christian: *Das wilde Subjekt. Kleine Poetik der neuen Welt*, Göttingen 2006.

Killy, Walther (Hg.): *Literatur Lexikon*, Gütersloh 1990.

Kirn, Hans-Martin: *Das Bild vom Juden im Deutschland des frühen 16. Jahrhunderts*, Tübingen 1989.

Kleinert, Andreas: «Eine handgreifliche Geschichtslüge». Wie Martin Luther zum Gegner des copernicanischen Weltsystems gemacht wurde, in: *Berichte zur Wissenschaftsgeschichte*, 26 (2003), S. 101–111.

Koch, Mario: *Die indianischen Bevölkerungsgruppen der Sierra Nevada de Santa Marta*, Frankfurt a. M. 1994.

Kohler, Alfred: *Karl V. 1500–1558*, München 1999.

Kohler, Alfred: *Ferdinand I. 1503–1564. Fürst, König und Kaiser*, München 2003.

Kohler, Alfred: *Expansion und Hegemonie, 1450–1559*, = *Handbuch der Geschichte der internationalen Beziehungen*, Bd. 1, Paderborn 2008.

Kohler, Alfred: *Neue Welterfahrungen. Eine Geschichte des 16. Jahrhunderts*, Münster 2014.

Köhler, Hans-Joachim: The Flugschriften and their Importance in Religious Debate: A Quantitative Approache, in: Paola Zambelli (Hg.): *Astrologi halluncinati*.

Stars and the End of the World in Luther's time, Berlin/New York 1986, S. 156–159.

Köhler, Ulrich (Hg.), *Altamerikanistik. Einführung in die Hochkulturen Mittelund Südamerikas*, Berlin 1990.

Konetzke, Richard: *Süd- und Mittelamerika I — Die Indianerkulturen Altamerikas und die spanisch-portugiesische Kolonialherrschaft*, Frankfurt a. M. 1965, = *Fischer Weltgeschichte*, B. 22.

Konrad, Felix: *Von der ‹Türkengefahr› zu Exotismus und Orientalismus: Der Islam als Antithese Europas (1453–1914)?*, in: *Europäische Geschichte Online* (EGO), hg. vom Institut für Europäische Geschichte (IEG), Mainz 2010–12–03. http://www.ieg-ego.eu/konradf-2010-de. URN:urn:nbn:de:0159–20101025120 (10. 09. 2013).

Köpf, Ulrich: Martin Luthers Beitrag zur Universitätsreform, in: *Lutherjahrbuch* 80 (1913) S. 31–59.

Krünes, Alexander, Der Hauptalter in der St. Johanniskirche in Neustadt an der Orla, in: *Wittenberg-Forschungen*, Bd. 3, S. 301–312.

Lach, Donald F., *Asia in the making of Europe*, 2 Bde., Chicago 1965 und 1977.

Landois, Antonia: *Gelehrtentum und Patrizierstand. Wirkungskreis des Nürnberger Humanisten Sixtus Tucher (1459–1507)*, Tübingen 2014.

Lane, Frederic: *Venice. A Maritime Republic*, Baltimore und London 1973.

Laslett, Peter: *The World we have lost*, London 1965 (mit zahlreichen Nachdrucken).

Lauster, Jörg: *Die Verzauberung der Welt. Eine Kulturgeschichte des Christentums*, München 2014.

Lehmann, Martin: *Die Cosmographiae Introductio Matthias Ringmanns und die Weltkarte Martin Waldseemüllers aus dem Jahr 1507*, München 2010.

Leppin, Volker: «Nicht seine Person, sondern die Wahrheit zu verteidigen». Die Legende vom Thesenanschlag in lutherischer Historiographie und Memoria, in: Schilling, *Luther* 2017, S. 87–107.

Lichte, Claudia: Die Werke Riemenschneiders — Spiegel einer Umbruchzeit, in: *Bauernkrieg in Franken*, hrsg. v. Franz Fuchs/Ulrich Wagner, Würzburg 2016,

S. 283 ff.

Loades, D. M.: *Politics and the Nation. 1450–1660. Obedience, Resistance and Public Order*, London 1967.

MacCulloch, Diarmaid: *Die Reformation 1490–1700*, München 2008.

Mak, Geert: *Wie Gott verschwand aus Jowerd. Der Untergang des Dorfes in Europa*, München 1999.

Meinecke, Friedrich: *Die Idee der Staatsräson in der neueren Geschichte*, 4. Aufl. München und Wien 1976.

Meissner, Paul: *England im Zeitalter von Humanismus, Renaissance und Reformation*, Heidelberg 1952.

Mertens, Dieter, Zur Sozialgeschichte und Funktion des poeta laureatus im Zeitalter Maximilians I., in: Rainer C. Schwinges (Hg.): *Gelehrte im Reich*, Berlin 1996, S. 327–348.

Mertens, Dieter (Hg.): *Johannes Reuchlin und der Judenbücherstreit*, Ostfildern 2013.

Metzig, Georg: Kanonen im Wunderland. Deutsche Büchsenschützen im portugiesischen Weltreich (1415–1640), in: *Militär und Gesellschaft in der Frühen Neuzeit* 14 (2010), S. 267–298.

Metzig, Georg: Maximilian I., Portugal und die Expansion nach Übersee, in: *Jahrbuch für Europäische Überseegeschichte* Bd. 11 (2011), S. 10–43.

Michel, Eva und Maria Sternath (Hg.): *Kaiser Maximilian und die Kunst der Dürerzeit*, München u. a. 2012.

Miller, Jarosoav: *Urban Societies in East-Central Europe: 1500–1700*, London 2008.

Minnich, Nelson H.: Councils of the Catholic Reformation, in: Gerald Christianson u. a. (Hg.): *The Church, the Councils and Reform*, Catholic University Press 2008, S. 27–59.

Mishra, Pankaj: *Aus den Ruinen des Empires. Die Revolte gegen den Westen und der Wiederaufstieg Asiens*, Frankfurt a. M. 2013.

Missinne, Stefaan: A newly discovered Early Sixteenth-Century Globe engraved on an ostrich egg, in: *Journal of the Washington Map Society* 87 (2013), S. 8–24.

Missinne, Stefaan: America's Birth Certifi cate, in: *Advances in Historical Studies* 4, Nr. 3, June 2015, S. 07–13.

Moeller, Bernd: *Die Reformation und das Mittelalter. Kirchenhistorische Aufsätze*, Göttingen 1991.

Moeller, Bernd: Thesenanschläge, in: Ott/Treu, *Thesenanschlag*, S. 9–31.

Moeller, Bernd: «Thesenanschlag» und kein Ende, in: *Luther* 85 (2014), S. 125–129.

Moudarres, Andrea und Christiana Purdy Moudarres (Hg.): *New Worlds and the Italian Renaissance. Contributions to the History of European Intellectual Culture*, Leiden und Boston 2012.

Muchembled, Robert: *Le roi et la sorcière*, Paris 1993.

Münkler, Herfried: *Im Namen des Staates. Begründung der Staatsräson in der Frühen Neuzeit*, Frankfurt 1987.

Münkler, Herfried, Hans Grünberger und Katrin Mayer (Hg.): *Nationenbildung*, Berlin 1989.

Naegle, Gisela und Jesus Telechea, Geschlechter und Zünfte, Principales und Comun. Städtische Konflikte in Kastilien und dem spätmittelalterlichen Reich, in: *Zeitschrift für Historische Forschung* 41 (2014) S. 561–617.

Nagel, Tilman: *Staat und Glaubensgemeinschaft im Islam. Geschichte der politischen Ordnungsvorstellungen der Muslime*, 2 Bde., Zürich/München 1981.

Nesselrath, Arnold: Politik und Theologie mit Pinsel und Palette. Raffaels Bildprogramm in den Stanzen, in: *Julius II. und Leo X.*, S. 35–39.

Neugebauer, Anke: Wohnen im Wittenberger Schloß — Zur Nutzung und Ausstattung der fürstlichen Gemächer, in: Wittenberg-Forschungen, Bd. 2, S. 315–334.

Neumann, Martin: *Las Casas. Die unglaubliche Geschichte von der Entdeckung der Neuen Welt*, 2. Aufl. Freiburg 1992.

Neveux, Hugues: *Les révoltes paysannes en Europe (14e–17e siècles)*, Paris 1979.

Newitt, Malyn: *A History of Portuguese Overseas Expansion, 1400–1668*,

London 2005.

Niccoli, Ottavia: *Prophecy ab people in Renaissance Italy*, translated by Lydia G. Cochrane, Princeton 1990.

North, Michael: *Kleine Geschichte des Geldes*, München 2009.

Novos Mundos — Neue Welten. *Portugal und das Zeitalter der Entdeckungen*, Berlin (DHM) und Dresden 2008.

Osten-Sacken, Peter von: *Martin Luther und die Juden*, Stuttgart 2002.

Osterhammel, Jürgen: Außereuropäische Geschichte: Eine historische Problemskizze, in: *GWU* 46 (1995) S. 253–276.

Ott, Joachim und Martin Treu (Hg.): *Luthers Thesenanschlag. Faktum oder Fiktion*, Leipzig 2008.

Papounaud, Benoît-Henry: *Das Königskloster Brou*, Paris 2012.

Parker, Geoffrey: *Europe and the Wider World 1500–1750. The Military Balance, Inaugural Lecture*, University of Illinois at Urbana-Champaign 1987.

Parker, Geoffrey: *The military revolution. Military innovation and the rise of the West, 1500–1800*, London 2. Aufl. 1996.

Parry, J. H.: *Europe and a Wider World, 1415–1715*, 3. Aufl. London 1977.

Pastor, Ludwig von: *Geschichte der Päpste*, Bd. 4, Erste Abteilung, Leo X, 5.–7. Aufl. Freiburg i. Br. 1923.

Paula, Georg: *Fuggerkapelle* bei St. Anna, Augsburg, in: *Historisches Lexikon Bayerns*, URL: http://www.historisches-lexikon-bayerns.de/artikel/artikel_45395 (20. 04. 2012).

Pelizaeus, Ludolf: *Dynamik der Macht. Städtischer Widerstand und Konfliktbewältigung im Reich Karls V.*, Münster 2007.

Pferschy, Gerhard (Hg.): *Siegismund von Herberstein. Kaiserlicher Gesandter und Begründer der Rußlandkunde und die europäische Diplomatie*, Graz 1989.

Pflugk-Harttung, Julius von (Hg.): *Im Morgenrot der Reformation*, 3. Aufl., Hersfeld 1921.

Pipes, Richard: *Rußland vor der Revolution*, München 1977.

Pohlig, Matthias: Zwischen Gelehrsamkeit und konfessioneller Identitätsstiftung.

Lutherische Kirche und Universalgeschichtsschreibung 1546–1617, Tübingen 2007.

Pohlig, Matthias: Luthers Thesenanschlag von 1516 (!) und seine prophetische Legitimation. Georg Mylius' Gedenkpredigt von 1592, in: *Geschichte schreiben. Ein Quellen- und Studienhandbuch zur Historiografie (ca. 1350–1750)*, hg. v. Susanne Rau/Birgit Studt, Berlin 2010, S. 501–506.

Prem, Hanns J.: *Geschichte Alt-Amerikas*, 2. überarb. Aufl., München 2008, =*Oldenbourg Grundriss*, Bd. 23.

Press, Volker: *Kaiser Karl V., König Ferdinand und die Entstehung der Reichsritterschaft*, Wiesbaden 1976.

Press, Volker: Kaiser Rudolf II. und der Zusammenschluss der deutschen Judenheit. Die sogenannte Frankfurter Rabbinerverschwörung von 1603 und die Folgen, in: *Zur Geschichte der Juden im Deutschland des späten Mittelalters und der frühen Neuzeit*, Stuttgart 1981, S. 243–293.

Press, Volker: *Adel im Alten Reich*, Tübingen 1998.

Price, David H.: Maximilian I and Toleration of Judaism, in: *Arcvhiv für Reformationsgeschichte* 105 (2004) S. 7–29.

Prodi, Paolo, *The Papal Prince — one body and two souls*, Cambridge 1987 (*Il sovrano pontifice*, Bologna 1982).

Ptak, Roderich: *Portugal in China*, 3. Aufl., Heidelberg 1986.

Puchla, Jacek, Krakau. *Mitten in Europa*, Krakau 2000.

Ranke, Leopold von: *Deutsche Geschichte im Zeitalter der Reformation*, ND der hist.-kritische Ausgabe von Paul Joachimsen, Meersburg und Leipzig 1933.

Reinhard, Wolfgang: *Geschichte der europäischen Expansion*, Bde. 1 und 2, Stuttgart 1985.

Reinhard, Wolfgang: *Ausgewählte Abhandlungen*, Berlin 1997.

Reinhard, Wolfgang: *Glaube und Macht. Glaube und Politik im Zeitalter der Konfessionalisierung*, Freiburg 2004.

Reinhard, Wolfgang: *Globalisierung des Christentums?*, Heidelberg 2006.

Reinhard, Wolfgang (Hg.): *Weltreiche und Weltmeere, Geschichte der Welt 1350–*

1750, München 2014.

Reinhard, Wolfgang: *Die Unterwerfung der Welt. Globalgeschichte der europäischen Expanmsion 1415–2015*, München 2016.

Reinhardt, Volker: *Rom. Kunst und Geschichte, 1480–1650*, Freiburg und Würzburg 1992.

Reinhardt, Volker: *Die Medici. Florenz im Zeitalter der Renaissance*, 3. Aufl., München 2004.

Reinhardt, Volker: *Machiavelli oder Die Kunst der Macht*, München 2012.

Rhode, Gotthold: *Geschichte Polens*, 2. Aufl., Darmstadt 1980.

Riese, Berthold: *Das Reich der Azteken. Geschichte und Kultur*, München 2011.

Roeck, Bernd: «... die ersten Gemälde der Welt». Über die Entzauberung des Raumes in der europäischen Renaissance, in: Dirk Syndram u. a. (Hg.): *Luther und die Fürsten*, Aufsatzband, Dresden 2015, S. 47–63.

Roller, Stefan und Jochen Sander. *Fantastische Welten. Albrecht Altdorfer und das Expressive in der Kunst um 1500*, München 2014.

Rössner, Philipp Robertson: *Deflation — Devaluation — Rebellion. Geld im Zeitalter der Reformation*, Stuttgart 2012.

Rothermund, Dietmar: Pfeffer, Silber, Seide. Europas Weg nach Asien, 1500–1800, in: *Europa und der Kaiser von China*, S. 38–57.

Salzgeber, Dieter: *Albrecht Dürer: Das Rhinozeros*. Reinbek 1999.

Sander, Jochen (Hg.): *Dürer. Kunst-Künstler-Kontext, Städel Ausstellung 2013/14*, München 2013.

Satzinger, Georg und Sebastian Schütze (Hg.): *Sankt Peter in Rom 1506–2006*, München 2008.

Saville, Marshall H.: The Discovery of Yucatan in 1517 by Francisco Hernández de Córdoba, in: *Geographical Review* 6 (1918) S. 436–448.

Scheible, Heinz, *Melanchthon. Eine Biographie*, München 1997.

Scheible, Heinz, *Aufsätze zu Melanchthon*, Tübingen 2010.

Scheil, Gustav: *Die Tierwelt in Luthers Bildsprache*, Bernburg 1897.

Scheller, Benjamin: *Memoria an der Zeitenwende. Die Stiftungen Jakob Fuggers des Reichen vor und während der Reformation*, Berlin 2004.

Schilling, Heinz: *Niederländische Exulanten im 16. Jahrhundert. Ihre Stellung im Sozialgefüge und im religiösen Leben deutscher und englischer Städte*, Gütersloh 1972.

Schilling, Heinz: Nationale Identität und Konfession in der europäischen Neuzeit, in: *Nationale und kulturelle Identität. Studien zur Entwicklung des kollektiven Bewußtseins in der Neuzeit*, hg. von B. Giesen, Frankfurt a. M. 1991, S. 192– 252.

Schilling, Heinz: *Auf bruch und Krise. Deutschland 1517–1648*, 2. Aufl., Berlin 1994.

Schilling, Heinz: *Die Neue Zeit. Vom Christenheitseuropa zum Europa der Staaten, 1250–1750*, Berlin 1999.

Schilling, Heinz: *Ausgewählte Abhandlungen zur europäischen Reformations und Konfessionengeschichte*, hg. von Luise Schorn-Schütte und Olaf Mörke, Berlin 2002.

Schilling, Heinz (Hg.): *Konfessioneller Fundamentalismus. Religion als Faktor im europäischen Mächtesystem um 1600*, München 2007.

Schilling, Heinz: *Konfessionalisierung und Staatsinteressen*, Paderborn 2007.

Schilling, Heinz: The two Papal Souls and the Rise of an Early Modern State System, in: Maria Antonietta Visceglia (Hg.): *Papato e politica internazionalenella prima età moderna*, Rom 2013, S. 103–116.

Schilling, Heinz, (Hg.): *Martin Luther 2017. Eine wissenschaftliche und gedächtnispolitische Bestandsaufnahme*, München 2014.

Schilling, Heinz: *Martin Luther, Rebell in einer Zeit des Umbruchs*, 3. Aufl.München 2014.

Schilling, Heinz: Das Papsttum und das Ringen um die machtpolitische Neugestaltung Italiens und Europas, in: *Julius II. und Leo X.*, S. 15–18.

Schilling, Heinz: Luther und die Reformation 1517–2017, in: Uwe Swarat und Thomas Söding (Hg.): *Heillos gespalten? Segenreich erneuert? 500 Jahre Reformation zu der Vielfalt ökumenischer Perspektiven*, Freiburg i. Br. 2016,

S. 17-30.

Schilling, Heinz: Renaissance und Religion. Die neue Welthaftigkeit des Glaubens, in: *Renaissance, Katalog des Schweizer Nationalmuseums Zürich*, Zürich 2016, S. 35-41.

Schirrmeister, Albert: *Triumph des Dichters. Gekrönte Intellektuelle im 16. Jahrhundert*, Köln 2003.

Schlegelmilch, Anna Marie: *Die Jugendjahre Karls V. — Lebenswelt und Erziehung des burgundischen Prinzen*, Köln 2011.

Schmid, Peter (Hg.): *Geschichte der Stadt Regensburg*, 2 Bde., Regensburg 2000.

Schmidt, Bernd: *Veit Stoß und seine Zeit*, www.Kunst_in_St.Sebaldus/veitstoss.

Schneiders, Hans-Wolfgang: Luthers Sendbrief vom Dolmetschen — Ein Beitrag zur Entmythologisierung, in: *trans-kom* 5 (2012), S. 254-273.

Schöffler, Herbert: *Wirkungen der Reformation*, Frankfurt a. M. 1960.

Schönstedt, Hans-Jürgen: *Antichrist, Weltheilsgeschehen und Gottes Werkzeug. Römische Kirche, Reformation und Luther im Spiegel des Reformationsjubiläums 1617*, Wiesbaden 1978.

Schramm, Gottfried: Böhmen-Polen-Ungarn: Übernationale Gemeinsamkeiten in der politischen Kultur, in: *Przeglad Historyczny* 76 (1985) S. 417-437 (Neudruck in Joachim Bahlcke u. a. (Hg.), *Ständefreiheit und Ständestaaten*, Leipzig 1996).

Schramm, Gottfried: *Fünf Wegscheiden der Weltgeschichte*, Göttingen 2004.

Schulin, Ernst: *Kaiser Karl V. — Geschichte eines übergroßen Wirkungsbereiches*, Stuttgart 1999.

Schuster, Peter: *Das Frauenhaus. Städtische Bordelle in Deutschland 1350-1600*, Paderborn 1992.

Schwaller, John F.: The Expansion of Nahuatl as a Lingua Franca among Priests in Sixteenth Century Mexico, in: *Ethnohistory* 50 (2012), S. 675-690.

Schwerhoff, Gerd: *Die Inquisition*, München 2004.

Seidel Menchi, Silvana: Erasmus as Arminius — Bale as the Anti-Rome? Closed and open circles of Humanists Communication, in: *Archiv für Reformationsgeschichte*

99 (2008), S. 66–96.

Seidel Menchi, Silvana: How to Domesticate the New Testamen. Erasmus' Dillemas (1516–1535), in: *Basel 1516* (s. o.), S. 207–221.

Soly, Hugo (Hg.): *Karl V. 1500–1558, Der Kaiser und seine Zeit*, Antwerpen 1999,

Sommerfeld, Erich: *Die Geldlehre des Nikolaus Kopernikus. Texte, Übersetzungen, Kommentare*, Berlin 1978.

Stegemann, Andreas: *Luthers Auffassung vom Christlichen Leben*, Tübingen 2014.

Steinwachs, Albrecht und Jürgen Pietsch: *Die Stadtkirche der Lutherstadt Wittenberg*, Wittenberg 2000.

Stengel, Friedmann: Reformation, Renaissance und Hermetismus: Kontexte und Schnittstellen der frühen reformatorischen Bewegung, in: *Archiv für Reformationsgeschichte* 104 (2013), S. 35–81.

Stolleis, Michael: *Arcana imperii und Ratio status*, Göttingen 1980.

Stolleis, Michael: *Pecunia nervus rerum: Zur Staatsfinanzierung in der frühen Neuzeit*, Frankfurt a. M. 1983.

Suhling, Lothar: *Der Saigerhüttenprozeß*, Stuttgart 1976.

Tafuri, Manfredo: *Interpreting the Renaissance: Princes, Cities, Architects*, New Haven 2006.

Tewes, Götz-Rüdiger: *Die römische Kurie und die europäischen Länder am Vorabend der Reformation*, Tübingen 2001.

Tewes, Götz-Rüdiger: Neuenahr, in: Franz Josef Worstbrock (Hg.): *Deutscher Humanismus*, Verfasserlexikon II/2, Berlin 2011, Sp. 408–418.

Tewes, Götz-Rüdiger: Die Kurie unter dem Medici-Papst Leo X. und die Phase der beginnenden Reformation Luthers: familiäre Interessen statt universaler Pflicht, in: Heinz Schilling (Hg.): *Martin Luther 2017*, München 2014, S. 3–30.

Tewes, Götz-Rüdiger: Papst Leo X. am Vorabend der Reformation: Interessen und Perspektiven, in: *Julius II. und Leo X.*, S. 25–27.

Tewes, Götz-Rüdiger und Michael Rohlmann (Hg.): *Der Medici-Papst Leo X. und*

Frankreich, Tübingen 2002.

Thoenes, Christof: Renaissance St. Peter's, in: William Tronzo: *St. Peter's in the Vatican*, Cambridge 2005, S. 64–92.

Thomas, Keith: *Religion and the Decline of Magic*, London 1971.

Toch, Michael: *Die Juden im mittelalterlichen Reich*, München 1998.

Torke, Hans-Joachim: *Lexikon der Geschichte Rußlands*, München 1985.

Tracy, James: *Holland under Habsburg Rule, 1506–1566*, Berkeley 1990.

Traeger, Jörg: *Renaissance und Religion. Die Kunst des Glaubens im Zeitalter Raphaels*, München 1997.

Train, Joseph Karl von: Die wichtigsten Tatsachen aus der Geschichte der Juden in Regensburg, in: *Zeitschrift für Theologie* 7 (Leipzig 1837).

Tranzo, William: *St. Peters's in the Vatican*, Cambridge 2005.

Tschacher, Werner: *Der Formicarius des Johannes Nider von 1437/38. Studien zu den Anfängen der europäischen Hexenverfolgungen im Spätmittelalter*, Aachen 2000 [phil. Diss. RWTH Aachen 1997].

Tschacher, Werner: Nider, Johannes, in: historicum.net (8. 4. 2008).

Tschacher, Werner: Malleus Maleficarum (Hexenhammer), in: *Lexikon zur Geschichte der Hexenverfolgung*, hg. v. Gudrun Gersmann, Katrin Moeller und Jürgen-Michael Schmidt, in: historicum.net, URL: http://www.historicum.net/ no_cache/persistent/artikel/5937/(eingesehen 25. 02. 2014).

Tschacher, Werner: Nider, Johannes, in: *Lexikon zur Geschichte der Hexenverfolgung*, hg. v. Gudrun Gersmann, Katrin Moeller und Jürgen-Michael Schmidt, in: historicum.net, URL: http://www.historicum.net/no_cache/persistent/artikel/ 1654/(eingesehen 25. 02. 2014).

Ulrich von Hutten. Ritter, Humanist, Publizist 1488–1523, *Katalog zur Ausstellung des Landes Hessen*, Kassel 1988.

Umbach, Helmut: *Heilige Räume — Pforten des Himmels*, Göttingen 2005.

Van der Wee, Herman: *The Growth of Antwerp Market and the European Economy*, Den Haag 1963.

Van Dülmen, Richard (Hg.), *Hexenwelten*, Frankfurt a. M. 1987.

Voß, Rebekka: *Umstrittene Erlöser. Politik, Ideologie und jüdisch christlicher Messianismus in Deutschland, 1500–1600* (*Jüdische Religion, Geschichte und Kultur*; Bd. 11). Göttingen 2011.

Walter, Rolf: Fremde Kaufleute in Sevilla im 16. Jahrhundert, in: Reiner Gömmel, Rainer und Markus Denzel (Hg.): *Weltwirtschaft und Wirtschaftsordnung*, Stuttgart 2002, S. 45–56.

Wagner, Ulrich: Tilman Riemenschneider, in: *Geschichte der Stadt Würzburg*, hg. v. Ulrich Wagner, Bd. II, Vom Bauernkrieg 1525 bis zum Übergang an das Königreich Bayern 1814, Stuttgart 2004.

Walton, Michael: *Anthonius Margaritha and the Jewish Faith*, Detroit 2012.

Warburg, Aby: *Heidnisch-antike Weissagungen in Wort und Bild zu Luthers Zeiten*, Heidelberg 1920 (Abb. der Akademie der Wissenschaften 26).

Weddigen, Tristan: Tapisseriekunst unter Leo X. Raffaels Apostelgeschichte für die Sixtinische Kapelle, in: Buranelli, *Hochrenaissance*, S. 268–289.

Weiler, Tanya: *Heinrich VIII. und die englische Reformation*, Hamburg 2014.

Weniger, Matthias: Bildschnitzer — Strategien und Tendenzen um 1520, in: *Bauernkrieg in Franken*, hg. v. Franz Fuchs und Ulrich Wagner, Würzburg 2016, S. 267 ff.

Wenninger, Markus J.: *Man bedarf keiner Juden mehr. Ursachen und Hintergründe ihrer Vertreibung aus den deutschen Reichsstädten*, Wien 1981.

Wikipedia Enzyklopädie (Einzelnachweise nur bei Zitaten oder Übernahme substantieller Positionen).

Wikipedia Enzyklopädie: Hermann von Neuenahr der Ältere, 5. 1. 2016.

Wikipedia Enzyklopädie: Pietro Bembo, Dezember 2015.

Willi, Hans-Peter, *Reuchlin im Streit um die Bücher der Juden*. http://www. hpwilli.de/2012/06/08/reuchlin-im-streit-um-die-buecher (eingesehen 01. 08. 2014).

Wills, John E.: *1688. Die Welt am Vorabend des globalen Zeitalters*, Bergisch Gladbach 2002. (Engl. Originalausgabe New York 2001).

Winterhager, Wilhelm Ernst: Ablaßkritik als Indikator historischen Wandels vor

1517, in: *Archiv für Reformationsgeschichte* 90 (1999), S. 6–71.

Wittenberg-Forschungen, hg. von Heiner Lück u. a., 3 Bde., Petersberg 2013–2015.

Wittmer, Sigfried: *Jüdisches Leben in der Reichsstadt Regensburg vom frühen Mittelalter bis 1519*, Regensburg 2001.

Wolff, Uwe: *Iserloh*. Der Thesenanschlag fand nicht statt, Basel 2013.

Wolgast, Eike: Juden als Subjekt und Objekt auf den Reichstagen Karls V. (1521–1555), in: Franz Hederer u. a. (Hg.): *Handlungsräume. Facetten der Kommunikation in der Frühen Neuzeit*, München 2011, S. 165–194.

Wunder, Heide: «Er ist die Sonn', sie ist der Mond». *Frauen in der Frühen Neuzeit*, München 1992.

图片来源

19 页：图片来自 Album Oronoz

29 页：贝尔纳德·范奥利：《查理五世》，油画，1516 年，法国布雷斯地区布尔格博物馆，图片来自 Album Oronoz

37 页：彼特拉克《承受好运、厄运的方法》的德文版，木版画，1532 年，奥格斯堡

40 页：潘菲鲁斯·甘根巴赫（Pamphilus Gengenbach）：《鞋会》，木版画，1514 年，巴塞尔

46 页：保罗·韦罗内塞：《苏丹塞利姆一世》，德国巴伐利亚州维尔茨堡官邸画廊，油画（© Bayer&Mitko）

47 页：老马特乌斯·梅里安（Matthäus Merian d.Ä.）：《开罗之战》，铜版画，选自约翰·路德维希·戈特弗里德（Johann Ludwig Gottfried）的《编年史》，1630 年，法兰克福

58 页：图片来自 Album Prisma

63 页：莫斯科城市地图，克里姆林宫及周边鸟瞰图，来自赫伯斯坦《莫斯科公国志》（1557 年阿姆斯特丹出版），木版画，大英图书馆

79 页：阿尔布雷希特·丢勒：《鹿特丹的伊拉斯谟》，铜版画，1526 年，纽伦堡日耳曼国家博物馆

86 页：木版画，选自格奥尔格·阿格里科拉的《矿冶十二书》（*Zwölf Bücher vom Berg- und Hüttenwesen*），即 1556 年版拉丁文原作《论矿冶》的德语全译本 © 1928 Georg-Agricola-Gesellschaft zur Förderung der Geschichte der Naturwissenschaftund der Technik e. V., hier: München 1977

89 页：Erich Lessing

91 页：木版画，出自安东尼奥·德·埃雷拉·托德西利亚斯（Antonio de Herrera y Tordesillas）的作品，16/17 世纪（Bildarchiv Steffens）

98 至 99 页：汉斯·布克迈尔：交趾支那国王，五联木版画，从左至右分别为：几内亚和阿尔戈阿原住民；阿拉伯和印度的原住民；放牧的原住民；交趾支那国王（柏林国家博物馆，铜版画，同时存有铜版画印制时参照原画刻制的印刷模具）

103 页：皮影，载有弓箭手的船，皮质镂空，15 世纪，柏林国家博物馆伊斯兰艺术博物馆（Georg Niedermeiser）

107 页：带有王室徽章的立柱 © 德国历史博物馆

109 页：历史图片

117 页：图片来自 Album Oronoz

127 页：慕尼黑巴伐利亚州立图书馆（2L. impr. membr. 64, fol. 41r）

129 页：木版画，1515 年，维也纳阿尔贝提纳博物馆（Erich Lessing）

136 页：小汉斯·荷尔拜因：《亨利八世》，油画，利物浦沃克艺术画廊（De Agostini Picture Library）

141 页：木浮雕，1510 年至 1520 年间

143 页：阿尔布雷希特·丢勒：《马克西米利安皇帝的荣耀之门》，木版画，1517 年至 1518 年

149 页：汉斯·布克迈尔，维也纳诗人委员会荣誉徽章，木版画，柏林国家博物馆

159 页：贝尔纳德·范奥利：《奥地利的玛格丽特》，油画，1512 年，法国布雷斯地区布尔格博物馆

163 页：康拉德·迈特（Conrad Meit）雕塑，Friedrich/Interfoto，1532 年

170 页：希罗尼穆斯·博斯：《彼岸图景》（Visionen vom Jenseits），左图：堕落，右图：地狱，威尼斯格里马尼宫（Andrea Jemolo）

171 页：阿尔布雷希特·丢勒：《连体婴儿》，黑色羽毛笔画，1512 年 © 牛津大学阿什莫林博物馆（Inv. Nr. WA 1855.102）

172 页：木版画，约 1497 年至 1498 年

176 页：汉斯·巴尔东：《两个女巫》，油画，1523 年（© 法兰克福施泰德博物

图片来源

馆 /U. Edelmann）：ARTOTHEK, Weilheim

179 页:《施滕贝格的犹太人亵渎圣餐》（*Hostienfrevel der Juden von Sternberg*），木版画，1492 年，吕贝克

181 页：约翰内斯·罗伊希林肖像木版画翻版

196 页：布龙齐诺（Bronzino）仿拉斐尔油画局部，佛罗伦萨美第奇家族博物馆

198 页：羽毛笔蘸黑棕色墨，炭笔绘于灰色纸，1515 年，柏林国家博物馆

225 页：拉斐尔工作室:《奥斯蒂亚之战》（局部），梵蒂冈，博尔戈火灾厅 © 2016. Photo Scala, Florenz

227 页：拉斐尔:《耶稣显圣容》，油画，1519 年至 1520 年，罗马梵蒂冈博物馆

229 页：墨水画（De Agostini Picture Library）

242 页：老卢卡斯·克拉纳赫:《路德与梅兰希通》，油画，1543 年，佛罗伦萨乌菲兹美术馆

245 页：老卢卡斯·克拉纳赫，诺伊施塔特圣约翰教堂祭坛，1513 年 © Fotohaus ART/Torsten Kopp, Stadtroda

256 页：约斯特·安曼（Jost Amman）:《印刷工》，木版画，汉斯·萨克斯（Hans Sachs）"地球上所有等级的总体描述……"文字的插图，法兰克福，1568 年，藏于柏林（akg-images）

271 页：木版画，1532 年，美国大都会博物馆

很遗憾无法查询到所有图片的版权归属。如有疑问，敬请告知，出版方将配合解决相关权益申索。

人名索引

索引页码为德文版页码，即本书页边码

1517：全球视野下的"奇迹之年"

Vital, Laurent 劳伦特·比塔尔 38

Waldseemüller, Martin 马丁·瓦尔德
塞弥勒 142

Watzenrode, Lucas 卢卡斯·瓦茨恩罗
德 103

Weber, Max 马克斯·韦伯 305

Wimpfeling, Jakob 雅各布·温普弗
林 194

Wladyslaw Ⅱ., König von Böhmen,
Kroatien und Ungarn 瓦迪斯瓦夫二
世，波希米亚、克罗地亚和匈牙利
国王 71

Wolsey, Thomas 托马斯·沃尔西 33,
46, 154

Zell, Katharina 卡塔琳娜·策尔 172

Zhengde (Wu-Tzung), Kaiser von China
正德（武宗），中国皇帝 14, 126 f.

Zobel von Giebelstadt, Dietrich 吉伯
尔施塔特的迪特里希·佐贝尔 204

Zúñiga, Diego López de (Jacobus
Stunica) 迭戈·洛佩斯·德·苏尼
加（雅各布斯·斯图尼卡）234 f.

地名索引

索引页码为德文版页码，即本书页边码

1517：全球视野下的"奇迹之年"

1517：全球视野下的"奇迹之年"

1517：全球视野下的“奇迹之年”

文景
Horizon

社 科 新 知　文 艺 新 潮

1517：全球视野下的"奇迹之年"

［德］海因茨·席林　著　王双　译

出 品 人：姚映然
责任编辑：曹迪辉
营销编辑：胡珍珍
装帧设计：安克晨

出　　品：北京世纪文景文化传播有限责任公司
　　　　　（北京朝阳区东土城路8号林达大厦A座4A　100013）
出版发行：上海人民出版社
印　　刷：山东临沂新华印刷物流集团有限责任公司
制　　版：南京展望文化发展有限公司

开　本：890mm×1240mm　1/32
印　张：11.75　　字　数：270,000　　插页：2
2025年1月第1版　2025年1月第1次印刷
定　价：88.00元
ISBN：978-7-208-19118-1 / K·3412

图书在版编目（CIP）数据
1517：全球视野下的"奇迹之年" /（德）海因茨
·席林（Heinz Schilling）著；王双译 . -- 上海：上
海人民出版社，2024. -- ISBN 978-7-208-19118-1
Ⅰ. K13
中国国家版本馆 CIP 数据核字第 2024RR1274 号

本书如有印装错误，请致电本社更换　010-52187586

社 科 新 知　文 艺 新 潮　　|　　与 文 景 相 遇

微信公众号	微 博	豆 瓣
bilibili	抖 音	小红书